AF545473

Yael Kupferberg
Zum Bilderverbot

STUDIEN ZU RESSENTIMENTS
IN GESCHICHTE UND GEGENWART

Herausgegeben vom
Zentrum für Antisemitismusforschung

Band 6

Yael Kupferberg

Zum Bilderverbot

Studien zum Judentum im späten Werk Max Horkheimers

WALLSTEIN VERLAG

Bibliografische Information der Deutschen Nationalbibliothek
Die Deutsche Nationalbibliothek verzeichnet diese Publikation in der Deutschen Nationalbibliografie; detaillierte bibliografische Daten sind im Internet über http://dnb.d-nb.de abrufbar.

www.wallstein-verlag.de
Lektorat: Daniel Ristau
Zugl.: Berlin, Technische Universität, Habil., 2021, unter dem Titel »Zum Bilderverbot. Studien zum Judentum im späten Werk Max Horkheimers«
Vom Verlag gesetzt aus der Adobe Garamond
Umschlaggestaltung: Susanne Gerhards, Düsseldorf
Umschlagbild: Typoskript, Späne. Notizen über Gespräche mit Max Horkheimer (1969). Universitätsbibliothek Frankfurt am Main, Nachlass Max Horkheimer, Sig. Na 1, Nr. 809..
Druck und Verarbeitung: Hubert & Co, Göttingen

ISBN 978-3-8353-5266-7

Inhalt

Einleitung

Bewegung und Beziehung

»Einen unbedingten Sinn zu retten ohne Gott, ist eitel«[1]

Für Max Horkheimer gibt es »keine Definition der Philosophie. Ihre Definition ist identisch mit der expliziten Darstellung dessen, was sie zu sagen hat.«[2] Die philosophische Praxis sei das Denken selbst, das dem historischen Prozess unterliege und sich an sein Objekt anschmiege. Es enthalte sich der Identifikation, jedoch nicht der Empathie. »Bewegung«, nicht »Bild«, ist im Verständnis Horkheimers der Gegenstand und Modus der Philosophie. Das, was Horkheimer selbst mitzuteilen habe, so notierte es Friedrich Pollock, sei mehr »Gestik« als das geäußerte »Wort«.[3] Weil Letzteres bereits zugunsten der Vermittlung begrenze, opfere es seine Subjektivität für seine Anerkennung. Hier ist bereits die »Entfremdung«[4] inbegriffen, die Horkheimer noch deutlicher in seiner Haltung zum »Bild«[5] problematisiert.

Seine eigene Praxis des Denkens verwehrt sich der identifikatorischen und affirmativen Intention des Definitiven. Sie besteht vielmehr in der Bewegung und in der Beziehung zwischen dem Subjektiven und dem Objektiven, zwischen Subjekt und Objekt. Sie gründet zudem in der Relation und Anerkennung dieser Differenz, die die Grundlage für Horkheimers Haltung der Kritik bildet. Diese Konstitution beruht auf einem intellektuellen Habitus, der in seiner geistigen Praxis als jüdisches Denken[6] idealistischer Prägung nachzuvollziehen ist. Insbesondere die späten Reflexionen des Kritischen Theoretikers, die im Mittelpunkt der

1 Horkheimer, Theismus – Atheismus (1963), in: GS 7, S. 173-186, hier S. 184.

2 Horkheimer, Zum Begriff der Philosophie, in: GS 6, S. 165-186, hier S. 167.

3 Horkheimer, Gestik und Enervation, in: GS 14, S. 297.

4 Unter dem Begriff »Entfremdung« versteht Rahel Jaeggi Freiheitsverlust, Ohnmachtsempfinden und Beziehungslosigkeit. Vgl. dies., Entfremdung. Zur Aktualität eines sozialphilosophischen Problems, Frankfurt am Main 2005, S. 14-16.

5 Horkheimer entwickelt keinen ästhetischen oder komplexen »dialektischen« Bildbegriff wie Walter Benjamin, sondern er problematisiert die sakrale Besetzung des Bildes und geht damit auf die perzeptive und rezeptive Dynamik ein. Dies fokussiert die vorliegende Studie.

6 Vor allem im angloamerikanischen Raum wird der Begriff »Jüdisches Denken« verwendet und der der »Jüdischen Philosophie« diskutiert. Vgl. Esther Seidel, Julius Guttmanns Philosophie des Judentums – eine Standortbestimmung, in: Julius Guttmann, Die Philosophie des Judentums, Berlin 2000, S. 397-446, hier S. 412-437.

vorliegenden Arbeit stehen, geben davon Zeugnis. Sie sind Bestandteil einer Jüdischen Philosophie der Moderne. Dies wurde in der Forschung bisher nur vereinzelt bedacht und bedarf insofern neuerlicher Aufmerksamkeit.

Eine »Philosophie des Judentums«[7] nähme, so Christoph Schulte, die jüdische Religion und die Juden selbst in ihrer Lebenswelt in den Blick.[8] Sie sei »*jüdische* Philosophie, weil in ihr das Judentum als Religion oder das Jude-Sein in unserer Welt mit den Mitteln der Sprache der Philosophie thematisiert und reflektiert werden.«[9] Dies gilt für Horkheimer und insbesondere für sein Spätwerk: Nicht als Systematik oder Fach drückt sich dabei Jüdische Philosophie aus, sondern, so die These, in ihrem Gehalt und Modus. Dabei unterliegen Horkheimers späte Reflexionen der Spannung von »Gesetz« und »Geschichte«,[10] die, und das ist eine Besonderheit ihres Gehalts, in der objektivierenden Sprache der Philosophie aufgehoben sind. Beides ist bedacht und »eingedacht«.[11]

7 Was als »Jüdische Philosophie« zu verstehen ist, unterliegt einem vielstimmigen Diskurs. Vgl. Paul Mendes-Flohr, Philosophie, in: Dan Diner (Hg.), Enzyklopädie jüdischer Geschichte und Kultur, Bd. 4, Stuttgart u. Weimar 2013, S. 532-542.

8 Christoph Schulte, Jüdische Philosophie, in: Christina von Braun u. Micha Brumlik (Hg.), Handbuch Jüdische Studien, Wien 2018, S. 317-334, hier S. 318. Andererseits gibt Norbert M. Samuelson zu bedenken, dass »Philosophie« im Judentum »keinen wirklichen Platz« habe: »[J]üdische Religion ist der Glaube, daß das, was Gott der Menschheit offenbart hat, primär ein Gesetzestext ist, der das individuelle und gemeinschaftliche Leben regelt: also eher ein Moralkodex und nicht primär ein Lehrgebäude, das den Glauben der Menschen regelt. Mit anderen Worten, die Dogmen des Judentums haben mit praktischen Fragen zu tun, etwa wie man den Sabbat einhält, unter welchen Bedingungen es erlaubt oder verboten ist, bestimmte Speisen zu sich zu nehmen usf., aber nicht mit theoretischen Fragen nach der Natur Gottes, des Menschen und der Welt.« (Norbert M. Samuelson, Moderne jüdische Philosophie. Eine Einführung, Hamburg 1995, S. 7 f.).

9 Schulte, Jüdische Philosophie, S. 318.

10 Insbesondere Dan Diner insistiert auf diesem Wandel, vgl. ders., Einleitung, in: Enzyklopädie jüdischer Geschichte und Kultur, Bd. 1, Stuttgart u. Weimar 2011, S. 6-18, hier S. 6-8. Das Leben in der Diaspora habe erfordert, in der rechtlichen und politischen Herrschaft des jeweiligen Landes mit dem Prinzip »dina demalkhuta dina« zu leben: Das Gesetz der Herrschaft oder des jeweiligen Landes ist Gesetz. Vgl. Dan Diner, Die versiegelte Zeit. Über den Stillstand in der islamischen Welt, Berlin 2010, S. 243.

11 »Eingedenken« meint, »Geschichte so zu erforschen, dass ihre uneingelösten Versprechen und unabgegoltenen Hoffnungen [...] einer jeweils gegenwärtigen Praxis zur Hilfe kommen [...]: Emanzipation als Beginn einer menschenwürdigen und mit Natur versöhnten Geschichte.« (Helmut Thielen, Eingedenken und Erlösung. Walter Benjamin, Würzburg 2005, S. 15).

Jüdische Philosophie[12] kann bereits als Bestandteil eines Akkulturationsprozesses gelten, in dem sich das Judentum in die Geschichte einschreibt, sich diesem gedanklich annimmt und darin eigene Impulse setzt.[13] Sie kann insofern auch als ein übersetzender Ausdruck der Säku-

12 Julius Guttmann, Verfasser des 1933 erschienenen Standardwerkes zur jüdischen Philosophie, konstatiert, dass ihre Historie »eine Geschichte von Rezeptionen fremden Gedankenguts, das dann freilich unter eigenen und neuen Gesichtspunkten verarbeitet wird«. Julius Guttmann, Die Philosophie des Judentums, Berlin 2000, S. 43. Dieser Band Guttmanns findet sich auch in der kalifornischen Privatbibliothek Horkheimers, online unter: http://sammlungen.ub.uni-frankfurt.de/horkheimer/content/pageview/8215771 (25. Juni 2018).

13 Zur modernen Philosophie und dem ›Einbruch‹ der Geschichte in das moderne jüdische Bewusstsein siehe Reinhart Koselleck, Vergangene Zukunft. Zur Semantik geschichtlicher Zeiten, Frankfurt am Main 1979. Schulte verweist ebenfalls auf Koselleck und fasst zusammen: »Eine zweite sehr folgenreiche Voraussetzung der modernen jüdischen Philosophie ist das moderne Bewusstsein von der Geschichtlichkeit der Welt, das sich mit der modernen Historiographie und Geschichtsphilosophie im 18. Jahrhundert ausbildet. Unter dem Einfluß von Spinoza und den Wolfenbütteler Fragmenten des Reimarus beginnt schon die Haskala mit der Historisierung von hebräischer Bibel und rabbinischer Tradition. Für Mendelssohn in *Jerusalem* (1783) war die Gabe der Tora am Sinai (›matan Tora‹), die Juden überall in der Welt am Simchat Tora feiern, keine metaphysische ›Vernunftwahrheit‹, sondern eine ›Geschichtswahrheit‹ gewesen, ein historisches Ereignis, dessen Wahrheit und Tatsächlichkeit nicht durch die Philosophie, sondern durch die Tradierung innerhalb der rabbinischen Tradition von Generation zu Generation bis in die Gegenwart, also durch glaubwürdige und gehorsame Zeugenschaft, autoritativ bezeugt wird. Schriftliche und mündliche Tora, d. h. auch die Halacha und ihre 613 Mizwot/Gebote, sind für Mendelssohn ›geoffenbarte Gesetzgebung‹ Gottes für die Juden; die historische Wahrheit ihrer Offenbarung wird durch Tradieren innerhalb des jüdischen Volkes und durch dessen Observanz gegenüber den Geboten glaubhaft bezeugt, gewährt und bewahrheitet. […] [W]ährend also die ahistorische Immergültigkeit und Unveränderlichkeit der ganzen Tora als Offenbarung ein Eckpfeiler der rabbinischen Tradition und Religionsphilosophie war, ist die Historizität sowohl der jüdischen Religion und der rabbinischen Tradition als auch des jüdischen Volkes eine grundlegende Voraussetzung der modernen jüdischen Philosophie« (Schulte, Jüdische Philosophie, S. 329 f.). Koselleck selbst kritisiert die Frankfurter Schule deutlich, sei er doch der Meinung, »diese perfide Dialektik, die moralisierende Politik, sei nicht obsolet geworden, sondern sie habe zu den Weltanschauungskriegen des 20. Jahrhunderts geführt« (Faustina Oncina Coves, Begriffsgeschichte als Ideologie – Kritik bei Reinhart Koselleck, in: Forum interdisziplinäre Begriffsgeschichte 5 (2016), 2, S. 42-53, hier S. 42). Er führt damit ein Argument ins Feld, das im Diskurs um die Deutung und Bewertung des Judentums wiederkehrt. Demnach habe das Judentum als ethischer Monotheismus überhaupt die Frage nach »Gut« und »Böse« in die Welt gebracht. Exemplarisch steht dafür die von Jan Assmann postulierte und später revidierte These, siehe: Rolf Schieder (Hg.), Die Gewalt des einen Gottes. Die Monotheismus-Debatte zwischen Jan Assmann, Micha Brumlik, Rolf Schieder, Peter Sloterdijk und anderen, Berlin 2014.

larisierung gelten,[14] eines Denkens, das Gesetz wie Existenzerfahrungen gleichermaßen aufnimmt und sich somit als ein Zeugnis doppelter Existenz erweist:[15] Letztere steht zugleich innerhalb wie außerhalb der jüdischen Tradition, indem sie Paradigmen nichtjüdischen Denkens und dessen Sprache einbezieht.[16] Jüdische Bezüge spiegeln sich dagegen in der Präsenz der Diaspora wider, die Franz Rosenzweig als historische und überhistorische, als verdoppelte Existenz, erfasst.[17] Damit hat Jüdische Philosophie sowohl in ihrer Bedingung als auch in ihrem Ausdruck einen konstitutiven Doppelcharakter,[18] der sich bei Horkheimer dialektisch zeigt: »Gesetz« und »Geschichte« werden in der Kritik zur jüdischen Existenz diskursiv nach ›innen‹ und nach ›außen‹ vollzogen. Beide Perspektiven problematisieren die konflikthafte Beziehung von ›Gesetz‹ und ›Glaube‹ und von ›Gesetz‹ und ›Repräsentation‹. Das zeigt sich exemplarisch in einer Aussage Horkheimers von 1967, in der er einerseits die Verfassung jüdischer Existenz im Gesetz bekräftigt und andererseits dessen Verfremdung und Verneinung durch die ›Verkörperung‹ als bedroht wahrnimmt; nämlich im »Nazarener«, »der das Gesetz erfüllen wollte, als die Inkarnation der moralischen Lehre.«[19]

In dieser »Inkarnation«[20] ist die folgenreiche, fundamentale, christliche und aufweichende Modifikation des »Bilderverbots« angesprochen. Das jüdische Gesetz, das die Beziehungen zwischen Gott und Mensch

14 Die Beschäftigung mit griechischem Denken und Philosophie galt dem rabbinischen Judentum als »nicht koscher«, wie Christoph Schulte feststellt: »Von jeher gerieten die jüdischen Philosophen des Judentums bei der Vermittlung von philosophischem Diskurs und Judentum zwischen die Fronten: Einerseits wird ihnen von den Frommen und den Rabbinern schon im Talmud vorgeworfen, das Judentum an den fremden und unangemessenen philosophischen Kategorien der Gojim, der Nichtjuden, zu messen und es ihnen anzupassen. Fragen nach dem Wesen Gottes in seiner Einzigkeit oder philosophische Gottesbeweise seien dem gelebten Judentum von Bibel und Talmud fremd: Der lebendige Gott der Tora fordere Gehorsam gegenüber seinen Geboten, er fordere nicht Philosophie und Wissenschaft. […] Andererseits wussten die nicht jüdischen Philosophen oft wenig mit den jüdischen Versuchen anzufangen […].« (Schulte, Jüdische Philosophie, S. 323).

15 Diner, Einleitung, S. 6-18.

16 Das spiegelt sich existentiell auch im Diktum »dina de-malkhuta dina« (»Das Gesetz des Königtums/Reichs/ Landes ist Gesetz«) wider. Siehe dazu Andreas Gotzmann, Dina de-malkhuta dina, in: Dan Diner (Hg.), Enzyklopädie jüdischer Geschichte und Kultur, Bd. 2, Stuttgart u. Weimar 2012, S. 138-143.

17 Vgl. Diner, Die versiegelte Zeit, S. 243.

18 Vgl. Schulte, Jüdische Philosophie, S. 324.

19 Horkheimer, Bibelkritik (November 1967), in: GS 14, S. 456.

20 Das bezieht sich auch auf Johannes 1:14 (zit. n. der rev. Fassung der Elberfelder Bibel von 2008): »Und das Wort ward Fleisch und wohnte unter uns, und wir sahen

sowie zwischen den Menschen selbst regelt, wird im »Nazarener«, im »Bild« von Gott, aufgehoben.[21] Die gedankliche, habituelle, historische und anthropologische Konsequenz dieser Personalisierung sowie die damit verbundene Affirmation profilieren als wiederkehrende Themen das Spätwerk Horkheimers, dem sich die vorliegende Arbeit vor allem widmet. Durch die »Inkarnation der moralischen Lehre« habe sich das »Absolute« konkretisiert und im Endlichen verkörpert: In der christologischen Verwandlung zum Menschen wurde Gott veranschaulicht. Dieser Wandel vom »Absoluten« zur Konkretion mündet in der Verehrung von bildlichen Darstellungen, die sich auch säkularisiert äußere. Vor diesem religiös-kulturhistorischen Hintergrund entfaltet Horkheimer seine Kritik, die maßgeblich auf das »Bilderverbot«[22] als ›Grenze‹ und als Schutz gegen Ideologie und Magie aufbaut. Gerade dieses lehne sich gegen die Affirmation auf und unterbinde ein Verhalten, das sich von dem entfremdeten Objekt bestimmen lasse; so eine These Horkheimers. Sie schuf zugleich das leitende Movens für seine späte Kritische Theorie.[23] Der gläubige Blick auf das Bild, die »ideologische«[24] und spezifisch kognitive wie habituelle Aneignung von Welt erweist sich als ein Bewusstsein, das sich historisch ausdrücklich mache. Diesem maß Horkheimer grundlegende Bedeutung in der philosophischen Analyse des Antisemitismus zu. Das »Bilderverbot«, auf das er sich vorbehaltlos positiv bezieht und das er als Inbegriff des Judentums apostrophiert, avanciert zum Paradigma und zur Orientierung seines Denkens, insbe-

seine Herrlichkeit, eine Herrlichkeit als des eingeborenen Sohnes vom Vater, voller Gnade und Wahrheit.«

21 »Aufgehoben« im Sinne Hegelscher Dialektik, siehe dazu Lu De Vos, Aufheben, in: Paul Cobben et al. (Hg.), Hegel-Lexikon, Darmstadt 2006, S. 142-144.

22 Das Bilderverbot, so wie es Horkheimer begreift, bezieht sich weniger auf die ästhetische Position des Objekts als auf das rezipierende Subjekt.

23 Die vorliegende Arbeit verwendet den Begriff »Kritische Theorie« als Bezeichnung für das Denken, das von Max Horkheimer, Theodor W. Adorno und anderen Mitgliedern der ersten Generation des Instituts für Sozialforschung ausging und zu einer gemeinsamen theoretischen Arbeit führte. Die wissenschaftlichen und intellektuellen Anstrengungen galten einer Gesellschaft, in der die Menschen ›mündiger‹ und die Gesellschaft ›vernünftiger‹ eingerichtet sei. Es ist ein zentraler und philosophischer Aspekt der Kritischen Theorie, dass sie sich gerade einer Definition ihres Denkens entzieht. Es besteht jedoch Einverständnis Horkheimers und Adornos darüber, ihr Denken zu bezeichnen, auch um wissenschaftlich (und politisch) sichtbar zu sein. Vgl. Clemens Albrecht, Die intellektuelle Gründung der Bundesrepublik. Eine Wirkungsgeschichte der Frankfurter Schule, Frankfurt am Main 1999, S. 25-30.

24 Andreas Mertin, Idolatrie, in: Tá katoptrizómena (2010), 63, online unter: https://www.theomag.de/63/am306.htm (9. Juni 2022). »Ideologie« meint im Sinne Marx' »falsches Bewusstsein«.

sondere in seiner späten Philosophie.[25] Im »Bilderverbot« verdichtet sich nach seinem kritischen Verständnis nicht nur die Beziehung von Ethik und Ästhetik, sondern artikuliere sich auch die ›Grenze‹ von ›Glaube‹, ›Wissen‹ und Normativität. Seine Kritik verweist dagegen auf die ästhetische Erfahrung als ein Verhältnis zum und ein Verhalten am »Bild«.

Die Aufwertung und die positive Bezugnahme auf das »Bilderverbot« qualifizierten Horkheimers philosophische Reflexionen indes als »Jüdische Philosophie«,[26] die über Judentum und jüdische Existenz in der Welt aus der jüdischen Position heraus und im Bewusstsein der »conditio judaica«[27] nachdenkt. Sie bezeugt das jüdische Selbstverständnis seines Denkens, das neben dem analytischen Gehalt eine Rettung des Judentums innerhalb der Philosophie vornimmt und vornehmen möchte – durch dessen Objektivierung. Damit sind die in Form und Ausdruck privaten, eher partikular-subjektiv gehaltenen späteren Gedankengänge Horkheimers ein loyales, verpflichtendes Nachdenken über jüdische Existenz und Judentum. Diese Konstellation kennzeichnet jedoch nicht nur Horkheimers Denken, sondern die Jüdische Philosophie im Allgemeinen, die sich seit der Antike in der okzidentalen Philosophie und im historischen Kontext nicht nur abgrenzend, sondern auch übersetzend, modellierend und insbesondere aus dem minoritären Bewusstsein heraus behauptet hat.[28]

Die Spannung vom Universellen und Partikularen nimmt Horkheimer produktiv auf, indem er jüdische Erfahrung und jüdisches Bewusstsein – also Geschichte und Idee – auch in allgemeinere philosophische Begriffe übersetzt.[29] Intention und Rezeption von Jüdischer Philosophie sind damit aus zweierlei Perspektive zu bewerten: Als »Binnendiskurs« erweist sich Jüdische Philosophie einerseits als partikular. Andererseits

25 Vgl. Horkheimer, Die Herkunft der kritischen Theorie, in: GS 14, S. 491. Indes zeigt sich an Horkheimers Denken, dass jüdische Philosophie keineswegs ausschließlich Religionsphilosophie ist.

26 Drei Kriterien kennzeichnen nach Micha Brumlik »jüdisches Denken«: Die Denker oder Denkerinnen hätten selbst Juden oder Jüdinnen zu sein, zu ihrem Judentum in einem bewussten und reflektierten Verhältnis zu stehen und ihr Denken müsse in der denkenden Entfaltung des Glaubens an den einen gestaltlosen und geschichtsmächtigen Gott münden, dessen Taten und Worte zum Buch wurden. Vgl. Micha Brumlik, Jüdische Philosophie – Jüdische Denker oder Denker des Judentums?, Vortrag im Audimax der Universität München am 3. Februar 1993. Siehe dazu Konrad Lotter, Judentum und Philosophie. Stichpunkte und Grenzziehungen, in: Widerspruch (2001), 37, S. 9-25, hier S. 17.

27 Schulte, Jüdische Philosophie, S. 322.

28 Ebd., S. 323.

29 Ebd., S. 324.

ist sie Bestandteil einer allgemeinen Philosophie.[30] Um sichtbar und anerkannt zu werden, muss und möchte sich jüdisches Denken innerhalb der Philosophie verorten, um damit das Besondere in Beziehung zum Allgemeinen zu setzen, ohne seine Besonderheiten ganz aufzugeben. Hier wiederholt sich die Objektivation des denkenden Subjekts, die in der Spannung besteht, sich als Besonderes im Allgemeinen artikulieren zu müssen, um Anerkennung zu finden. Daraus resultierte nicht nur eine Besonderheit jüdischen Denkens, sondern auch eine unterschiedlich bewertete Wirkung auf das europäische Denken bis hin zur »intellektuellen Gründung der Bundesrepublik«[31] durch prominente Persönlichkeiten und deren Werke. Zu nennen sind hier unter anderem Theodor W. Adorno,[32] Walter Benjamin, Herbert Marcuse, Leo Löwenthal, Georg Lukács, Erich Fromm und Ernst Bloch.

30 Ebd. Auch innerhalb rabbinischer Diskussionen ist die Spannung von Universalismus und Partikularismus seit Jahrhunderten Gegenstand denkerischer Anstrengungen. Siehe dazu den Beitrag von Frederek Musall, Philosophie und Religion – ein spannungsreiches Verhältnis?, in: Zentralrat der Juden in Deutschland (Hg.), Perspektiven jüdischer Bildung. Diskurse – Erkenntnisse – Positionen, Berlin 2017, S. 47-53.

31 Vgl. Schulte, Jüdische Philosophie, S. 323. Siehe den gleichnamigen Titel von Albrecht, Die intellektuelle Gründung der Bundesrepublik. Hier ist anzumerken, dass der Titel »missverstanden werden« könne. Die These der Autoren, so führt es Bernhard Sutor aus, münde gerade nicht darin, dass »die Frankfurter Schule […] die Bundesrepublik intellektuell gegründet [habe].« Ihr Befund lasse sich vielmehr so zusammenfassen: »Die nach der institutionellen Gründung erst allmählich vollzogene politisch-kulturelle Gründung des neuen demokratischen Staates ist nicht das Werk einer einzelnen ›Schule‹ oder Theorie, auch nicht der ›Frankfurter‹, aber an deren Wirkungsgeschichte können der Prozess und die Probleme der sich herausbildenden politischen Kultur besonders gut verfolgt werden.« Siehe Bernhard Sutor, Politische Bildung im Streit um die »intellektuelle Gründung« der Bundesrepublik Deutschland. Die Kontroversen der siebziger und achtziger Jahre, in: Aus Politik und Zeitgeschichte (2002), B45, S. 17-28, hier S. 17.

32 Anlässlich der Beisetzung Adornos, die nicht nach jüdischer Praxis und Tradition erfolgte, schrieb Horkheimer in einem Brief an Otto O. Herz vom 1. September 1969 über dessen Beziehung zum Judentum: »Ihr Bedauern, daß beim Begräbnis meines Freundes Adorno das Bekenntnis zum Judentum keinen Ausdruck fand, ist mir zutiefst verständlich. Die äußeren Gründe sind offenkundig. Der Vater stammt von Juden ab, die Mutter, geborene Cavelli-Adorno della Piana, sowie ihre Schwester, Künstlerinnen, die beide für die Erziehung entscheidend waren, vertraten die katholische Tradition. Teddie Adorno wurde katholisch getauft und infolge des Einflusses eines protestantischen Religionslehrers protestantisch konfirmiert. Ich gebe Ihnen diese Mitteilungen, um die komplizierte Stellung des Verstorbenen zur Religion, zur Konfession begreiflich zu machen. Andererseits darf ich sagen, daß die Kritische Theorie, die wir beide entfaltet haben, ihre Wurzeln im Judentum hat. Sie entspringt dem Gedanken: Du sollst dir kein Bild von Gott machen. Daß Adorno mit den Verfolgten sich identifizierte, beweist sein Ausspruch, daß

Die vorliegende Studie widmet sich dem ›Besonderen‹, das Horkheimer in die Philosophie übersetzt, weil er in ihren Begriffen denken möchte und muss, um sich vermitteln zu können. Dies wurde nicht ohne Ressentiments zur Kenntnis genommen. Vielmehr, so ein Befund,[33] erweist sich die Rezeption von Horkheimers jüdischen Inklinationen und seiner Verweigerung einer gänzlichen philosophischen Integration seines Denkens als überwiegend indifferent. Viele Rezipienten beziehen seine Leistung vor allem auf seine Fähigkeiten als »Wissenschaftsmanager«, womit sein Lebenswerk in erster Linie mit seinem institutionellen Kontext verflochten bleibe.[34] Horkheimer gilt als einer der wenigen Denker des 20. Jahrhunderts, dem es gelang, eine politische Intellektualität in der »Frankfurter Schule« auch tatsächlich zu institutionalisieren.[35] Seine Lebensleistung sei, so Arno Waschkuhn anerkennend, zweifach zu würdigen:

> als Organisator des Instituts, vor allem im amerikanischen Exil, und als eigenständiger Philosoph […]. Alle – am wenigsten jedoch aufgrund seiner Abwesenheit, Benjamin – orientierten sich an Horkheimer, der über ein intellektuelles Charisma verfügte, dem sich niemand entziehen konnte, vielmehr auch unter Schwierigkeiten teilhaben wollte an seinem Sympathiefeld.[36]

nach dem, was in Auschwitz geschehen ist, kein Gedicht mehr entstehen soll« (zit. n. Detlev Claussen, Adorno. Ein letztes Genie, Frankfurt am Main 2003, S. 429).

33 Siehe zur Rezeption Pascal Eitler, »Gott ist tot – Gott ist rot«. Max Horkheimer und die Politisierung der Religion um 1968, Frankfurt am Main 2009, S. 119-238.

34 Jürgen Habermas, Drei Thesen zur Wirkungsgeschichte der Frankfurter Schule, in: Axel Honneth u. Albrecht Wellmer (Hg.), Die Frankfurter Schule und ihre Folgen, Berlin (West) 1986, S. 8-12, hier S. 8.

35 Ebd. Bereits die Bezeichnung »Kritische Theorie« erschien der Gruppe um Horkheimer fragwürdig, noch mehr aber der Terminus »Frankfurter Schule«. Der Begriff ›Schule‹ war Horkheimer insofern suspekt, da er damit die von ihm wenig geschätzte Professoren- und Schulphilosophie verband. Siehe dazu Albrecht, Die intellektuelle Gründung der Bundesrepublik, S. 30.

36 Arno Waschkuhn, Kritische Theorie. Politikbegriffe und Grundprinzipien der Frankfurter Schule, München 2000, S. 39. Abwertend positioniert sich Rolf Wiggershaus: »Wer eine Monographie über Horkheimer schreibt, muß mit der Frage rechnen: Ist es sinnvoll, jemanden, der sicherlich nicht weniger Zeit in wissenschaftsorganisatorische Aktivitäten und kollektive Projekte als in individuelle theoretische und publizistische Tätigkeit investiert hat, herausgelöst aus solchen Zusammenhängen vorzustellen? Wer so fragt, dürfte Zweifel haben, ob eigentlich soviel übrigbleibt, wenn man Horkheimer mehr oder weniger für sich betrachtet« (Rolf Wiggershaus, Max Horkheimer, Hamburg 1998, S. 7f., zit. n. Waschkuhn, Kritische Theorie, S. 41.).

Auch Stefan Breuer bestätigte die nicht nur institutionelle, sondern vor allem philosophische Führungsrolle innerhalb des Kreises der Kritischen Theorie:

> In der Tat ging von Horkheimer ein weit über die Herstellung der äußeren organisatorischen Rahmenbedingungen hinausreichender inhaltlicher Einfluß aus, ohne den die kritische Theorie nicht denkbar wäre. Es war Horkheimer, der mit seiner Anknüpfung an Kant und Hegel den Diskurs Marcuses von seinen existenzphilosophischen Anfängen ablenkte und zu einer positiven Rezeption der idealistischen Philosophie führte. Es war Horkheimer, der der Psychoanalyse, wie sie vor allem durch Erich Fromm vertreten wurde, einen zentralen Platz in der Arbeit des Instituts verschaffte; und von Horkheimer stammten schließlich auch die ideologiekritischen Leitgedanken, die Löwenthal am literaturwissenschaftlichen Material erprobte. Wie in einer Gesellschaftsformation unterschiedliche Produktionsweisen durch eine dominierende Produktionsweise zusammengeschlossen werden, die die ›allgemeine Beleuchtung‹ bildet, ›worein alle übrigen Farben getaucht sind‹ (Marx), so bildete auch die kritische Theorie eine diskursive Formation, die ihre Gestalt von einem theoretischen Zentrum – den Aufsätzen Horkheimers – erhielt.[37]

Horkheimer galt als zentrales philosophisches Haupt, als der bedeutende Mentor der Kritischen Theorie. In die Geschichte der deutschen Philosophie und Soziologie,[38] so schrieb Alfred Schmidt, einer seiner und Adornos ›Schüler‹, aus Anlass von Horkheimers Tod 1973, sei dieser als Begründer der »schulbildenden Kritischen Theorie eingegangen, die heute allenthalben über den akademischen Bereich hinaus studiert, erforscht, auch weiterentwickelt wird«.[39]

37 Stefan Breuer, Horkheimer oder Adorno: Differenzen im Paradigmenkern der kritischen Theorie, in: Leviathan 13 (1985), 3, S. 257-375, hier S. 373.

38 Die Kritische Theorie wurde in den wissenschaftlichen Disziplinen selbst häufig getrennt rezipiert: entweder als Philosophie oder als Sozialwissenschaft. Horkheimer thematisiert dies 1937 in dem programmatischen Essay und suspendiert diese Trennung (Horkheimer, Traditionelle und kritische Theorie, in: GS 4, S. 162-225).

39 Alfred Schmidt, Die Solidarität endlicher Wesen. Zum Tode des Sozialphilosophen Max Horkheimer, in: ders., Zur Idee der Kritischen Theorie. Elemente der Philosophie Max Horkheimers, München 1974, S. 137-142, hier S. 137. Siehe dazu Alex Demirović, Der nonkonformistische Intellektuelle. Die Entwicklung der Kritischen Theorie zur Frankfurter Schule, Frankfurt am Main 1999. Nach Leo Löwenthal handele es sich bei der »Kritischen Theorie« vor allem um eine gemeinsame »kritische Grundgesinnung«: »Nichts anderes als solch kollektiver Nenner sollte als kritische Theorie verstanden werden, ein Ausdruck übrigens, den wir in

Trotz zahlreicher Würdigungen Horkheimers und seines späten Denkens finden sich Hinweise auf eine ambivalente Haltung in der 68er-Generation.[40] Sie gründet sich auf der sogenannten »konservativen« Wende,[41] die Horkheimer in den Gesprächen und Notizen aus den 1960er- und 1970er-Jahren philosophisch und politisch zum Ausdruck bringt.[42] Die Philosophin Heidrun Hesse habe diese »beinahe als Abfall

den ersten zwanzig Jahren niemals so betont verwendet haben, wie es der ›Nachwelt‹ erscheint.« (Leo Löwenthal, »Mitmachen wollte ich nie. Ein autobiographisches Gespräch mit Helmut Dubiel«, in: ders., Schriften, Bd. 4: Judaica, Vorträge, Briefe, hg. v. Helmut Dubiel, Frankfurt am Main 1984, S. 271-298, vgl. Muharrem Açıkgöz, Die Permanenz der Kritischen Theorie. Die zweite Generation als zerstrittene Interpretationsgemeinschaft, Münster 2014, S. 8.). Horkheimer verweist darauf, dass der Name »Kritische Theorie« in den 1960er-Jahren von den Studenten etabliert wurde, die sich auf seinen Essay »Traditionelle und kritische Theorie« (1937) bezogen hätten. Vgl. Albrecht, Die intellektuelle Gründung der Bundesrepublik, S. 32. Auch Habermas stellt im Rückblick auf die 1960er-Jahre fest: »Für mich gab es keine Kritische Theorie, keine irgendwie zusammenhängende Lehre. Adorno schrieb kulturkritische Essays und machte im übrigen Hegel-Seminare. Er vergegenwärtigte einen bestimmten marxistischen Hintergrund – das war es. Erst die klugen jungen Leute in den späten sechziger Jahren haben die frühe Kritische Theorie wiederentdeckt, haben mir klarer zu Bewusstsein gebracht, dass die Gesellschaftstheorie einmal einen systematischen Charakter haben sollte« (Jürgen Habermas, Dialektik der Rationalisierung, in: ders., Die neue Unübersichtlichkeit, Frankfurt am Main 1996, S. 167-208, hier S. 171, zit. nach Açıkgöz, Die Permanenz der Kritischen Theorie, S. 8.).

40 Siehe dazu Açikgöz, Die Permanenz der Kritischen Theorie, S. 75 f. Diese Ambivalenz der Generation von 1968 ist vielfach auch Ergebnis eines nicht aufgearbeiteten Verhältnisses zur eigenen, belasteten Familiengeschichte.

41 Eine bemerkenswerte historische Parallele besteht zu Hermann Cohen, dem Ähnliches vorgeworfen wurde: Den »orthodoxen« Sozialisten galt er als Renegat und Konservativer, weil er sich insbesondere auf Kant (und Marx), nicht jedoch auf Hegel (und Marx) berief: »Die Orthodoxie sah in Hermann Cohen und auch Eduard Bernstein akademische Sozialisten, für die der Sozialismus ein Ideal darstellte, welches die Annäherung an dasselbe – eine in infinitum vorgestellte Annäherung – zu einer ethischen Aufgabe machte. Innerhalb der Sozialdemokratie wurden die Ethischen Sozialisten zu den Rechtsabweichlern gezählt. Der ordentliche Sozialdemokrat war Marxist und damit Hegelianer, ein kritischer durchaus, der sich nicht auf eine moralische Idee, sondern auf die wirkliche Welt und die Einsicht in deren Bewegungsgesetze stützte […], der Philosoph Kant hingegen samt Neukantianismus fielen in die Abteilung ›bürgerliche Ideologie‹« (Ulrich Ruschig, Kant und Marx. Vortrag auf dem 2. Bremer-Oldenburger-Symposion »Der kritische Weg ist allein offen«, 2004, online unter: https://uol.de/f/4/inst/philosophie/personen/ulrich.ruschig/Kant+MarxII.pdf [6. Juni 2022]).

42 Siehe dazu u. a. Horkheimer, Die Sehnsucht nach dem ganz Anderen [Gespräch mit Helmut Gumnior] (1970), in: GS 7, S. 385-404. Diese politische Annäherung an die Konservativen habe ihre Wurzeln im »Weimarer Reflex«, so Albrecht, Die intellektuelle Gründung der Bundesrepublik, S. 125. Sie beruhte wohl auch auf einer Umfrage, die Horkheimer mit Thomas Mann für die Emigrantenzeitschrift

von der reinen Lehre der Dreißiger Jahre« bewertet, so Dieter Sattler, dem zufolge dieser »Prozeß« »nicht nur, wie etwa Jürgen Habermas, Helmut Dubiel, Seyla Benhabib oder Axel Honneth herausgearbeitet haben, eine logische Konsequenz innerer Widersprüche und Ungereimtheiten der frühen Kritischen Theorie« gewesen, »sondern als Wiederaufnahme jener Schopenhauerschen und Kantischen Fragestellungen anzusehen« sei, »die in den Dreißiger Jahren vom Bekenntnis vom Marxismus überdeckt, aber niemals völlig verschwunden waren.«[43] Der Konservatismus sei indes keine neue Haltung, so die Einschätzung, sondern bereits im frühen, also vor der Emigration verfassten Werk zum Ausdruck gekommen. Er zeigte sich etwa in der emphatischen philosophischen Auseinandersetzung mit dem deutschen Idealismus, insbesondere mit Kant. Diese Hinwendung ist jedoch bei näherem Blick keineswegs überraschend.[44] Es ist vielmehr zu konstatieren, dass die Normativität des Aufklärers und Idealisten als maßgebliche philosophische Referenz für das jüdische Denken der Moderne überhaupt gilt. Insbesondere der Philosoph Hermann Cohen betonte die Kohärenz von Kants Philosophie mit dem jüdischen Denken, was sich fraglos auch bei Horkheimer zeigte, der Kants Idealismus mit dem philosophischen Marxismus dialektisch und reflektierend verband.

Aufbau durchführte. Dieser zufolge hätten insbesondere »aufrichtige Katholiken« und Konservative in der NS-Zeit human gehandelt und Verfolgten geholfen, »much more than the Social Democrats« (Horkheimer an John Slawson, 10. Januar 1948, zit. n. Albrecht, Die intellektuelle Gründung der Bundesrepublik, S. 125). Auch im Gespräch mit Janko Musulin 1970 ist diese »Statistik« nochmals erwähnt (Horkheimer/Musulin, Die verwaltete Welt kennt keine Liebe, in: GS 7, S. 358-362, hier S. 360). In der Notiz »Der wahre Konservative« (1966/1969) heißt es: »Der wahre Konservative ist vom Nazi und Neonazi nicht weniger weit entfernt als der wahre Kommunist von der Partei, die sich so nennt, nicht unähnlich dem Christen im Verhältnis zur Kirche zur Zeit der Reformation und Gegenreformation. […] Zwischen Achtung und Verachtung des Lebendigen verläuft die Trennungslinie, nicht zwischen dem sogenannten links und rechts, dem schon veralteten bürgerlichen Gegensatz« (GS 6, S. 408 f., hier S. 409).

43 Dieter Sattler, Max Horkheimer als Moralphilosoph. Studie zur Kritischen Theorie, Frankfurt am Main 1996, S. 13. Obgleich Schopenhauer für Horkheimers Denken relevant ist, geht die vorliegende Arbeit auf diese Bezüge nur vereinzelt ein.

44 Horkheimer hat sich sowohl in seiner Dissertation (1922) als auch in seiner Habilitationsschrift (1925) mit der *Kritik der Urteilskraft* beschäftigt. Insofern war die Philosophie Kants bereits in seiner frühen akademischen Arbeit präsent. Vgl. Gunzelin Schmid Noerr, Nachwort des Herausgebers. Die philosophischen Frühschriften, in: GS 2, S. 455-468. Vgl. zu den jüdischen Kantianern George L. Mosse, Jüdische Intellektuelle in Deutschland. Zwischen Religion und Nationalismus, Frankfurt am Main 1992, S. 90-112, bes. S. 102-112.

Die gängige Bewertung unterschlägt zudem die Bedingungen jüdischer Existenz, nicht allein in der Nachkriegszeit. Gerade die ideelle und biografische Position Horkheimers bezeugt die gesellschaftliche »Wunde«, mit der Adorno die jüdische Existenz in Deutschland beschreibt. Diese, so Adorno im Rückgriff auf Heinrich Heines Dichtung, offenbare die Geschichte der katastrophal missglückten Emanzipation. Dabei verweise die »Wunde« auf die partikulare jüdische und die universale menschliche Existenz, deren Emanzipation und »Versöhnung« auch Generationen nach Heine noch ausgestanden hätte bzw. gescheitert seien.[45] Diese gesellschaftliche und jüdische Stellung Horkheimers aktualisierte die ungelöste historische und zeithistorische Beziehung zwischen Deutschen und Juden, zwischen denen ›Auschwitz‹ als tiefer zivilisatorischer Riss stand, der sowohl auf die Vergangenheit als auch die Zukunft seine Schatten warf. Horkheimer war sich dessen durchaus bewusst, wie private Dokumente belegen, die seine persönliche wie existentielle Verunsicherung nach seiner Rückkehr in die junge Bundesrepublik 1949 widerspiegeln. Er ordnete diese Instabilität als Jude, als jüdische Erfahrung von Geschichte ein. Bereits 1942 hatte er notiert: »Für die Juden ist Geschichte in jedem Augenblick verhängnisvoll, denn jedes Unrecht betrifft sie.«[46]

Dieses Empfinden einer anhaltenden, wenn auch nicht akuten Bedrohung blieb trotz der politischen Stabilisierung der Bundesrepublik erhalten. Seine beruflich erfolgreiche Rückkehr und die vielen ihm zuteilwerdenden Ehrungen[47] konnten dies zwar überdecken, jedoch nicht nivellieren. Sie erweckten vielmehr den Eindruck, dass jene historische Abhängigkeit der Juden von der Gunst der Mächtigen weiterhin

45 Theodor W. Adorno, Die Wunde Heine, in: AGS 11, S. 95-100. Der Begriff »Versöhnung« – das in Paraphrase – ist für Horkheimer bedeutsam und für das Judentum fundamental. Die jüdische Praxis versteht darunter vor allem die Aussöhnung mit dem Nächsten, insbesondere am Versöhnungstag (Jom Kippur). Hermann Cohen sieht in der Versöhnung das Zentrum des Gottesdienstes. Vgl. Hermann Cohen, Religion der Vernunft aus den Quellen des Judentums (1919), nach dem Manuskript des Verfassers neu durchgearbeitet und mit einem Nachwort versehen von Bruno Strauß, Berlin 1928, S. 251. Vgl. Micha Brumlik, Respektabel, aber falsch. Peter Sloterdijks Verschärfung von Jan Assmanns »mosaischer Unterscheidung«, in: Die Gewalt des einen Gottes. Die Monotheismus-Debatte zwischen Jan Assmann, Micha Brumlik, Rolf Schieder, Peter Sloterdijk und anderen, hg. v. Rolf Schieder, Berlin 2014, S. 196-217, S. 213.

46 Horkheimer, Einige Betrachtungen zum Curfew (1942), in: GS 5, S. 351-353, hier S. 352.

47 Siehe dazu Martin Jay, Dialektische Phantasie. Die Geschichte der Frankfurter Schule und des Instituts für Sozialforschung 1923-1950, Frankfurt am Main 1976, S. 333.

existierte. Für sie hieß das, wenn auch unter veränderten historischen Bedingungen, »Schutzbefohlene« und »Schutzbedürftige« der jeweils herrschenden Kaste zu sein.[48] Die historische Erfahrung, dass Gemeinschaften in krisenhaften Zeiten in ihrer Dynamik antijüdisch agierten, begründete zudem eine biografisch-soziale Einsamkeit und forcierte zum eigenen Schutz eine bewusste Trennung von öffentlicher und privater Person.

Hans-Jürgen Krahl bemerkt in seinem Nachruf auf Adorno in der *Frankfurter Rundschau* dessen »monadologische[s] Schicksal«, das »bis in ihre ästhetische Abstraktion von der Erfahrung des Faschismus gekennzeichnet« sei. Adorno habe die Vereinsamung der Emigration wohl »nie wirklich verlassen.«[49] Auch für Horkheimer bildete der »Faschismus« eine signifikante Grunderfahrung seines Lebens. Die andere zutiefst und umfassend bestürzende historische Erfahrung, die Vernichtung der europäischen Juden, muss als die fundamentale Zäsur begriffen werden, in deren Ausstrahlung Horkheimer gezwungen war, zu denken und zu wirken. Unter diesem Eindruck, wurde jeder Form der Kollektivierung mißtraut[50] und dem »Zwang zur Unterschrift«[51] möglichst widerstanden. So resultierte neben der politischen Differenz auch Horkheimers Ablehnung der rebellischen Praxis der Studenten aus seiner historisch begründeten Furcht, wie seine Notiz »1944-1969« zeigt:

> Damals mußte man auf die Revolution hoffen, heute muß man sie fürchten. Was heute unter den von linken Studenten radikal abgelehnten Verhältnissen an persönlichen Freiheiten bleibt, ist unausdenkbar

48 Horkheimer und Adorno beschreiben die Abhängigkeit der Juden von der Obrigkeit, die auch für die Existenz im Exil gelte. Vgl. Horkheimer u. Adorno, Elemente des Antisemitismus, in: GS 5, S. 197-238, hier S. 204 f. Als literarisch-populäres Pendant dieser jüdischen Existenz kann u. a. der historische Roman von Lion Feuchtwanger, Jud Süß, Berlin 1925, gelten, der sich in Horkheimers Privatbibliothek im kalifornischen Exil findet.

49 Hans-Jürgen Krahl, Konstitution und Klassenkampf. Schriften und Reden 1966-1970, 4. Aufl., Frankfurt am Main 1985, S. 285, hier zit. n. Waschkuhn, Kritische Theorie, S. 66.

50 Darin inbegriffen ist auch die Dynamik der ›Masse‹, die Freud 1921 politisch und zeithistorisch pointiert als kollektive Identitätsbildung analysierte. Siehe Sigmund Freud, Massenpsychologie und Ich-Analyse, in: ders., Studienausgabe, Bd. 9: Fragen der Gesellschaft. Ursprünge der Religion, hg. v. Alexander Mitscherlich et al., Frankfurt am Main 1994, S. 61-134.

51 Den treffenden Ausdruck »Zwang zur Unterschrift« verwendet Waschkuhn, Kritische Theorie, S. 70. Er referiert auf Adornos Vortrag vom 9. Februar 1969, in dem es heißt: »Unausdrücklich hat sich ein wenig Kantischer kategorischer Imperativ aufgerichtet: du mußt unterschreiben« (Adorno, Resignation (1969), in: AGS 10,2, S. 794-799, hier S. 798).

> besser, als was in einer revolutionären, das heißt notwendig totalitären Gesellschaft heute daraus würde.[52]

In Horkheimers späten Notizen artikulierte er dieses Misstrauen und vernahm deutlich das ideologische und autoritäre Moment der Studentenbewegung. Seine daraus resultierende Vorsicht und Reserviertheit gegenüber praktischer »Parteilichkeit« verstanden viele seiner Studentinnen und Studenten nicht. Stattdessen forderten sie eben jene politische Praxis ein, die sich auf die Positionen des jungen Horkheimers, auf seine Schriften aus den 1930er-Jahren bezog, die er eher im marxistischen Duktus verfasste bzw. in denen er das Universale im Blick hatte und historisch haben konnte.[53]

Vor dem Hintergrund der Katastrophen des 20. Jahrhunderts galt es für Horkheimer jedoch, die bundesrepublikanischen Verhältnisse und deren Verfassung zu stabilisieren. In einer Rede anlässlich des vierten Jahrestages der hessischen Landesverfassung 1950 mahnte Horkheimer: »Aber die Welt wird zur Hölle, wenn sie solcher Ordnungen wie der ver-

52 Horkheimer, 1944-1969 (1969), in: GS 14, S. 522 f.

53 Horkheimer und Adorno betonten wiederholt, dass ihre Theorie im Kontext spezifischer historisch-gesellschaftlicher Begebenheiten zu verstehen sei. Ihre theoretischen Aussagen seien keine unveränderbaren ›Wahrheiten‹. Vielmehr habe sich die Funktion der Kritischen Theorie im Laufe der Zeit und in Bezug auf das Zeitgeschehen wesentlich gewandelt: »Während sich die Kritischen Theoretiker in den 1930er-Jahren durchaus für eine revolutionäre Veränderung der Gesellschaft einsetzten, sahen sie in der Nachkriegszeit angesichts der Erfahrungen mit dem Nationalsozialismus und dem Stalinismus ihre Aufgabe darin, die in den westlichen kapitalistischen Gesellschaften noch bestehenden bürgerlichen Rechte und Freiheiten zu verteidigen« (Açıkgöz, Die Permanenz der Kritischen Theorie, S. 72). Insbesondere der Aufsatz »Traditionelle und kritische Theorie« (1937) habe sich in seiner Programmatik für die Studierenden von 1968 angeboten, ließ sich dieser doch »sowohl als Beschreibung der Situation der Studenten lesen, als auch als Waffe einsetzen. Der Ansatz, den wissenschaftlichen Anspruch traditioneller Theorie gegen diese selbst zu richten, sie also gleichsam von innen zu durchbrechen, war ein ebenso eleganter wie wirkungsvoller Angriff auf jegliche Fachidiotie. Der Text stand der Studentenbewegung damit näher als sein Autor, der befürchtete, die Analyse der Gesellschaft trete hinter blinden Aktionismus zurück und der sich von den Studenten ebenso distanzierte wie vom in seinen Augen allzu optimistischen Tenor seiner früheren Arbeiten. Die radikal aufklärerische Ausrichtung des Aufsatzes, der darauf insistierte, wissenschaftliches Denken sei seinem eigenen Wesen nach dem Zweck einer vernünftig organisierten, befreiten Gesellschaft verpflichtet, entsprach weitgehend der Haltung der Studenten.« Siehe Alfred Schmidt, Max Horkheimer, Traditionelle und kritische Theorie [1937], in: ders., Kritische Theorie, Bd. 2, Frankfurt am Main 1968, S. 137-191; [o. A.], Was die 1968ger lasen. 15 Bücher, in: Widerspruch 27 (2008), 48, S. 24-29, hier S. 28.

fassungsrechtlichen sich entäußert.«[54] Diese Verfassung müsse allerdings gewollt und anerkannt sein. Sie sei, dies müsse der Gesellschaft bewusst gemacht werden, die »Zuflucht, in der es uns noch zu atmen erlaubt«[55] sei. Jene, die auf diese demokratische »Zuflucht« im besonderen Maße angewiesen sind, spricht Horkheimer mit dem Reflexivpronomen »uns« an.[56] Die von ihm befürwortete verfassungsrechtliche Konstitution der jungen Bundesrepublik jedoch, so ist es aus der Rede herauszulesen, sieht er in einer Diskrepanz zur Gesellschaft, die sich der Bedeutsamkeit der demokratischen Verfassung nicht bewusst sei und diese nicht mittrage. Der juridische Rahmen müsse deshalb mit »Geist« gefüllt werden,[57] d.h. die Bürger müssten von der bundesrepublikanischen Verfassung überzeugt werden, diese anerkennen und wollen. Horkheimer wusste, dass allein die breite gesellschaftliche Anerkennung demokratischer Grundsätze auch die jüdische Gemeinschaft schützen würde.

Zugleich aktualisierte Horkheimer intellektuell wie persönlich die gesellschaftliche Position der bürgerlichen Juden des späten 19. Jahrhunderts, das er als ›liberales Zeitalter‹ bezeichnete und als vergleichsweise stabil für das deutsche Judentum bewertete.[58] Damit relativierte er auch, so Sattler, das Verdikt über den Liberalismus, das aus den Weimarer Erfahrungen resultierte, und rehabilitierte dessen emanzipatorisches Potenzial nach seiner Rückkehr aus dem Exil. Er unterschlug jedoch nicht die Diskrepanz, die zwischen der Idee des noch von der (gescheiterten)

54 Horkheimer, Politik und Soziales (1950), in: GS 8, S. 38-52, hier S. 46. Auch Monika Boll verweist auf diese Rede; Monika Boll, Max Horkheimers zweite Karriere, in: dies. u. Raphael Gross (Hg.), »Ich staune, dass Sie in dieser Luft atmen können«. Jüdische Intellektuelle in Deutschland nach 1945, Frankfurt am Main 2013, S. 345-374, hier S. 354f.

55 Horkheimer, Politik und Soziales, S. 46.

56 Ebd.

57 Ebd.

58 So erscheint das 19. Jahrhundert für das deutsche Judentum als eine Zeit der gesellschaftlich-kulturellen Blüte, obgleich sich in diesen Jahrzehnten der politische Antisemitismus ausprägte und sich die rechtliche Gleichstellung nur mühsam realisierte. Vgl. Walter Grab, Der deutsche Weg der Judenemanzipation 1789-1938, München 1991, bes. S. 26-34. Horkheimers positive Bewertung des ›liberalen‹, langen 19. Jahrhunderts korrespondiert mit seinen Überlegungen zur Sozialisierung des Individuums, die er durchaus idealisierend mit der bürgerlichen Familie verknüpft. Vgl. Horkheimer, Zum Begriff des Menschen [1957], in: GS 7, S. 55-80, bes. S. 62f. Die abschließenden Bemerkungen des Essays gelten der Ausbildung des »autoritären Charakters«, also jenem psychologischen und gesellschaftlichen Phänomen, das Horkheimer, Adorno, Erich Fromm und andere in den 1940er-Jahren analysiert hatten. Siehe dazu Theodor W. Adorno, Studien zum autoritären Charakter, Frankfurt am Main 1973.

Revolution von 1848/49 geprägten Liberalismus und dessen historischer Konkretion bestand.[59]

Philosophisch fand Horkheimers liberale Haltung ihren Ausdruck in einem Ethos, das der »Erkenntnis« galt: Erkenntnis als »Produkt der Tätigkeit des Subjekts, die Welt als Resultat der Konstitution, und eben das Gemüt, das sie transzendental bestimmt und empirisch reflektiert«. Es sei diese Erkenntnis, die »auch ihre praktische Verbesserung«[60] besorge, also auf eine evolutionäre Entwicklung vertraute.

In dieser Haltung zeichne sich, so Dieter Sattler, Horkheimers Lektüre Schopenhauers und Kants ab:

> Die Abkehr von der Geschichtsphilosophie führte schließlich dazu, daß Horkheimer in seinem Spätwerk wieder zunehmend auf Schopenhauer und Kant rekurrierte. Letzterer stand dabei für das aufklärerische Engagement, mit dem Horkheimer die Entwicklung der westlichen Demokratien kommentierte, ersterer für seine mit einem radikal pessimistischen Blick verbundene metaphysische Sehnsucht.[61]

Diese Einordnung der »metaphysischen Sehnsucht«, die Horkheimer wiederholt und mit Nachdruck zum Ausdruck brachte, steht, so ist zu zeigen, jedoch nicht in einer eskapistischen oder romantischen Tradition christlicher Soteriologie.[62] Sie zielt vielmehr nicht auf die einzelne

59 Sattler, Max Horkheimer als Moralphilosoph, S. 11. Über den Liberalismus schreibt Horkheimer im Februar 1968: »Sie verdanken alles dem Liberalismus: die Söhne halten dem Vater dessen eigene Ideale entgegen. Der Liberalismus förderte die Entfaltung der Persönlichkeit, Freiheit und Gerechtigkeit. Er hatte Vertrauen in die Gesellschaft und Zukunft. Die Rechte des Individuums wurden grundsätzlich anerkannt. Er stellt eine gewaltige Verbesserung gegenüber den vergangenen Jahrhunderten dar. Die Arbeit hatte ein vernünftiges Ziel: das gute und gesicherte Leben. Grundsätzlich sollte es für jeden erreichbar sein. Wie es in der Praxis aussah, ist bekannt« (Horkheimer, Die oppositionellen Studenten und der Liberalismus [1968], in: GS 14, S. 471 f., hier S. 471). U. a. diese Äußerungen brachten ihm den Vorwurf des Konservatismus ein; siehe dazu u. a. Peter Imbusch, Moderne und Gewalt. Zivilisationstheoretische Perspektiven auf das 20. Jahrhundert, Wiesbaden 2005, S. 433.

60 Horkheimer, Über Theorie und Praxis (1961-1962), in: GS 6, S. 383 f., hier S. 383.

61 Sattler, Max Horkheimer als Moralphilosoph, S. 14.

62 Im christlichen Kontext knüpft sich die »Sehnsucht« nach Erlösung insbesondere an das einzelne Individuum. Karl Lehmann nennt fünf Elemente als verbindliche Ausgangsbasis für eine Soteriologie: 1. den Ausgang aus der Sklaverei der Sünde, 2. als Vollzugsform: Gottes Wirken in der Lebenshingabe Jesu Christi, 3. als Wirkweise: »Für uns gekreuzigt«, 4. als Ziel: Vergebung und Teilhabe an Gottes Leben und 5. als Grund dafür Gottes Liebe und Erbarmen. Vgl. Karl Lehmann, »Er wurde für uns gekreuzigt.« Eine Skizze zur Neubesinnung in der Soteriologie, in: Theologische Quartalschrift 162 (1982), 4, S. 298-317, hier S. 303.

»Seele«, die Erlösung erhofft, sondern bezieht sich – und dies ist die jüdische Inklination – auf das Kollektiv. Es ist eine Denkhaltung, die das »Andere«[63] zu denken und zu hoffen befähigt ist. Dabei erweist sich »Sehnsucht« als Begriff wie Modus der Kritik gleichermaßen. Horkheimer bettet ihn auf diese Weise in den jüdischen Kontext ein und grenzt ihn von romantischen Konzepten ab.

Horkheimers Judentum muss vor seinem biografischen und ideellen Hintergrund begriffen werden. Es ist wesentlicher Bestand seines Denkens, das nicht im Begriff »Identität« aufgeht – umso weniger, als er und Adorno eben diesen Begriff als die »Urform der Ideologie« bezeichnen, als einen »verdinglichten« Ausdruck, der sich affirmativ auf das Prinzip des Tausches bezieht[64] und an der Vorstellung des Erkennens des »Ding[s] an sich« festhalte.[65] Sein Judentum ist als spezifisches, historisches und ethisches Bewusstsein zu bezeichnen, das in den feinsten denkerischen, theoretischen und formalen Nuancen der Kritischen Theorie nachweisbar ist, allerdings meist überlesen wird. Bei Horkheimer, so Dan Diner, drücke sich eine »historische Gebundenheit« aus, »nämlich, eingespannt zwischen universellem, wenn auch pessimistisch aufgeladenem Emanzipationsdrang und partikular eingefärbter, vor allem durch massives historisches Dementi verursachter Regression.«[66] Aus dieser Spannung, so lässt sich folgern, entsteht ein bestimmtes, historisch begründetes Bewusstsein. Dieses geht jedoch über Zuschreibungen hinaus und bezieht vielmehr die gesellschaftliche Position von Anerkennung

63 Horkheimer weist im Gespräch mit Claus Grossner darauf hin, dass der Begriff des »Anderen« von Adorno stamme. Horkheimer, Zur Zukunft der Kritischen Theorie (1971), in: GS 7, S. 419-434, hier S. 431.

64 Vgl. Hotimir Burger, Anthropologie als Anhaltspunkt der Kritischen Theorie, in: Axel Honneth u. Albrecht Wellmer (Hg.), Die Frankfurter Schule und die Folgen, Berlin (Berlin) 1986, S. 179-192, hier S. 185. »Das Gerede von Identität«, so fasst Daniel Sanin zusammen, verschleiert »Zusammenhänge, überantwortet gesellschaftliche Widersprüche den Subjekten, treibt sie zu vorgeordneten Verortungen im Schein freier Wahl« (Daniel Sanin, Identität im maximalen Kontext: Horkheimer und Adornos Dialektik der Aufklärung, in: Psychologie und Gesellschaftskritik 27 (2003), 1, S. 83-106, hier S. 102). Vgl. Jörg Zirfas u. Benjamin Jörissen, Phänomenologien der Identität. Human-, sozial- und kulturwissenschaftliche Analysen, Wiesbaden 2007, S. 232-242.

65 Zu »Identität« siehe Yael Kupferberg, Reflexionen zum Begriff der Identität, in: Dokumentation [epd] (2019), 12, S. 16-19. Darin ist das »Bilderverbot« mit dem Begriff »Identität« kompakt kontrastiert.

66 Dan Diner, Von Universellem und Partikularem: Max Horkheimer, in: Rainer Erd et al. (Hg.), Kritische Theorie der Kultur, Frankfurt am Main 1987, S. 270-280, hier S. 270. Diner kritisiert vor allem die Arbeiten von Zvi Rosen sowie von Judith Marcus und Zoltan Tar.

und Abwehr ein, bedenkt also eine Erbschaft, die sich sowohl existenziell als auch im Bewusstsein äußert: Jüdische Existenz findet in der Dialektik gesellschaftlich-historisch und ideell-philosophisch ihren Ausdruck. Horkheimer beschreibt 1961 selbst, dass er in eine bürgerliche deutsch-jüdische Familie hineingeboren wurde,[67] in der noch die jüdischen Traditionen gepflegt wurden, während man sich in gleicher Weise mit dem deutschen Geist Lessings und Mendelssohns identifizierte.[68] Auch der Antisemitismus sei ihm bereits als Kind begegnet, wie er schreibt, »nach Schulschluß auf dem Heimweg.«[69]

Horkheimers Herkunft kann als privilegiert gelten, da sie Diner zufolge nicht nur als »veredelter Ausdruck der Moderne anzusehen wäre, sondern sich obendrein darin übt, die dem Zivilisationsgrad adäquate Kritik auszubilden.«[70] Insofern, so resümiert Diner, dürfte seine deutsch-jüdische Provenienz von »inkubatorischer Bedeutung«[71] für sein Leben und Wirken gewesen sein. Dagegen ist Detlev Claussens Annahme zu hinterfragen, Horkheimer habe dem Judentum keine übermäßige Bedeutung zukommen lassen, sondern dessen Hinwendung zum Judentum sei vor allem historisch durch »Auschwitz«[72] bedingt. Gänzlich unbestritten waren die Erfahrungen des Exils, des Nationalsozialismus und die Vernichtung der europäischen Juden maßgeblich und als historische Wirklichkeit für sein Spätwerk einschneidend.[73] Die Präsenz des

67 Horkheimer, Nachwort [zu Porträts deutsch-jüdischer Geistesgeschichte], (1961), in: GS 8, S. 173-193, hier S. 176.

68 Maimon Maòr, Max Horkheimer, Berlin 1981, S. 78.

69 Horkheimer, Nachwort [zu Porträts deutsch-jüdischer Geistesgeschichte], (1961), in: GS 8, S. 173-193, hier S. 176.

70 Diner, Von Universellem und Partikularem, S. 271.

71 Ebd.

72 Ebd. u. Detlev Claussen, Grenzen der Aufklärung. Zur gesellschaftlichen Geschichte des modernen Antisemitismus, Frankfurt am Main 1987, S. 41.

73 Horkheimer sei verübelt worden, so Diner, »vor, während und gar noch nach der nationalsozialistischen Judenvernichtung sich dem Antisemitismus nicht in einer Weise gewidmet zu haben, die dem historischen Range des Problems und vor allem der jüdischen Herkunft seiner Person wohl angestanden hätte« (Dan Diner, Aporie der Vernunft. Horkheimers Überlegungen zu Antisemitismus und Massenvernichtung, in: ders. (Hg.), Zivilisationsbruch. Denken nach Auschwitz, Frankfurt am Main 1988, S. 30-53, hier S. 30). Erstaunt, dass Horkheimer in seinen frühen Schriften kaum den Antisemitismus thematisiert, sind etwa Martin Jay u. Ute Frevert, Frankfurter Schule und das Judentum. Die Antisemitismusanalyse der Kritischen Theorie, in: Geschichte und Gesellschaft 5 (1979), 4, S. 439-454, hier S. 439. Diese Wahrnehmung täuscht allerdings, denn Horkheimer griff die Thematik in seinen dramatischen Schriften durchaus auf, vgl. u. a. Horkheimer, Friede, in: GS 1, S. 298-322. Darin ist die jüdische Frage vor dem Hintergrund des Ersten Weltkriegs thematisiert. Vgl. Yael Kupferberg, »Jetzt aber sollten die Men-

Judentums lässt sich aber nicht allein mit den historischen Ereignissen begründen. Vielmehr ist das Jüdische als spezifisches Bewusstsein und, durch die Aufnahme seiner Paradigmen, als Denken ein persistenter und fundamentaler Grundton seiner späten Philosophie. Trotz der Last des historischen Geschehens muss Horkheimers theoretische Hinwendung zum Judentum auch als vom Zeitgeschehen bedingt autonomes Faktum anerkannt werden, nämlich als philosophische Haltung.

Das spezifische Bewusstsein, das sich in seinen späten Schriften ausdrückt, wie diese Arbeit zeigt, war insbesondere von einer normativen Denkhaltung bestimmt. Diese Normativität schließt, wenn auch nicht in ihrem spezifisch religiösen Gehalt, an Kant und den Neukantianismus Hermann Cohens an. Zudem bezog sie die Philosophie Marx' ein, deren Zentrum die kritische Reflexion des »Fetisch«[74] bildete, lehnte allerdings dessen ideologischen Dogmatismus ab. Stattdessen profilierte Horkheimer ein säkulares Judentum, das sich auf bestimmte jüdische Paradigmen bezog, und zwar in erster Linie auf das darin artikulierte Gesetz als auf die Erzählungen.

Die ›zweite Generation‹ der Kritischen Theorie in der Bundesrepublik – anders als in den Vereinigten Staaten[75] – konnte weder Sozialisation und Erfahrung, geschweige denn Horkheimers Judentum, jenen substanziellen und ideellen Bestandteil seines Denkens, bewusst rezipieren und weiterentwickeln.[76] In ihren Anknüpfungen, das konstatiert Sattler,

schen begreifen« – Max Horkheimer und der Erste Weltkrieg, in: Hans Richard Brittacher u. Irmela von der Lühe (Hg.), Kriegstaumel und Pazifismus. Jüdische Intellektuelle im Ersten Weltkrieg, Frankfurt am Main 2016, S. 223-236.

74 Mit dem bedeutsamen und für Marx (und die Kritische Theorie) zentralen Begriff des »Fetisch« wird die irrationale, religiöse und magische Aufwertung von Objekten, Subjekten und Ideologien, die auch in säkularisierten und kapitalistischen Gesellschaften besteht, beschrieben. Vgl. Ulrich Erckenbrecht, Das Geheimnis des Fetischismus. Grundmotive der Marxschen Erkenntniskritik, Frankfurt am Main 1976, S. 9-54.

75 Vgl. u. a. Robert Zwarg, Die Kritische Theorie in Amerika. Das Nachleben einer Tradition, Göttingen 2017.

76 Vgl. Sattler, Max Horkheimer als Moralphilosoph, S. 14. Die erste Generation der Kritischen Theorie war vorwiegend bürgerlich und jüdisch – so u. a. Erich Fromm, Leo Löwenthal, Max Horkheimer, Theodor W. Adorno, Walter Benjamin und Herbert Marcuse. Ihr Denken wurde von der »zweiten Generation« in der Bundesrepublik eher universal angenommen und infolgedessen das Judentum darin – aus historisch offensichtlichem Grunde – nicht weitergeführt. Die in den Schriften und im Wirken artikulierte jüdische Erfahrung und das Bewusstsein wurde wenig rezipiert, obgleich es von einigen, u. a. von Jürgen Habermas, wahrgenommen wurde: »Auf die Bezüge der temporalen Doppelbödigkeit des Institutsalltags war ich zwar literarisch nicht ganz unvorbereitet. Aber sie brachten mir das akademische Milieu der deutsch-jüdischen Tradition erst zur Anschauung – auch das

spielten »[m]etaphysische Fragestellungen, jene ›kosmologische Perspektive‹, die es der älteren Kritischen Theorie ungeachtet ihres praktisch-revolutionären Anspruchs erlaubte, klassische philosophische Themen ›negativ‹ fortzuführen […] [,] letztlich keine Rolle mehr«.[77] Doch obwohl diese Bewertung zutreffend ist, scheint auch bei Sattler selbst eine Indifferenz durch, die die jüdischen Bezugnahmen Horkheimers nicht zu übersetzen imstande ist. Denn weder das »Kosmologische« noch das »Metaphysische« entsprechen dem späten Denken Horkheimers. Vielmehr sind es hier jüdische Paradigmen, die er als Philosophie artikuliert und die ein Ethos bezeugen, das Adorno auch als »Geste«[78] bezeichnet, womit er auf die Praxis des mimetischen Denkens als »Gabe« und dessen teleologische Intention abhebt.

Anhand des spezifisch konnotierten Begriffs »Sehnsucht«, insbesondere jedoch am »Bilderverbot«, weist die vorliegende Arbeit nach, dass die Kritische Theorie Horkheimers vor allem jüdisches Denken ist.[79] Seine Schriften und Reflexionen dokumentieren ein säkulares Judentum im 20. Jahrhundert:[80] Vor allem im Rückgriff auf die Metaphysik Kants profiliert und aktualisiert Horkheimer das Judentum – auch angesichts der einschneidenden historischen Ereignisse, also den politischen Totalitarismen, dem Holocaust und auch der Gründung des Staates Israel, die die jüdische Existenz in der Welt fundamental veränderte.[81] Diese sind Ausgangspunkt seines Nachdenkens insbesondere während und nach seiner Emigration, wobei er die jüdische Wirklichkeit gerade deshalb bedenkt, weil sie ihm existenziell ist. Darüber hinaus sind die Sorge um die »Freiheit« sowie die von ihm konstatierte Verdrängung des Individuums

Ausmaß der immer schon verspürten moralischen Korruption einer deutschen Universität, die die Vertreibung und Ausrottung dieses Geistes, wenn nicht geradewegs betrieben, so wenigstens schweigend hingenommen hatte« (Jürgen Habermas, Die Zeit hatte einen doppelten Boden. Der Philosoph Theodor W. Adorno in den fünfziger Jahren, in: Die Zeit vom 4. September 2003).

77 Sattler, Max Horkheimer als Moralphilosoph, S. 14; zur »kosmologischen Perspektive« siehe Carl-Friedrich Geyer, Kritische Theorie. Max Horkheimer und Theodor W. Adorno, München 1982, S. 31.

78 Adorno, Brief an Horkheimer vom 21. August 1941, in: GS 17, S. 153.

79 Eine zugleich umfangreiche und detaillierte historische Entwicklungs- und Ereignisgeschichte zur Kritischen Theorie bzw. zur Frankfurter Schule bietet hingegen u. a. Albrecht, Die intellektuelle Gründung der Bundesrepublik.

80 Christoph Schulte spannt einen Bogen von Uriel da Costa und Spinoza über Salomon Maimon bis hin zu Jean Améry als Vertreter eines »ungläubigen jüdischen« Denkens, die über die jüdische Religion und Geschichte, Elemente derselben oder über »ungläubiges Judesein« in einer »ungläubigen Welt« philosophierten. Vgl. Schulte, Jüdische Philosophie, S. 332 f.

81 Vgl. Schulte, Jüdische Philosophie, S. 333.

und der Individualität in der »verwalteten Welt«[82] weitere drängende philosophische Fragen seines Spätwerks, die er u. a. im Kontext religionsphilosophischer Überlegungen und mit der Frage nach der jüdischen Existenz in der Welt artikulierte und verknüpfte.

Akademisch und pragmatisch übte er intellektuellen und politischen Einfluss auf die Gesellschaft der jungen Bundesrepublik aus. Dies spiegelt sich jedoch weniger in den Notizen wider, die die vorliegende Arbeit fokussiert, als vielmehr in den Memoranden des Instituts für Sozialforschung.[83] Die Schriften, auch die nachgelassenen, bezeugen ein offenkundiges und emphatisches Verhältnis zum Judentum und zur jüdischen Herkunft.[84] Dabei rücken im Folgenden vor allem die Topoi der »Sehnsucht nach dem ganz Anderen« und des »Bilderverbots« in den Blick, die für Horkheimer von zentraler Bedeutung waren und in der jüdischen Ethik gründen. Sie müssen als Ausdruck eines jüdischen Denkens wahrgenommen werden, das Horkheimer in die Sprache der Philosophie übersetzt.[85] Es bildet das gedankliche Fundament, das die »Verdinglichung« und das ›falsche Bewusstsein‹ im abendländischen Denken als ein Festhalten am sakralisierten Bild aufdeckt. Diese Offenlegung findet in der »Intelligibilität«[86] im Sinne Kants ihre philoso-

82 Vgl. Zvi Rosen, Max Horkheimer, München 1995, S. 135-153. Horkheimer sieht in der »verwalteten Welt« die Gefahr, »daß die Menschen, wenn einmal die verwaltete Welt existiert, ihre Kräfte nicht frei entfalten werden, sondern sich so weit an rationalistische Regeln anpassen, daß sie den Regeln instinktiv gehorchen.« Er verweist damit indirekt auf den der *Dialektik der Aufklärung* inhärenten »Naturzwang«, der in der Beherrschung der Natur angelegt sei. Horkheimer, Was wir Sinn nennen, wird verschwinden, in: GS 7, S. 345-357, hier S. 354 f. [urspr. in: Der Spiegel vom 5. Januar 1970].

83 Zu den kultur- und bildungspolitischen Konzepten Horkheimers siehe Albrecht, Die intellektuelle Gründung der Bundesrepublik, S. 387-447.

84 Die vorliegende Arbeit bezieht sich zum größten Teil auf die veröffentlichten Schriften Horkheimers, die in den *Gesammelten Schriften* vorliegen.

85 Die vorliegende Arbeit differenziert »jüdisches Denken« und »jüdische Philosophie«; während ersteres hier einen Modus des Denkens beschreibt, der im Judentum und jüdischer Erfahrung gründet, so rekurriert die Bezeichnung »jüdische Philosophie« bzw. »Jüdische Philosophie« eher auf das Fach und die geistesgeschichtliche Disziplin. Letztere kam, folgt man der Argumentation Julius Guttmanns, zumindest systematisch mit Hermann Cohen zum Abschluss. Vgl. Guttmann, Die Philosophie des Judentums, S. 369.

86 Ulrich Ruschig, Der intelligible Charakter bei Kant und die Moral der Wissenschaft, in: Ralph Schumacher, Rolf-Peter Horstmann u. Volker Gerhardt (Hg.), Kant und die Berliner Aufklärung. Akten des IX. Internationalen Kant-Kongresses, Bd. 3, Berlin u. New York 2001, S. 315-326, hier zit. n. d. Onlinefassung unter: https://www.uni-oldenburg.de/fileadmin/user_upload/philosophie/download/IntellChar.pdf, S. 11 f. (6. Juni 2022).

phische Entsprechung. Dieser liege der Impuls zugrunde, sich absolut gesetzten Bedingungen zu widersetzen. Das intelligible Denken ist also nicht gewillt, der Empirie und dem »Positivismus«[87] sowie damit der Resignation im Sinne Horkheimers das letzte Wort zu überlassen. Es ist Adorno, der Horkheimer selbst »Intelligibilität« zuschreibt[88] und damit dessen Beharren am Ideal des Judentums anspricht. Diese Denkhaltung hält am »Absoluten« als Idee und damit am Unbedingten des Ethos fest. Diese Haltung Horkheimers konnten die wenigsten nachvollziehen, wie beispielhaft ein *Spiegel*-Artikel zum »Unversehrten« vom Juni 1968 zeigt: »So bleibt Horkheimer auch als Philosoph ein Jude, dem untersagt ist, sich von Gott ein Bild zu machen.«[89]

Irritierend ist diese pejorative Aussage nicht, weil sie unzutreffend wäre, sondern weil ihr Gewalt innewohnt: Die verächtliche apathische Geste ist im antijüdischen Ressentiment inbegriffen. Die offen artikulierte Verblüffung darüber, dass er an dem Tabu festhalten müsse, richtet sich sowohl gegen das jüdische Paradigma als auch gegen Horkheimer selbst. Mit dem Einschub »dem untersagt ist« entzieht der Autor des Artikels Horkheimer gar die Mündigkeit und Entscheidungsfreiheit. Sein Judentum wird ihm als Zwangsbeziehung unterstellt. Abgesehen von dieser Herabwürdigung von Horkheimers Integrität erschließt sich dem Verfasser des Artikels auch die erkenntnistheoretische Dimension des »Bilderverbots« nicht. Das Potenzial und die Potenzialität, die im Verbot enthalten sind und auf die Horkheimer insistiert, als für seine Kritische Theorie erweitert und komplex übersetzt, bilden das Fundament jüdischen Denkens – dessen Rücknahme oder gar Aufhebung dagegen ein ästhetisches Einfallstor für Antisemitismus.

87 Horkheimer äußert sich zum »Positivismus« pointiert: Dieser sei auch »Aberglaube« (Horkheimer, Positivismus [V] (Juni 1969), in: GS 14, S. 525).

88 Theodor W. Adorno, Offener Brief an Max Horkheimer, in: Die Zeit vom 12. Februar 1965, S. 32.

89 [o. A.], Der Unversehrte, in: Der Spiegel vom 4. Februar 1968.

Max Horkheimer – »… ein Flüchtling von Geburt«

> Den vereinsamten Emigranten überfällt das Grauen, das bei den anderen am Horizont bleibt. […] [Er kann, Y. K.] die Hölle nicht vergessen, in die ringsum die Erde sich verwandelt hat. […] Der Vereinsamte, der die Welt aus scheinbar geradlinigem Fortschritt zurücksinken sah, verliert die Teilnahme an Geschichte, ohne die er als Jude nicht leben kann. Indem er an den Menschen nur noch die Fratzen wahrnimmt, die sie in ihrer Verstümmelung einander zuwenden, werden seine eigenen Blicke irre und unzugänglich. Er schäumt in Trugbildern der Vergeltung, in Vorschlägen zur Nachahmung der Herrscherstaaten, in tobender Ohnmacht.[1]

Diese Zeilen notiert Horkheimer im Jahr 1942 im kalifornischen Exil. Die Depressivität und die Expressivität, die darin gleichermaßen zum Ausdruck kommen, bezieht er auch auf sich selbst: Als jüdischer Emigrant, der angesichts der Verheerungen am Fortschritt der Geschichte und an der Zivilisation – beide in besonderem Maße existentiell für Juden – verzweifelt und selbst gewaltvolle Atavismen phantasiert, die hinter die eigenen Ideale zurückfallen. Menschen werden ihm zur »Fratze« und verlieren ihren Schein, ihre Subjektivität. Das weltpolitische und das jüdische Desaster beeindrucken ihn stark. Ihn ängstigt, dass er die Gewaltbereitschaft der anderen annehmen könnte. In der historischen Situation des Krieges greift Horkheimer das Thema des mimetischen[2] Verhaltens im Besonderen biografisch-subjektiv gewendet auf, jenen totalen Zugriff auf das Subjekt also, das dadurch regrediere. Der »Rückfall in die Barbarei« gilt im Allgemeinen für die Nichtjuden, in der Form der »tobende[n] Ohnmacht« jedoch für die Juden und damit auch sich selbst. Vor dem Hintergrund dieser kritischen Selbstbeobachtung und Selbstaussage ist und bleibt er der »Vereinsamte«. Es ist gerade dieser Blick, der Horkheimers Spätwerk prägt: der des philosophisch schreibenden Emigranten,

1 Horkheimer, Einige Betrachtungen zum Curfew, S. 353.

2 »Mimesis« ist ein Schlüsselbegriff der Kritischen Theorie. Vgl. zum Mimesis-Begriff bei Horkheimer Jay, Dialektische Phantasie, S. 314-317. René Buchholz fasst die unterschiedlichen Bedeutungen im Kontext seiner umfangreichen Studie zu Adorno zusammen. Insbesondere zwei Dimensionen erscheinen für Horkheimer und für die vorliegende Arbeit bedeutsam: »Nähe zum Gegenstand (Affinität) […] auf der Subjekt-Objekt-Ebene, b) Ähnlichkeit, sich anschmiegendes Nachahmen […], f) als falsche Mimesis: Anpassung an den Naturzwang im Akt der Beherrschung« (René Buchholz, Zwischen Mythos und Bilderverbot. Die Philosophie Adornos als Anstoß zu einer kritischen Fundamentaltheologie im Kontext der späten Moderne, Frankfurt am Main 1991, S. 270).

der sich trotz der eigenen und der historischen Erfahrung die »Vorstellung einer richtigen Gesamtverfassung der Menschheit«[3] sowie die »Ehrfurcht vorm Glück eines jeden einzelnen«[4] bewahrt und damit an den Idealen der Aufklärung festgehalten habe. So jedenfalls konstatierte es Adorno in einer biografischen Skizze zu Horkheimers 70. Geburtstag im Februar 1965 in der *Zeit*.[5] Sein persönliches und philosophisches Porträt ist von großer Wertschätzung gegenüber seinem Weggefährten und Mentor geprägt.[6] Nachdrücklich thematisierte Adorno die Erfahrung der Emigration und des Überlebens, denn sie beide waren – so schreibt es Adorno – »Gerettete«, die dem Konzentrationslager entkommen sind:

> Max, [...] Du sahst aus wie ein Gentleman, und wie ein Flüchtling von Geburt. [...] Jahrzehnte später sagtest Du in der Emigration, was ich nie vergessen konnte: wir, die Geretteten, gehörten eigentlich ins Konzentrationslager.

Diese existentielle Erfahrung, so schreibt Adorno weiter, habe das Denken Horkheimers geprägt, der die Teleologie der Aufklärung ideell umfänglich teile, deren historisch falsche und nur scheinbare Verwirklichung er sich jedoch allein mit großer Trauer vergegenwärtige: »Philosophisch verwandt ist jene Paradoxie, daß Du der metaphysischen Hoffnung absagtest, fast wie ein Aufklärer des achtzehnten Jahrhunderts, aber nicht im Triumph des fest auf der Erde Stehens sondern in abgründiger Trauer.« Adorno schließt an:

> Gleichwohl verbot Dir ein striktes Tabu, das Wirkliche mit dem Möglichen zu vermischen; so weit bliebst Du, trotz unseres Hegel, Kantianer. Deine Eltern hielten noch das jüdische Gesetz; als ihr Kind

3 Adorno, Offener Brief an Max Horkheimer.

4 Max Horkheimer u. Der Spiegel, »Himmel, Ewigkeit und Schönheit«, in: Der Spiegel vom 10. August 1969.

5 Adorno, Offener Brief an Max Horkheimer.

6 Adorno, der am 6. August 1969 in der Schweiz verstarb, verband eine jahrelange intellektuelle und institutionell verbundene Freundschaft mit Horkheimer. Zur Beziehung von Adorno und Horkheimer schreibt Detlev Claussen: »So eng wie die Freundschaft zu Friedrich Pollock ist das Verhältnis von Horkheimers Seite aus nie gewesen. Adorno hat um die Anerkennung des Älteren sein Leben lang geworben« (Claussen, Theodor W. Adorno, S. 265, sowie insgesamt zur Freundschaft S. 265-311). Zu erwähnen ist jedoch auch das Abhängigkeitsverhältnis: Horkheimer war insbesondere in den späten Jahren auf die intellektuelle Produktivität des jüngeren Adorno genauso angewiesen wie dieser auf dessen finanzielle und institutionelle Unterstützung. Beide einte vor allem eine intellektuelle Ausrichtung auf das sich selbst treu bleibende »Ich«. Vgl. Adorno, Offener Brief an Max Horkheimer u. Horkheimer, »Himmel, Ewigkeit und Schönheit«.

> hast Du das Bilderverbot geachtet, indem Du es ausdehntest noch auf das Versprechen ihrer Religion, die Hoffnung.

Diese ›Ausdehnung‹ des »Bilderverbots« durchdringt als Ethos und Paradigma Horkheimers spätes Werk. Adorno beschreibt seine denkerische Haltung als »materialistische Metaphysik«, die sich am »Verbot des Bildes« orientiere und sich damit einer falschen Positivität verweigere. Die »Empörung über das Unrecht« begleite seine Haltung genauso wie das Streben nach Versöhnung, ohne jeglichem Trost das Wort zu reden. Die »Trauer« um das aufklärerische Telos, das die Geschichte widerrief, und das Festhalten am metaphysischen Überschuss kennzeichneten Adorno zufolge Horkheimers Position und Denken zu dieser Zeit. Sie hinderten diesen geradezu, seine wissenschaftliche Arbeit einzustellen, sondern zwängen ihn trotz aller Zweifel an ihrer Wirksamkeit gerade zu deren Fortsetzung.

> Unmittelbar nachdem wir die ›Dialektik der Aufklärung‹ beendet hatten, die uns philosophisch verbindlich blieb, hast Du Deine wissenschaftliche und organisatorische Energie daran gewendet, das Unverständliche verstehen zu lehren, das erst gegen Ende des Krieges uns ganz bekannt wurde. Du bist dabei ausgegangen von der Erkenntnis, daß gegen die Wiederholung des Entsetzens mehr hilft, die Mechanismen zu begreifen, deren es sich bediente, als in Schweigen oder ohnmächtiger Entrüstung zu erstarren. Zur Rückkehr nach Deutschland, zur Wiedererrichtung des Instituts für Sozialforschung, dessen Leiter Du schon vor der Hitlerdiktatur gewesen warst, haben dieselben Motive Dich bewegt. In jener Phase verstärkte sich Dein Zweifel am Wort.[7]

Zweifelsohne nimmt Adorno hier auf die Vernichtung der europäischen Juden Bezug, die beider Arbeiten gravierend beeinflusste. Philosophisch deutlich sichtbar wird dies in ihren späten Schriften, bei Horkheimer vor allen in dessen privaten Notizen. Adornos Formulierung von Horkheimers »Zweifel am Wort« kann einerseits als eine biografische Anspielung auf dessen Depressionen und Schaffenskrisen im Exil gelesen werden, andererseits als ein ganz grundsätzlicher Zweifel an Philosophie und deren Medium, der Sprache. Das »Wort« und die Sprache selbst setzen eine Transzendenz voraus, die Horkheimer angesichts von Krieg, Vernichtung und der Rationalisierung aller Lebensbereiche im Schwinden begriffen oder überhaupt nicht mehr gegeben sah.

7 Adorno, Offener Brief an Max Horkheimer.

Dieser »theoretische Pessimismus« schlug sich auch in seinem Denken nieder. Nach seiner *Kritik der instrumentellen Vernunft*, die 1947 zunächst auf Englisch unter dem Titel *Eclipse of Reason* erschienen war, verfasste Horkheimer keine größeren und konzeptionell angelegten Schriften mehr. Über seine philosophische und persönliche Konstitution geben stattdessen seine nach der Rückkehr nach Europa verfassten privaten Aufzeichnungen Aufschluss.

Unter dem Titel »Zur Charakteristik von X« – mit dem Buchstaben bezeichnet Horkheimer sich selbst[8] – vom Januar 1962 ist notiert:

> Wenn er gefragt wird, wer er eigentlich sei, dann möchte er antworten: Ein deutscher Jude, der in Amerika lebt und dem KZ entgangen ist. Alles, was er denkt und schreibt, geht vom Erlebnis des KZ aus. Abneigung gegen alles, was heute deutsch heißt. Ein guter Wein ist ihm lieber als eine Kunstausstellung. Der Wein führt zur Umarmung (im doppelten Sinn), im Museum findet er nichts Gemeinsames.[9]

In dem Versuch einer objektiven Selbstreflexion, die sich in der Verwendung der dritten Person zeigt, nimmt Horkheimer eine Selbstcharakterisierung vor. Er artikuliert dabei über einen Umweg eine existentielle Aussage über jüdische Existenz, auch um Distanz und Entfremdung zu markieren: Als »deutschem Juden« ist und bleibt »X« die performative und ausgestellte Konstruktion eines gemeinsamen kulturellen Erbes fremd. Der negative Bezugspunkt geht vom »Erlebnis des KZ« aus, das Vergangenheit, Gegenwart und Zukunft überschatte. Vor diesem Hintergrund ist seine Rückkehr nach Deutschland zu bewerten. Seine Entfremdung drückt sich auch darin aus, dass es für ihn im Museum nichts »Gemeinsames« zu sehen gebe. Die fehlenden identifikatorischen Bezüge referieren auf den biografischen und historischen Bruch. Sie zeigen

8 Horkheimer, Notizen aus Beach Bluff (August 1936), in: GS 15, S. 606-610, hier S. 607.

9 Horkheimer, Zur Charakteristik von X (Januar 1962), in: GS 14, S. 545. Siehe dazu auch Walter Benjamin: »Es ist niemals ein Dokument der Kultur, ohne zugleich ein solches der Barbarei zu sein. Und wie es nicht frei ist von Barbarei, so ist es auch der Prozess der Überlieferung nicht, in der es von dem einen an den anderen gefallen ist« (Walter Benjamin, Über den Begriff der Geschichte, These VII, in: ders., Gesammelte Schriften, Bd. 1,2, hg. v. Rolf Tiedemann u. Hermann Schweppenhäuser, Frankfurt am Main 1991, S. 693-703, hier S. 696). Da das Judentum seit dem Jahr 70 bis zur Staatsgründung Israels 1948 keine politische und damit keine kulturelle Herrschaft ausgeübt habe, sei auch das Museum kein Ort, der jüdisches Leben dokumentieren könne. Überdies waren jüdische Orte wie Synagogen und Friedhöfe sowie Judaica im und nach dem Zweiten Weltkrieg und dem Holocaust zerstört worden oder verfielen.

jedoch auch, dass das Judentum für Horkheimer vor allem in der Praxis und der Philosophie, dagegen weniger in Artefakten und kulturellen wie repräsentativen Zeugnissen existiere.

Horkheimer löste die Spannung und das Unbehagen in Deutschland zu arbeiten, auch dadurch, dass er sich 1958 mit seiner Frau Rose-Maidon Horkheimer und Friedrich Pollock nach Montagnola zurückzog. Er trennte damit den privaten Ort von seiner politisch-akademischen Wirkungsstätte: Bezog sich die Rückkehr nach Frankfurt auf seine professionelle Funktion, lebte der ›private‹ Horkheimer außerhalb Deutschlands und dachte im »intérieur«, »wo nicht gelogen« wird und »Vertraulichkeit« bestehe.[10]

Ab 1954 lehrte Horkheimer an der Universität Chicago als Gastprofessor. Bis 1959 reiste er jährlich für zwei bis drei Monate in die Vereinigten Staaten, um diese »zweite Professur«,[11] wie er sie nannte, aufrechtzuerhalten. Angesichts der von Unsicherheit und Misstrauen geprägten jüdischen Existenz im Nachkriegsdeutschland wollte er zudem seine amerikanische Staatsbürgerschaft verstetigt wissen[12] und verlegte seinen Wohnsitz nach der Emeritierung in die Schweiz. Adorno leitete fortan das Institut in Frankfurt. Horkheimer glich das mit der Rückkehr nach Deutschland verbundene Unbehagen also aus, indem er sich im Tessin seinen privaten Rückzugsort schuf und die belastbaren Verbindungen in die USA pflegte.[13]

Bereits zu Kriegsende 1945 hatten Horkheimer, Adorno, Pollock und Löwenthal, der engere Kreis der Kritischen Theoretiker, über eine mögliche Rückkehr nach Deutschland nachgedacht.[14] Als der Rektor der Uni-

10 Horkheimer, Nietzsche und die Juden, in: GS 6, S. 356 f., hier S. 357.

11 Siehe dazu Rosen, Max Horkheimer, S. 51.

12 Gumnior u. Ringghut, Horkheimer, S. 92.

13 Vgl. Rosen, Max Horkheimer, S. 51. Gleichwohl agierten Pollock und Horkheimer weiterhin am Institut und trafen Entscheidungen. Siehe insgesamt zur Problematik der »Remigration« Irmela von der Lühe, Axel Schildt u. Stefanie Schüler-Springorum (Hg.), »Auch in Deutschland waren wir nicht wirklich zu Hause«. Jüdische Remigration nach 1945, Göttingen 2008.

14 Michael Schwandt, Kritische Theorie. Eine Einführung, Stuttgart 2010, S. 140. Dazu merkt Detlev Claussen an: »Horkheimer und ein Teil seiner Mitarbeiter wurden wider Willen nach 1945 deutsche Professoren, weil die Kritische Theorie im Exil ihre ökonomische Unabhängigkeit verloren hatte. Horkheimer zog die Zurückgebliebenheit des deutschen Universitätswesens 1948 dem fortgeschrittenen US-amerikanischen Wissenschaftsbetrieb vor, um die Kritische Theorie fortschreiben zu können« (Detlev Claussen, Das Veralten der Kritischen Theorie, Vortrag in Madrid am 5. November 2010).

versität Frankfurt am Main am 17. Oktober 1946[15] zur Rückkehr einlud, reagierte Horkheimer verhalten. Er fragte nach konkreten Arbeitsbedingungen und verhehlte die Last der Entscheidung nicht: »Eine Rückkehr nach Deutschland ist für keinen von uns ein leichter Entschluß.«[16]

Letztlich fiel die Entscheidung für die Rückkehr. Im April 1948 reiste Horkheimer mit dem Schiff von New York aus zunächst für einige Monate nach Europa. Die Rockefeller Foundation hatte ihm ein Stipendium für eine Gastprofessur an der Frankfurter Universität gewährt.[17] Für Horkheimer als jüdischen Emigranten war dieser Schritt eine politische, moralische und emotionale Herausforderung, angesichts den verheerenden Ereignisse bereits Ende der 1940er-Jahre wieder und überhaupt deutschen Boden zu betreten. Auch die Reaktionen seiner jüdischen Freunde und Weggefährten fielen kontrovers aus.[18] Jüdische Institutionen wie der Jüdische Weltkongress schlossen eine Rückkehr von ehemals deutschen Jüdinnen und Juden nach Deutschland sogar kategorisch aus, denn: »Deutschland war kein Land für Juden.«[19]

Auch Horkheimer zeigte sich reserviert. Mit Blick auf die deutsche Gesellschaft konstatiert er in einem Brief vom 28. Juni 1946 an Heinz Maus, dem er die *Philosophischen Fragmente* beilegte: »Alles scheint aufs Vergessen angelegt«.[20] Eindringlich jedoch warnt er davor, welche Konsequenz dieses ›Vergessen‹ haben könnte. Gleichzeitig benennt er die dringliche Aufgabe der Zeit, der sich die Gesellschaft und auch er selbst sich zu stellen habe:

> Anstatt der geistigen Abblendung gegen die Vergangenheit, durch die sie unheimliche Macht gewinnt, bedarf es eines unablässigen insistenten Umgangs mit ihr. Geistig zu überwinden wäre der Nationalsozialismus nur in einer Durchdringung seiner ideologischen Elemente bis zu den ureigenen Wurzeln des bürgerlichen Denkens, das er nur allzu gründlich beseitigt hat [...]. Wenn aber Nationalsozialismus in Deutschland zum blinden Fleck der Geschichte gemacht wird, so wird sich von da aus vollends die Nacht ausbreiten.[21]

15 Der Rektor der Universität Frankfurt am Main an Friedrich Pollock und Felix Weil, 17. Oktober 1946, in: GS 17, S. 765 f.

16 Horkheimer an den Rektor der Universität Frankfurt am Main, 21. November 1946, in: GS 17, S. 771 f., hier S. 772.

17 Rolf Wiggershaus, Die Frankfurter Schule. Geschichte, theoretische Entwicklung, politische Bedeutung, München 1988, S. 442 f.

18 Maòr, Max Horkheimer, S. 75 f.

19 Ebd., S. 75.

20 Horkheimer an Heinz Maus, 28. Juni 1946, in: GS 17, S. 738-740, hier S. 739.

21 Ebd., S. 740.

Gegen die »Abblendung« anzugehen, schloss eine tiefgreifende und umfassende Analyse des bürgerlichen Denkens ein, die er zusammen mit Adorno bereits in den *Philosophischen Fragmenten* von 1944 vorgelegt hatte.

In den Briefen und Notizen, die Horkheimer während seines ersten Aufenthalts in Europa bzw. Deutschland verfasste, artikuliert er die persönlichen und politischen Intentionen für eine Rückkehr. Trotz des auch bei ihm obwaltenden Unbehagens fühlte er sich Europa und den Europäern, die im Vergleich zu den US-Bürgern rückständig und überlebt wirkten, sich aber gleichwohl noch etwas Philosophisches, Metaphysisches bewahrten, verbunden: »Die Seele ist einfach nicht so abgekapselt, die Sprache, das Gesicht, die Gesten, ja das Dasein sind noch Ausdruck anstatt bloße Vehikel.«[22]

Über die Atmosphäre an der Universität bemerkte Horkheimer hingegen nüchtern, dass Deutschland »noch von denselben reaktionären, aber enorm lebenstüchtigen Eliten dominiert würde die sich allerdings in einer Phase der Umstellung auf neue Autoritätshörigkeiten befänden«,[23] also unter veränderten politischen Bedingungen weiterhin so agierten, wie es dem »autoritären«[24] bzw. ›manipulativen Typus‹ entsprach.

Horkheimer traf während seiner ersten Reise mit einer Reihe von Persönlichkeiten zusammen, darunter Eugen Kogon, Erwin Stein, Gabriele Strecker, Heinz Maus und Walter Kolb, die sich ihm und seinen Rückkehrplänen gegenüber aufgeschlossen zeigten und diese befürworteten.[25] Schließlich unterstützte das hessische Kultusministerium die Rückkehr des Instituts für Sozialforschung. Zusätzlich eröffneten sich weitere Förder- und Finanzierungsmöglichkeiten. Horkheimer konzedierte, dass allein in Deutschland sein Denken auch politisch und institutionell Wirkung entfalten könne. Maidon Horkheimer schrieb er am Ende des seiner Reise: »Es ist kein Zweifel, daß wir hier eine große Aufgabe zu erfüllen hätten.«[26] Auch gegenüber Marie Jahoda betonte er 1948, dass er aus politischen und ideellen Gründen in Deutschland arbeiten müsse, um hier die letzten Reste geistiger Existenz aufrechtzuerhalten.[27] Dieser ›Auftrag‹ gründete in der Annahme, dass sich eine philosophische Affi-

22 Horkheimer an Leo Löwenthal, 20. Mai 1948, zit. n. Albrecht, Die intellektuelle Gründung der Bundesrepublik, S. 127.

23 Ebd.

24 Siehe dazu Horkheimer, Zur Psychologie des Totalitären (1954), in: GS 8, S. 77-83.

25 Albrecht, Die intellektuelle Gründung der Bundesrepublik, S. 127.

26 Horkheimer an Maidon Horkheimer, 20. Juni 1948, zit. n. Albrecht, Die intellektuelle Gründung der Bundesrepublik, S. 127.

27 Vgl. Wiggershaus, Die Frankfurter Schule, S. 445 f.

nität zum Idealismus trotz Krieg und der Katastrophe des Holocaust im Nachkriegsdeutschland erhalten habe. Zumindest in Nischen schien ihm hier die Existenz eines ›metaphysischen‹, ›idealistischen‹ Denkens weiterhin gegeben – ganz im Unterschied zu den Vereinigten Staaten, deren Gesellschaft er als gänzlich verwaltet und versachlicht wahrnahm. Als sich Felix Weil angesichts der Remigrationspläne Horkheimers skeptisch zeigte, argumentierte letzterer nicht allein geistesgeschichtlich, sondern verknüpfte den notwendigen Wiederaufbau dezidiert mit einem politischen Auftrag:

> Ich konnte nicht davon absehen, daß unter den europäischen Menschen, die zählen, nicht wenige von uns erwarten, daß wir die geistigen und materiellen Interessen, die wir an Deutschland haben, nicht kampflos aufgeben. Die Bestimmung, die wir zur konkreten geschichtlichen Entwicklung haben, verbindet uns vor allem mit Deutschland, das meiste, was wir denken, läßt sich ohne den Zusammenhang mit deutscher Tradition überhaupt nicht fassen. [...] Aber der Gedanke des Instituts war ja eben, sich dieser Wirklichkeit nicht so ohne weiteres zu fügen.[28]

Aufgrund seiner engen Beziehung zur deutschen Denktradition und seiner historisch-gesellschaftlichen Position beabsichtigte Horkheimer, belastbare wie transatlantische Brücken zu bauen und parallel dazu die Demokratisierung in der jungen Bundesrepublik fördernd mitzugestalten: also tatsächlich programmatisch zu wirken. Gleichzeitig engagierte er sich akademisch und – metaphorisch gesprochen – ›politisch-diplomatisch‹: Als deutscher Jude und als Amerikaner konnten ihm sowohl die amerikanischen Juden als auch die Deutschen vertrauen. Diese künftige Rolle als Mittler scheint im Brief an den hessischen Kultusminister Hermann Lietz durch, in dem Horkheimer nochmals auf die Verknüpfung von geistig-kultureller Affinität und politischer Lebensaufgabe verweist:

> Der philosophische Gedanke ist von der deutschen Sprache nicht abzulösen. Durch die Verstümmelung aber, welche die Sprache im Dritten Reich bis in die Syntax hinein erlitten hat, ist sie aus einem Medium des Denkens zum Instrument des Befehls entartet. Ihren Heilungsprozeß zu beschleunigen, erscheint mir als ein dringendes Anliegen. Mehr aber als dies zieht mich die Erfahrung nach Deutschland, daß die wenigen Menschen, welche unmittelbar unter dem

28 Horkheimer an Felix Weil, 30. Mai 1949, zit. n. Albrecht, Die intellektuelle Gründung der Bundesrepublik, S. 127 f.

> Schrecken Hitlers ihm innerlich und äußerlich widerstanden haben, in der ganzen Welt uns am nächsten stehen. Für sie, die immer noch isoliert sind, kann das, was wir Ausgewanderten zu sagen haben, am fruchtbarsten werden. Theoretisch und praktisch bedürfen sie der Ermutigung. Das Werk der neuen Erziehung, dem so viele Schwierigkeiten entgegenstehen, im Zusammenhang mit diesen Kräften zu verfolgen, erscheint mir als ein Dienst an Amerika wie an Deutschland.[29]

Damit avancierte Horkheimer zu einem der akademischen Akteure in der deutsch-amerikanischen Verständigung,[30] derer die junge Bundesrepublik als Ausweis ihrer demokratischen Gesinnung bedurfte. Ihm war bewusst, dass er gebraucht wurde, damit sich Deutschland moralisch beweisen konnte, und dass jüdisches Leben in der Nachkriegszeit gewissermaßen »als Lackmustest für die Liberalität der ganzen gesellschaftlichen Ordnung« herhalten sollte.[31] Diese gesellschaftliche Rolle erforderte jedoch auch persönliche Schutzmechanismen. Die Trennung seiner öffentlichen Funktion vom privaten Empfinden und Engagement

29 Horkheimer an Hermann Lietz, 10. November 1948, in: GS 17, S. 1034 f., hier S. 1034. Karl Korn hebt hervor, dass sich die verwaltete Welt insbesondere in einer spezifischen Sprache ausdrücke. Dies bedeute, »daß der in einem bestimmten geschichtlichen Augenblick gegebene Sprachzustand durch Verwaltung geprägt und verändert wird« (Karl Korn, Sprache in der verwalteten Welt, München 1962, S. 12). Das Leben werde durch eine Sprache bestimmt und registriert, die sich dadurch auszeichne, dass ihre Worte rechnerischen Größen glichen. Jedes Wort habe seinen »Stellenwert im Koordinatensystem der technisch-industriellen Massengesellschaft und der Verwaltungsbürokratie« (ebd., S. 15). Horkheimer hält in einer Notiz fest: »Das Gespräch im europäischen Sinn ist mittelalterlich: Die Beziehungen zwischen Menschen sind heute gesellschaftlich vermittelt. Wie könnte einer dem andern etwas geben – auch noch durch Worte! – einzig der Gesamtapparat der Industriegesellschaft beliefert uns mit dem, was wir brauchen. Was brauchen wir sonst!« (Horkheimer, [Das Gespräch ist veraltet], in: GS 14, S. 47). Die Reflexion über Sprache ist wiederkehrend, etwa in »Zum Begriff der Philosophie« als Teil der »Kritik zur instrumentellen Vernunft«, wo es heißt: »Sprache reflektiert die Sehnsüchte der Unterdrückten und die Zwangslage der Natur; sie befreit den mimetischen Impuls. [...] Der Faschismus behandelte die Sprache als Machtinstrument, als Mittel, Kenntnisse aufzustapeln zum Gebrauch für Produktion und Destruktion, im Krieg wie im Frieden« (Horkheimer, Zum Begriff der Philosophie, in: GS 6, S. 165-186, hier S. 179 f.). Vgl. auch Gunzelin Schmid Noerr, Wahrheit, Macht und die Sprache der Philosophie. Zu Horkheimers sprachphilosophischen Reflexionen in seinen nachgelassenen Schriften 1939 bis 1946, in: Max Horkheimer heute: Werk und Wirkung, hg. v. Alfred Schmidt und Norbert Altwicker, Frankfurt am Main 1986, S. 349-370.

30 Albrecht, Die intellektuelle Gründung der Bundesrepublik, S. 209.

31 Ebd., S. 114.

auch für jüdische Interessen kann diesbezüglich als konstitutiv gelten. Das galt auch für andere jüdische Remigranten.[32]

Neben seiner akademischen Position war Horkheimer auch in jüdischen Institutionen präsent: Er war Mitglied der Jüdischen Gemeinde in Frankfurt, äußerte sich in den Organen der jüdischen Öffentlichkeit und war Ehrenmitglied in Keren Hayesod.[33] Mit den »Loeb Lectures« an der Philosophischen Fakultät der Johann-Wolfgang-Goethe-Universität Frankfurt institutionalisierte Horkheimer Vorlesungen zu jüdischen Themen und holte bedeutende jüdische Gelehrte in die Bundesrepublik. Er leistete damit einen Beitrag zur akademischen Präsenz jüdischen Wissens und jüdischer Gelehrsamkeit nach dem Holocaust. Auf diese Weise wollte er, so Norbert Altwicker, »bewußt an die Tradition der Frankfurter Universität anschließen, die bis zur Nazi-Zeit hin ähnliche Einrichtungen besaß. [...] Zum anderen sollte mit den Lectures ein Übergang zur vollen Einrichtung eines Lehrstuhls für die Wissenschaft des Judentum[s] geschaffen werden.«[34] Zu den zwischen 1956 und 1966/67 insgesamt 56 Dozenten zählten u. a. Leo Baeck, der die Vorlesungsreihe eröffnete, Martin Buber, Gershom Scholem, Nahum Goldmann, Alexander Altmann, Ludwig Marcuse, Herbert Marcuse, Eric Voegelin und Georg Salzberger.[35] Die Lectures richteten sich an Angehörige aller Fakultäten als auch an die interessierte Öffentlichkeit. Sie können als mahnender Beitrag der noch nicht vollzogenen »geistigen Wiedergutmachung« gelten.[36]

Wie andere jüdische Akademiker, die nach 1945 nach Deutschland zurückgekehrt waren, lebte Horkheimer in einem Spannungsfeld: Jüdische Existenz war auch unter den veränderten politischen Vorzeichen im Nachkriegsdeutschland noch immer prekär.[37] Als er nach Frankfurt kam und seine akademische Stellung erfolgreich aufbaute, nahm er sich, wie Briefe und die Notizen um 1960 bezeugen, als Jude, linksliberalen, bürgerlichen Intellektuellen und kritischen Philosophen in einer deutschen Gesellschaft wahr, in der in dieser Weise sozialisierte Persönlichkeiten kaum noch existierten: Die meisten waren entweder vertrieben oder ermordet worden.[38] Über andere Optionen, z. B. in den Vereinigten Staaten zu bleiben, dachte Horkheimer zwar nach, doch entschied er sich

32 Boll, Max Horkheimers zweite Karriere, S. 345-374, bes. S. 366-368.

33 Siehe dazu ebd., S. 359 u. S. 368.

34 Norbert Altwicker an Maimon Maòr, zit. n. Maòr, Horkheimer, S. 79.

35 Ebd., S. 79.

36 Ebd., S. 80.

37 Zum jüdischen Leben in Deutschland nach 1945 vgl. Michael Brenner, Nach dem Holocaust. Juden in Deutschland 1945-1950, München 1995.

38 Wiggershaus, Die Frankfurter Schule, S. 479.

letztlich dagegen. Der Illusion, in Nachkriegsdeutschland an die Zeit vor 1933 und die damalige jüdische Existenz anknüpfen zu können, gab er sich zu keinem Zeitpunkt hin.[39] Vielmehr sah er sich in persona als mahnende Erinnerung an die Ermordeten, forderte Gewissen wie Schuldeingeständnis und nahm die Deutschen in die Pflicht, ihre Taten zu reflektieren und die Vergangenheit aufzuarbeiten. Schuldgefühle nahm er vor allem in ihrem Widerschein, ihrer Abwehr deutlich wahr. In seiner Notiz »Verdrängte Schuldgefühle« (1961/62) bilanziert er nüchtern, dass das »Böse« unter anderen Vorzeichen weiter existiere. Im »Zynismus«, in »der hämischen Geste« und in der »Selbstverachtung« würden die Schuldgefühle zum Ausdruck gebracht – nicht in der moralischen Umkehr oder durch das Schuldeingeständnis: Der »Volksgeist ist finster wie zuvor.«[40] Noch eindeutiger als im Brief an seine Frau Maidon von 1948 umreißt Horkheimer seine persönliche und gesellschaftliche Funktion als Anwalt der Ermordeten und Vertriebenen in Nachkriegsdeutschland. In einer im privaten Ton gehaltenen Reflexion unter dem Titel »Der Entronnene« hält er fest:

> Menschen wie ich, nicht bloß im allgemeinen wie ich, sondern im spezifischen, also Juden, die aussehen und dachten wie Juden, wie mein Vater und meine Mutter und ich selber, wurden im Konzentrationslager, eben deshalb, weil sie so waren, zu Abertausenden am Ende jahrelanger furchtbarer Angst, nach unsäglichen Demütigungen, unvorstellbarer Zwangsarbeit, Schlägen und Marter langsam zu Tode gefoltert, weil sie so waren, wie mein Vater und meine Mutter und ich, weil sie so aussahen und dachten wie Juden, jahrelang in furchtbarer Angst gehalten und schließlich zu Tode gemartert. Und ich soll mir etwas zugute tun auf das, was ich mache, soll mich, dem in keiner Weise Besseren, amüsieren – wen soll ich amüsieren? – mich, den Juden, den Menschen, der noch da ist, der sich ja ausschließlich amüsieren kann, sich vorkommen, sich etwas auf sich einbilden, sich groß machen kann. Als ob nicht jede Regung, jedes Wort, geschweige denn jede Tat, auf die ich mir etwas einbilden wollte, auch die Nichtjuden zu Juden, zu Staatsfeinden und Intellektuellen gemacht und zum gleichen

39 Der Soziologe René König sprach über seine »Heimkehr in ein fremdes Land«: »Ich bin also nicht im eigentlichen Sinn heimgekehrt: dieses Erlebnis hatte ich einzig bei Begegnungen mit Menschen, die wie ich ins Exil gegangen waren und nun hoffnungsvoll nach Deutschland zurückkehrten. Klar ist aber wohl, dass ich als ein anderer Mensch nach Deutschland gekommen bin« (zit. n. Marita Krauss, Heimkehr in ein fremdes Land. Geschichte der Remigration nach 1945, München 2001, S. 7).

40 Horkheimer, Verdrängte Schuldgefühle (1961-1962), in: GS 6, S. 386 f.

> hundertfachen, qualvollen Tod verurteilt worden wären. Und jetzt, wo es nichts kostet, soll ich mich daran ergötzen. Ich soll an mir noch Befriedigung, Frieden finden, da mein Leben doch den sinnlosen, unverdienten Zufall, das Unrecht, die Blindheit des Lebens überhaupt bezeugt, da ich mich schämen muss, noch da zu sein.[41]

Dem Leben angesichts der Katastrophe Sinn abzuringen, erscheint Horkheimer fast zynisch. Die empfundene »Schuld« und »Scham«, überlebt zu haben, obsiegt jedoch nicht. Er übersetzt sie in sein Engagement und seinen akademischen Auftrag, gerade im ›Land der Täter‹ politisch aktiv zu sein. Dem Ringen mit der Negation des Sinns durch »Auschwitz« versucht Horkheimer tätig zu entkommen. Herbert Marcuse, der ihm 1951 zur Übernahme des Rektorats an der Universität Frankfurt gratulierte, wird deutlich politischer und triumphiert:

> Lassen Sie mich zuerst Ihnen noch einmal sagen, wie sehr ich mich über das Rektorat gefreut habe. Ich gebe zu, daß diese Freude zum Teil irrational ist: Freude darüber, daß die anderen mal nachgeben mußten, daß Sie jetzt mal oben und jene unten sind – ein Teil von Rache, meinetwegen. Aber dann wohl auch die (mehr oder weniger erzwungene) Anerkennung Ihrer Arbeit und Ihrer Wirkung.[42]

Die Umkehrung der Niederlage zum ideellen und politischen Sieg, den Marcuse zum Ausdruck bringt, schlägt sich trotz des überwiegend bedrückten Tons seiner privaten Notizen auch bei Horkheimer nieder. Das katastrophische Zeitgeschehen und der damit verbundene philosophische Pessimismus hemmte nicht, so Albrecht, die Intention und Motivation der gesellschaftlichen Wirkungsabsicht. Horkheimer selbst, dessen Blick von seinem bildungsaffinen und großbürgerlich-jüdischen Bewusstsein geprägt war, machte die analytische Durchdringung des Antisemitismus zum zentralen Thema seiner intellektuellen Anstren-

41 Horkheimer, Der Entronnene (1966-1969), in: GS 6, S. 405. Anders formulierte es sein Zeitgenosse Jean Améry: »Jude sein, das hieß für mich von diesem Anfang an, ein Toter auf Urlaub sein, ein zu Ermordender, der nur durch Zufall noch nicht dort war, wohin er rechtens gehörte, und dabei ist es in vielen Varianten, in manchen Intensitätsgraden bis heute geblieben« (Jean Améry, Über Zwang und Unmöglichkeit, Jude zu sein, in: ders., Jenseits von Schuld und Sühne, München 1966, S. 131-154, hier S. 136). Hier wird kein Schuldgefühl gegenüber den Ermordeten, sondern die Einsicht in die paradigmatische Tötungsabsicht des Antisemitismus zum Ausdruck gebracht. Damit setzt Améry noch einen weiteren Akzent: Antisemitismus war immer Todesdrohung.

42 Herbert Marcuse an Horkheimer, 26. November 1951, zit. n. Albrecht, Die intellektuelle Gründung der Bundesrepublik, S. 97.

gungen und erhob die Demokratisierung der Gesellschaft zur programmatischen Agenda. In zahlreichen Memoranden, die vom Institut für Sozialforschung noch in den 1940er-Jahren zusammengestellt wurden, offenbart sich eine »erstaunliche politische Pragmatik«, die man bisher von den »Esoterikern« Horkheimer und Adorno so nicht gekannt habe.[43] Gerade diese Memoranden wiederlegten den Vorwurf der Praxisferne des Instituts eindrücklich:[44] Als Ziele galt es, die reaktionäre Dominanz an den Universitäten zu brechen sowie durch überzeugte und entsprechend gebildete Lehrer eine demokratische Kultur an den Schulen zu fördern. Die Sozialwissenschaften sollten nach amerikanischem Vorbild ausgebaut und zur Förderung des politischen Bewusstseins genutzt, in allen gesellschaftlichen Bereichen die Demokratisierung durchgesetzt werden. Insbesondere die Jugend sollte für diesen grundlegenden Wandel gewonnen werden.[45] Horkheimer und sein Kreis übernahmen diesen Erziehungsauftrag in der Annahme, dass Deutschland der richtige Ort ihrer Anstrengungen sei:

> Wenn man mit letzter Hingabe arbeitet und sich auch durch schwere Enttäuschungen nicht irre machen läßt, wird man wohl im heutigen Deutschland einigen Menschen mitteilen können, was durch die geschichtliche Nacht hindurch bewahrt werden soll. Die Gefahren sind größer als an anderen Stellen der Erde. Dafür gibt es kaum einen Platz, auf den es im Augenblick mehr ankäme, als auf Deutschland. Wenn die letzten Reste geistiger Existenz vollends dort ausgelöscht werden, geht etwas verloren, das auf der Welt bleiben muß. Auch was das Praktische angeht, halte ich Deutschland für ein Feld, auf dem wichtigste Entscheidungen fallen werden.[46]

Dabei avanciert Deutschland zu einer moralischen Instanz, habe es der Welt doch gerade deshalb etwas zu sagen, weil es eine historische Schuld auf sich geladen habe. Gerade hier fänden sich noch Spuren »geistiger Existenz«, an die sich anknüpfen lasse. Adorno konstatierte gleichwohl, dass Horkheimer und er selbst von Deutschland intellektuell nichts zu erwarten hätten, da sie selbst die »Gebenden« seien.[47] Horkheimer insistierte darauf, dass der »theoretische Pessimismus« keine Folgen für das eigene Handeln haben dürfe, denn praktisch müsse man alles tun

43 Vgl. Albrecht, Die intellektuelle Gründung der Bundesrepublik, S. 103.

44 Ebd., S. 131.

45 Vgl. ebd.

46 Horkheimer an Marie Jahoda, Paris, 5. Juli 1948, in: GS 17, S. 1008-1010, hier S. 1008.

47 Adorno an Horkheimer, 27. Dezember 1949, in: GS 18, S. 78-81, hier S. 79.

und versuchen, was möglich sei.[48] Er sah die jüdischen Intellektuellen vielmehr in der Pflicht,

> daran mitzuwirken, daß das Entsetzliche nicht wiederkehrt und nicht vergessen wird, die Einheit mit denen, die unter unsagbaren Qualen gestorben sind. Unser Denken, unsere Arbeit gehört ihnen; der Zufall, daß wir entkommen sind, soll die Einheit mit ihnen nicht fraglich, sondern gewisser machen. Was immer wir erfahren, hat unter dem Aspekt des Grauens zu stehen, das und wie ihnen gegolten hat. Ihr Tod ist die Wahrheit unseres Lebens, ihre Verzweiflung und ihre Sehnsucht auszudrücken, sind wir da.[49]

Diese Worte lesen sich als Manifest einer Generation von jüdischen Intellektuellen, die »nach Auschwitz«, dem epochalen Bruch, denken und handeln. Es sei ihre spezifische Aufgabe, daran zu erinnern und zu verhindern, dass dies wieder passiere. Adorno aktualisierte und universalisierte etwa zeitgleich Kants kategorischen Imperativ:

> Hitler hat dem Menschen im Stande seiner Unfreiheit einen neuen kategorischen Imperativ aufgezwungen: ihr Denken und Handeln so einzurichten, dass Auschwitz nicht sich wiederhole, nichts Ähnliches geschehe.[50]

Dieser Imperativ blieb die verbindliche Intention der Kritischen Theorie in den Jahren nach Horkheimers Rückkehr. Er lässt sich bis in seine späten Notizen und Bemerkungen nachvollziehen. Konnten die Schriften des Instituts eine verdrängte und nahezu vernichtete jüdische Erbschaft nur implizit bzw. objektiviert weitergeben, so ist diese in Horkheimers Privatnotizen als jüdisches Denken deutlich und partikularer artikuliert.

48 Albrecht, Die intellektuelle Gründung der Bundesrepublik, S. 131.
49 Horkheimer, Nach Auschwitz (1966-1969), in: GS 6, S. 417.
50 Theodor W. Adorno, Negative Dialektik, in: AGS 6, S. 7-410, hier S. 358.

Spätwerk und Rezeption

Das Spätwerk bzw. die Spätphilosophie Horkheimers setzt laut Gunzelin Schmid Noerr 1950, als inhaltliche Zäsur mit seiner Emeritierung im Jahr 1959 ein.[1] Privatere philosophische Gedanken vertraute er den zu seinen Lebzeiten unveröffentlichten »Notizen«, dem »intérieur«, an.[2] Es entstand im gesellschaftlichen Kontext der jungen Bundesrepublik, deren moralischer Zustand zwischen Scham, Schuld, Abwehr und Ignoranz sowie der zaghaften politischen Anerkennung der historischen Wirklichkeit changierte, wie es Adorno in der vom Institut für Sozialforschung im Auftrag herausgegebenen Studie zu »Schuld und Abwehr« 1950 bis 1954 dokumentierte und herausarbeitete.[3]

Im »intérieur« klingt deutlicher als in den theoretischen und zur Publikation bestimmten Überlegungen Horkheimers nicht nur dessen philosophischer Marxismus an. Es schlagen sich darin besonders seine spezifischen Erfahrungen und sein Judentum nieder, ein jüdisches Denken des 20. Jahrhunderts also, das er wiederum in seine philosophische Reflexion aufnahm und das sich darin auch artikuliert. Nach dem moralischen und intellektuellen Vakuum, das der Krieg, die Vernichtung und die »Vertreibung der Vernunft«[4] seit den 1930er-Jahren hinterlassen hatten, bot die Kritische Theorie Horkheimers und Adornos in den 1950er-Jahren eine

> Tiefenschicht, eine Art Versprechen an die Schüler, daß sich ›dahinter‹ mehr, ja das ›Eigentliche‹ verberge, und daß dies irgendwie mit Mar-

1 Gunzelin Schmid Noerr, Die Stellung der ›Dialektik der Aufklärung‹ in der Entwicklung der Kritischen Theorie. Bemerkungen zu Autorschaft, Entstehung, einigen theoretischen Implikationen und späterer Einschätzung durch die Autoren in: Max Horkheimer, Gesammelte Schriften, Bd. 5: ›Dialektik der Aufklärung‹ und Schriften 1940-1950, hg. v. Alfred Schmidt u. Gunzelin Schmid Noerr, Frankfurt am Main 1987, S. 423-452, hier S. 452. Rosen datiert das Spätwerk auf die Rückkehr nach Deutschland um 1950, vgl. Rosen, Max Horkheimer, S. 135 f.

2 »Extérieur« und »intérieur« sind Begriffe aus dem Horkheimer-Kreis und markieren die Unterscheidung zwischen den Memoranden als »Schale der Gruppe, als oberflächliche Anpassung an die Zeitumstände, die die eigentlichen Überzeugungen des Kreises nicht repräsentieren«, und den eigentlichen Gedanken, die den »Notizen« anvertraut wurden. Siehe dazu Albrecht, Die intellektuelle Gründung der Bundesrepublik, S. 129 f.

3 Theodor W. Adorno, Schuld und Abwehr. Eine qualitative Analyse zum Gruppenexperiment (1955), in: AGS 9/2, S. 121-326. Vgl. dazu auch Werner Bergmann u. Rainer Erb, Kommunikationslatenz, Moral und öffentliche Meinung. Theoretische Überlegungen zum Antisemitismus in der Bundesrepublik Deutschland, in: KZfSS 38 (1986), Heft 2, S. 223-246.

4 Siehe dazu Christoph Schmitt-Maaß u. Daniel Fulda (Hg.), Vertriebene Vernunft? Aufklärung und Exil nach 1933, Paderborn 2017.

> xismus zu tun habe, was erst von Adorno, Habermas, Marcuse und schließlich auch von Horkheimer in den 60er Jahren reaktiviert und mit je eigenen Interpretationen dieses ›Eigentlichen‹ gefüllt wurde: Während Horkheimer auf das ›ganz Andere‹ verwies, konzentrierte sich Adorno auf die ästhetische Theorie.[5]

Horkheimer entschied sich für die Übersetzung des Judentums in die deutsche Philosophie. Seine »Tiefenschicht« war ein intellektueller und philosophischer Marxismus, im dem insbesondere jüdisches Denken und ein jüdisches Narrativ als Erfahrungen zum Ausdruck kamen, die der Vernichtung entgangen waren. Insofern konnte die Kritische Theorie universalistisch und partikular gleichermaßen gelesen werden. Dass jüdisches Denken und jüdische Erfahrung bei den Vertretern der ersten Generation der Kritischen Theorie durchschienen, überdeckt von der Sprache der deutschen Philosophie, und sich dann vor allem im privaten Schreiben Horkheimers deutlich artikulierten, löste auch Indifferenz bzw. Unbehagen aus, wie Formulierungen wie »negative Metaphysik« und »negative Religion«[6] zeigen. Diese seien, so Schmid Noerr, zu einer »prekären« Einheit verknüpft worden. Die »wahre Sehnsucht nach dem Anderen«, von der Horkheimer vielfach spreche, sei dessen grundlegender Erfahrung »unaufhebbaren Leidens im gesellschaftlichen Kontext und einer metaphysischen, globalen Negation von Sinn [entsprungen]. Philosophie überhaupt scheint nur noch in der verschwindenden Privatsphäre möglich zu sein.«[7]

Nach Schmid Noerr beziehen sich die späten Reflexionen auf einen allgemeinen und historisch bedingten Ausdruck eines Weltschmerzes. Zu ergänzen ist diese Einschätzung um die partikulare Dimension. Die Annahme einer Verdrängung der Philosophie aus der Öffentlichkeit korrespondiert mit der eher privat stattfindenden Auseinandersetzung mit Judentum und jüdischer Existenz – er entzieht sich dem Zwang des Objektiven und favorisiert – historisch-gesellschaftlich bedingt – den introvertierten, kaum repräsentativen Ausdruck. Konkret heißt das: Jüdisches artikulierte Horkheimer vor allem privat in fragmentarischen oder in sich kohärent abgeschlossenen, für sich stehenden Notizen. Entsprechend brüchig ist das hinterlassene Korpus in Form und Inhalt. Ein durchkom-

5 Albrecht, Die intellektuelle Gründung der Bundesrepublik, S. 131.

6 Schmid Noerr, Die Stellung der ›Dialektik der Aufklärung‹, S. 452. Siehe zur »negativen Theologie« Adornos auch Ulf Liedke, Naturgeschichte und Religion. Eine theologische Studie zum Religionsbegriff in der Philosophie Theodor W. Adornos, Berlin 1997.

7 Schmid Noerr, Die Stellung der ›Dialektik der Aufklärung‹, S. 452.

poniertes Hauptwerk fehlt, so Alfred Schmidt, der Mitherausgeber der *Gesammelten Schriften* Horkheimers. Vielmehr bestehe das Spätwerk aus »gelehrten Traktaten, Essays, Reden, tagebuchartigen Notizen, Aphorismen und Interviews, selbst Dramenfragmenten und Novellen«.[8]

Wenngleich Horkheimer zeit seines Schaffens die »kleine Form« bevorzugte – das fragmentarische Schreiben, das Essay, die Aufzeichnung –, so sind die Notizen und »Späne«[9] im privaten Ton wesentlich introvertierter: Oft entstanden sie nachts, waren als Gedächtnisstützen angelegt, brachten pointierte Ideen und Vorformulierungen für spätere öffentliche Schriften und Vorträge zu Papier.[10] Ihr intellektueller Reiz liegt gerade darin, dass sie in der Form beweglicher erscheinen, sich keinem Formalismus unterwerfen und das Subjektive zulassen, ohne auf die objektive Aussage, das, worauf es Horkheimer ankommt, zu verzichten. Die späten schriftstellerischen Arbeiten beurteilt Schmid Noerr als »Geste der Skepsis«, als eine formal sich artikulierende Kritik: »[Z]unehmend misstraute er jeder irgendwie Geschlossenheit vorspiegelnden schriftlichen Darstellung«.[11]

Während sich aus den öffentlichen Vorträgen vor allem der gesellschaftspolitische Impuls einer kritischen Bewahrung der aufklärerisch-philosophischen Tradition bis in die wissenschaftliche und bildungspolitische Alltagsarbeit hinein ablesen lässt, zeigen Horkheimers Notizen, dass er, so Schmid Noerr, Begriffen grundsätzlich mit Vorbehalt begegnete. Seit ihm »nicht bloß der Betrieb, sondern der Sinn von Wissenschaft fraglich geworden«[12] sei, galt Horkheimer Wissenschaft zunehmend als »Instrument der sozialen Kontrolle und der Selbsterhaltung«.[13] Im Positivismus als Konsequenz der historischen Wirklichkeit erblickte er den Inbegriff der Hypostasierung und Ideologisierung des Endlichen und Faktischen. Entsprechend notierte er 1969: »Der Positivismus fällt

8 Schmidt, Die Solidarität endlicher Wesen, S. 137.

9 Der Korpus, auf den sich die vorliegende Arbeit unter anderen bezieht, umfasst: »Späne. Notizen über Gespräche mit Max Horkheimer in unverbindlicher Formulierung aufgeschrieben von Friedrich Pollock«, in: GS 14, S. 172-549, hier S. 14. Siehe zur ›Form‹ ergänzend Gunzelin Schmid Noerr, Die Geste der Skepsis – Horkheimers späte Notizen, in: GS 14, S. 551-553.

10 Max Horkheimer, »Porträt eines Aufklärers« (1969), Besuch in Castagnola: Portrait & Gespräch mit Hellmuth Karasek u. Kurt Zimmermann, online unter: https://www.youtube.com/watch?v=npDU_Plntc4 (9. Juni 2022).

11 Schmid Noerr, Die Geste der Skepsis, S. 551.

12 Horkheimer, Dialektik der Aufklärung, S. 16, zit. n. ebd.

13 Schmid Noerr, Die Geste der Skepsis, S. 551.

hinter Kant zurück, ist naiver Realismus, der aus der Physik eine Metaphysik macht.«[14]

Seine Notizen und in den »Spänen« verschriftlichten Gedanken spiegeln Horkheimers Abkehr von einer an die Öffentlichkeit adressierten systematischen, konzeptionellen wie formalen Philosophie und Theorie wider. Vielmehr drückt er darin jüdisches Denken und jüdische Erfahrung vor dem Hintergrund der katastrophischen Ereignisse eher introvertiert, skizzenhaft, fragmentarisch, jedoch gleichwohl pointiert aus. Im Gegensatz zu den ästhetisch nuancierten Essays Adornos beließ es Horkheimer bei kurzen, eher aphoristischen Niederschriften, die keinen Anspruch auf kunstreiche, literarische Ambitionen erheben. Bis in diese Form der Sprache hinein artikuliert sich sein kritisches Verhältnis zur Welt. Der bezeichnende und private Ton insistiert auf dem Besonderen, und scheut die öffentliche Repräsentanz, die etwa umfangreicheren Publikationen eigen ist. Eine eigenwillige Syntax und »im sorgfältigen Gang des Gedankens eingestellte Zeichensetzung«[15] erfordern aufmerksame Lektüre. Dennoch ist Horkheimers Entscheidung für Subjektivität nicht zwingend als Absage an Objektivität zu verstehen. Vielmehr, so ist zu konstatieren, erschien es ihm vor dem Hintergrund der historischen Situation nicht adäquat, sondern anachronistisch, systematisch und methodisch abgesichert zu schreiben und also dort systematische Ordnung vorzugeben, die sich moralisch und wissenschaftlich-akademisch desavouiert hatte. Vielmehr erhebt er in Form und Inhalt seiner Notizen dagegen Einspruch. Diese Subjektivität ist indes im Ton zuweilen apodiktisch und in der selbstbezüglichen Form gespiegelt. Das Selbstgespräch und das von Pollock notierte Gespräch[16] dominieren. Dies korrespondiert mit Horkheimers innerer Widerständigkeit, das philosophische Wort und den Gedanken in eine kohärente Theorie oder gar in eine Praxis zu überführen. Alfred Schmidt merkt dazu an: »Versuche freilich, Horkheimers Schriften auf brauchbare Faustregeln zu bringen, sie zum Instrument tagespolitischer Agitation zu machen, mußten scheitern.«[17]

14 Horkheimer, Der Positivismus [IV], in: GS 14, S. 520-521, hier S. 520. Zum »Positivismusstreit« der 1960er-Jahre siehe Hans-Joachim Dahms, Positivismusstreit. Die Auseinandersetzungen der Frankfurter Schule mit dem logischen Positivismus, dem amerikanischen Pragmatismus und dem Kritischen Rationalismus, Frankfurt am Main 1994.

15 So formuliert es Werner Brede, Nachwort des Herausgebers [zur Erstveröffentlichung der Notizen], in: GS 6, S. 429-433, hier S. 430.

16 Vgl. Schmid Noerr, Die Geste der Skepsis, S. 551-553.

17 Schmidt, Die Solidarität endlicher Wesen, S. 137. Das korrespondiert auch mit dem Missverständnis der »rebellischen Studenten«, die der Autor des *Spiegel*-Artikels anlässlich des Weggangs von Jürgen Habermas vom Institut für Sozialfor-

Den formalen Ausdruck, der sich mit der Verweigerung einer Programmatik deckt, bewerteten Zeitgenossen als »resignativ«, als Abkehr von einer kämpferischen Agenda. In der darin postulierten Unverfügbarkeit artikuliert sich jedoch eine, wenngleich dialektisch gebrochene Utopie: Horkheimers »Sehnsucht nach dem ganz Anderen«. In dieser, von ihm mehrfach ausgesprochenen »Sehnsucht« sah er ein Potenzial für Kritik, die an der Idee der Veränderbarkeit der Gesellschaft, außerdem grundsätzlich an der Metaphysik und damit auch am Begriff der Freiheit des Bewusstseins wie überhaupt an »Bewusstsein« festhält. »Kritik«[18] gilt ihm als emanzipatorische Anstrengung, weil sie ein Dementi gegen die Affirmation von Welt bereithalte, indem sie »Erscheinung und Wesen« voneinander unterscheide.[19]

Die »Sehnsucht nach dem ganz Anderen« und das »Bilderverbot« stehen dabei in einem konstitutiven Zusammenhang: So kann das »Bilderverbot« als gedankliches Fundament der »Sehnsucht nach dem ganz Anderen«, jenseits der »instrumentellen Vernunft« und der Verehrung des Bildes, als befreiender Habitus des Gedankens und der Existenz aus der Totalität des ›Tausches‹ gelten. Auch formal und gedanklich entzieht sich Horkheimer im Unterschied zu Adorno, der seine Gedanken als komplexe Gefüge seiner ästhetischen Intention komponiert, dem ›Schein‹. Beide jedoch schreiben – Horkheimer in der Introversion und Adorno eher im dialektisch-begrifflichen »Scheinen der Idee« – expressiv gegen den Positivismus an. Beide, so die These, erheben über ihre Sprache Einspruch gegen eine positivistische Einstellung zur Welt.

Die Artikulation Horkheimers gilt vorrangig dem, »was sie [die Philosophie, Y. K.] zu sagen hat«.[20] Damit ist eine Entscheidung gegen den Schein wie die Repräsentanz des Gedankens und für dessen Gehalt

schung prägnant formulierte: »Sie begriffen nicht, daß die Gesellschaftskritiker der ›Frankfurter Schule‹ Philosophen bleiben wollten, ohne wie Sartre oder Russell mit auf die Straße zu gehen« ([o. A.], Zur Groß-Chemie, in: Der Spiegel vom 29. November 1970.

18 Dazu Horkheimer 1940: »Was wir jedoch unter Kritik verstehen, ist jene intellektuelle und schließlich praktische Anstrengung, die herrschenden Ideen, Handlungsweisen und gesellschaftlichen Verhältnisse nicht unreflektiert, rein gewohnheitsmäßig hinzunehmen; die Anstrengung, die einzelnen Seiten des gesellschaftlichen Lebens miteinander und mit den allgemeinen Ideen und Zielen der Epoche in Einklang zu bringen, sie genetisch abzuleiten, Erscheinung und Wesen voneinander zu trennen, die Grundlagen der Dinge zu untersuchen, sie also, kurz gesagt, wirklich zu erkennen« (Horkheimer, Die gesellschaftliche Funktion der Philosophie, in: GS 4, 332-351, hier S. 350).

19 Ebd.

20 Horkheimer, Zum Begriff der Philosophie, in: GS 6, S. 165-186, hier S. 167.

getroffen. Auf diese Weise wird das in der Ethik und nicht in der Ästhetik aufgehobene Primat des Judentums fortgeschrieben.[21] Gleichzeitig ist damit die Verbindung zum fundamentalen Ereignis hergestellt, das Horkheimer in Philosophie und Sprache übersetzt und aktualisiert: das »Bilderverbot«:

> Du sollst dir kein Bild machen, kein Abbild deß, was im Himmel droben und was auf Erden hierunten und was im Wasser unter der Erde; Du sollst dich nicht niederwerfen vor ihnen und ihnen nicht dienen; [...].[22]

Dieses Verbot richtet sich gegen die Bindung ans Falsche, ans Objekt. Im eigenen Schreiben nimmt Horkheimer auch in seiner Formsprache darauf Bezug. Er lehnt den instrumentellen Zugriff des Scheins auf die Lesenden im philosophischen Gedanken ab. Insofern praktiziert er bis in seine zurückhaltende Stilistik hinein das »Bilderverbot« selbst. Er verbleibt in einer formalen und kompositorisch flachen Hierarchie, die sich bis in den Modus des philosophischen Ausdrucks hinein daran orientiert.

Inhaltlich knüpft er an ein vom Idealismus geprägtes Judentum bzw. an eine von Kant geprägte jüdische Philosophie an, in der ›Schöpfung‹, ›Offenbarung‹ und ›Erlösung‹ als ideell-ethische Gehalte formuliert und säkularisiert begriffen werden. Sie gelten dabei nicht als orthodoxe und objektive Gegebenheiten, sondern als »Postulate« der menschlichen Vernunft: »Gott postuliert nicht, er ist ein Postulat,«[23] so formuliert es Horkheimer 1962. Er setzt damit das Korrektiv zur »instrumentellen Vernunft«. Der darin aufgehobene theologische Gedanke begründe und sichere allein – hier folgt er Kant – die Ethik ab. Das heißt indes auch, dass das Postulat Gottes ein von der Vernunft her vorausgesetztes ist.

21 Zu den ethischen Werten des Judentums siehe Zentralrat der Juden in Deutschland u. Schweizerischer Israelitischer Gemeindebund (Hg.), »Lehre mich, Ewiger, Deinen Weg« – Ethik im Judentum, Berlin 2015. Moritz Lazarus und Hermann Cohen formulierten eine jüdische Ethik im Sinne des Reformjudentums. Siehe dazu Michael A. Meyers, Antwort auf die Moderne. Geschichte der Reformbewegung im Judentum, Wien 2000, S. 295-300.

22 Schemot (Exodus), 20:4, 5). Soweit nicht anders vermerkt, beziehen sich alle Bibelzitate in dieser Arbeit auf Leopold Zunz (Übers.), Die vierundzwanzig Bücher der Heiligen Schrift nach dem masoretischen Text, Berlin 1938. Das »Bilderverbot« erscheint als eigenständiges und als Teil des zweiten Gebots im Buch Exodus und als Teil des ersten Gebots in Deuteronomium. Es ist an drei Stellen der Tora überliefert, und zwar in 2. Moses 20:4, 3. Moses 5:8 sowie ausführlich in 5. Moses 4:16-18.

23 Horkheimer, Kants Philosophie der Aufklärung (1962), in: GS 7, S. 160-172, hier S. 169.

Diese Argumentation, sie kann als jüdisches Paradigma gelesen werden, gilt der sittlichen Praxis, die Gesellschaft erst erzeuge.

Prominent wurden die ›unzeitgemäßen‹ und durchaus zu erkennenden jüdischen Motive der Kritischen Theorie in einem *Spiegel*-Gespräch vom 5. Januar 1970. Als »Resignation eines alten Mannes, als Kapitulation vor der Religion, als Verrat an der Sache des wahren Sozialismus«[24] wurden die späten Schriften des vormals marxistischen Denkers – auch er selbst beurteilte sich im Rückblick so[25] – wahrgenommen. Diesen Eindruck einer religiösen »Wende« evozierten vor allem zwischen Ende der 1960er- und Anfang der 1970er-Jahre weltanschauliche Ausführungen Horkheimers, in denen er zu Fragen von Religion, Kirche und Theologie auch affirmativ Stellung bezog. In kürzester Zeit, so Pascal Eitler, hätten diese Anmerkungen eine öffentliche Debatte ausgelöst: Horkheimer wurde unterstellt, die marxistische Tradition der Frankfurter Schule »verraten« bzw. »überwunden«, die »Hoffnung« auf eine »Revolution« verabschiedet und sich einer »Sehnsucht nach dem ganz Anderen« zugewandt zu haben, die als Rückkehr zu den »jüdischen Wurzeln« oder als Aufbruch zu »christlichen Ufern« behauptet oder bestritten, begrüßt oder beklagt wurde.[26]

Noch Stefan Breuer bezeichnet Horkheimers Inklination als einen Rückfall hinter dessen materialistische Orientierung in den 1930er-Jahren, als er das Institut für Sozialforschung leitete. Er falle sogar hinter Marx zurück.[27] Breuer weist darauf hin, dass der »Maßstab der Kritik« zwar auch im Spätwerk Horkheimers die ›Vernunft‹ bleibe. Es sei jedoch eine Vernunft, die sich zunehmend aus der Gegenwart zurückziehe und »ihre Kraft aus der Beschwörung der religiösen und philosophischen Tra-

24 Juan José Sanchez, Wider die Logik der Geschichte. Religionskritik und die Frage nach Gott im Werk Max Horkheimers, Zürich 1980, S. 11. Horkheimer weist die ihm nachgesagte resignative Haltung von sich. Er empfinde vielmehr »Trauer«. Diese bewahre das theologische Moment und die Solidarität von Menschen, die »trotz dieser mangelnden Gewißheit das Gute verwirklichen wollen« (Horkheimer, Verwaltete Welt [Gespräch mit Otmar Hersche] (1970), in: GS 7, S. 363-384, hier S. 382).

25 Horkheimer, Die Sehnsucht nach dem ganz Anderen, S. 385. Die Reaktion des Unverständnisses bezieht sich insgesamt auf die Aussagen, die Horkheimer in diesem Interview trifft.

26 Zur Rezeption und zur »religiösen Wende« Horkheimers sowie der Debatte um seine Person und die Kritische Theorie siehe Eitler, »Gott ist tot – Gott ist rot«, S. 16 u. insbesondere S. 119-238. Eitler widmet sich der Rezeption und nimmt die Deutungsmuster über das Verhältnis von Politik und Religion um 1968 in den Blick. Die vorliegende Studie fokussiert indes die jüdischen Implikationen im Spätwerk Horkheimers.

27 Stefan Breuer, Aspekte totaler Vergesellschaftung, Freiburg im Breisgau 1985, S. 7-11.

dition gewinnt«. Dies bezeuge ungeachtet vom idealistischen Frühwerk seine konservative Wende. Indem Horkheimer dem Begriff der ›objektiven Vernunft‹ den der ›instrumentellen Vernunft‹ entgegensetze, beziehe er sich ausdrücklich auf eine Denktradition, die – »wie die Systeme von Platon und Aristoteles, die Scholastik und der deutsche Idealismus« – die Vernunft nicht nur im individuellen Bewusstsein lokalisierten, »sondern auch in der objektiven Welt – in den Beziehungen zwischen den Menschen und zwischen sozialen Klassen, in gesellschaftlichen Institutionen, in der Natur und ihren Manifestationen«.[28] All diese »Modifikationen ändern jedoch nichts daran, daß Horkheimers kritische Theorie eine idealistische Theorie war, der es in erster Linie um eines ging: um die ›Ausbreitung der Vernunft‹«. Er habe demnach nicht den Idealismus, sondern den »unvollkommene[n] Idealismus, der auf die Verwirklichung des Ideals verzichtete und sich vorzeitig mit der empirischen (bürgerlichen) Wirklichkeit abfand«[29] kritisiert.

Mit dieser Einschätzung ordnet Breuer Horkheimers Denken als integralen Bestandteil der deutschen Denktradition ein. Unberücksichtigt lässt er die jüdische Erfahrung und die jüdischen Implikationen, die sich jedoch zunehmend und spätestens ab den 1940er-Jahren als Grundton – dies gilt fraglos für die Fragmente *Dialektik der Aufklärung* (1944/1947) – der Kritischen Theorie, also nicht nur in Anspielungen, artikulierten. Vor Horkheimers biografischem Hintergrund erscheint es bestenfalls als indifferent, diesen fundamentalen Aspekt in der Rezeption unbeachtet zu lassen. Offenbar, so die Feststellung, bedingt fehlendes Wissen über jüdische Paradigmen, dass die Forschung den Ton und Inbegriff des späten Werkes bislang verkannt bzw. dessen, ein säkulares jüdisches Denken bezeugenden Gehalt verkürzt hat.[30] Doch gerade das Spätwerk vermittelt in seiner zurückhaltenden Formästhetik Erfahrungen und ethische Maxime. Die zugrundeliegenden Motive gründen in der historischen Erfahrung sowie in einer kulturellen Tradition und Sozialisation, die sich nicht repräsentativ vermitteln, sondern die erkenntnistheoretisch nachvollzogen, also verstanden werden müssen.

28 KT III, S. 121, zit. n. Breuer, Horkheimer oder Adorno, S. 364.

29 Stefan Breuer, Kritische Theorie. Schlüsselbegriffe, Kontroversen, Grenzen, Tübingen 2016, S. 23.

30 Nach Maór sei die »Spätphilosophie Horkheimers, […] reinstes Judentum« (Maór, Max Horkheimer, S. 76).

Jürgen Habermas, ein Vertreter der zweiten Generation[31] der Kritischen Theorie, beschrieb 1961 seine »Scheu« und sein »Unbehagen«,[32] das ein Befragen und Benennen des Jüdischen hemmte. Auf die Anfrage Thilo Kochs, der Habermas für den Sammelband *Porträts zur deutsch-jüdischen Geistesgeschichte* gewinnen wollte, reagierte er verhalten:

> Ich habe gezögert, sie [die Aufgabe; M. B.] zu übernehmen. Würde nicht dies wie immer hochherzig geplante Unternehmen doch dazu führen müssen, den Ausgetriebenen und Erschlagenen noch einmal den Judenstern anzuheften? […] Es bestand eine deutliche Sperre auch gegen das leiseste Beginnen, Juden von Nichtjuden, Jüdisches von Nichtjüdischem, und sei es nur dem Namen nach zu unterscheiden: obwohl ich jahrelang Philosophie studiert habe war ich mir, bis ich diese Arbeit begonnen habe, nicht bei der Hälfte der genannten Gelehrten überhaupt ihrer Herkunft bewußt. Solche Naivität halte ich heute nicht für angemessen.[33]

Habermas' Aussage beschreibt die Befangenheit gegenüber den jüdischen Remigranten, aber auch die Unsicherheit und Ignoranz, mit denen die jungen Akademikerinnen und Akademiker ihnen begegneten. Unangemessen wäre jedoch, grundlegende historische, biografische und

31 Vgl. dazu Açıkgöz, Die Permanenz der Kritischen Theorie, S. 135-141. Ursula Reitemeyer erkennt folgende drei Phasen der Kritischen Theorie: »Als erste, gewissermaßen neomarxistische Phase gilt die Zeit von der Gründung des Instituts für Sozialforschung bis zur Flucht seiner Mitarbeiter in die USA (1922-1933), die zweite Phase fällt in die Zeit des Exils (1933-1950), die geprägt ist von empirischen Untersuchungen zum autoritären Charakter, aber auch von Studien über das Mißverhältnis von technischem und moralischem Fortschritt (Dialektik der Aufklärung). Die dritte und längste Phase (1950-1990) erlebte ihre Hochzeit während der Studenten- und Jugendbewegungen von Mitte der sechziger Jahre bis Mitte der siebziger Jahre und endet mit Habermas' großer Schrift *Faktizität und Geltung*, die 1992 erscheint und in der wesentliche Motive von Habermas' Habilitationsschrift *Strukturwandel der Öffentlichkeit* aus dem Jahr 1962 wieder aufgenommen werden.« Ursula Reitemeyer, Das Verhältnis der Kritischen Theorie zur Philosophie Kants, in: Ľubomír Belás u. Eugen Andreanský (Hg.), Acta facultatis philosophicae universitatis Prešoviensis. 9. kantovský vedecký zborník, Prešov 2012, S. 145-157, online unter: https://www.uni-muenster.de/imperia/md/content/ew/forschung/feuerbach/das_verh__ltnis_der_kritischen_theorie_zur_philosophie_kants.pdf, S. 1, (6. Juni 2022). Zur Geschichte der ersten zwei Phasen der Kritischen Theorie vgl. vor allem Martin Jay, Dialektische Phantasie. Die Geschichte der Frankfurter Schule und des Instituts für Sozialforschung 1923-1950, Frankfurt am Main 1976.

32 Boll, Max Horkheimers zweite Karriere, S. 358.

33 Jürgen Habermas, Der deutsche Idealismus der jüdischen Philosophen, in: Thilo Koch (Hg.), Porträts zur deutsch-jüdischen Geistesgeschichte, Köln 1961, S. 107-137, hier S. 123 u. zit. n. Boll, Max Horkheimers zweite Karriere, S. 358 f.

intellektuelle Konstellationen zu unterschlagen. Denn die Bedeutung des Judentums in seiner idealistisch-kantianischen Ausgestaltung ist der Kritischen Theorie in Horkheimers Spätwerk unmissverständlich immanent. »[E]igenwillig«[34] mag die Aufnahme jüdischer Topoi erscheinen, jedoch ist sie keineswegs überraschend. Schließlich ist auch der philosophische Marxismus der ersten Generation der Kritischen Theorie als säkulares jüdisches Denken zu begreifen. Unbedingt gilt dies für Horkheimer. Im Nachhinein konzediert Micha Brumlik deshalb zu Recht:

> Der Philosoph, der noch vor dem Zweiten Weltkrieg in den Spuren Schopenhauers und Marx' jede religiöse Anwandlung als unreif oder naiv gegenüber der Realität weltgeschichtlichen Leids kritisiert hatte, hat sich später wieder der jüdischen Religion zugewandt und ebenjene Gefühle, die er vormals noch kritisiert hatte – Hoffnung sowie ›Sehnsucht nach einem ganz Anderen‹ rehabilitiert.[35]

Indem Horkheimer und die Kritische Theorie das »negative Absolute«, dessen Abbildung verboten sei, so Brumlik weiter, als Sinnbedingung eines die Welt verändernden Handelns postulieren, als Sehnsucht danach, »dass der Mörder nicht über das unschuldige Opfer triumphieren möge«,[36] finde eine philosophische Transformation der Theologie statt, die deshalb jüdisch sei, »weil es der so artikulierten Sehnsucht nicht nur um individuelle Erlösung, sondern um die Rettung der Gemeinschaft geht, in der ein Mensch lebt.«[37] Brumlik weist damit deutlich auf die jüdische Inklination hin. Deshalb liest sich auch der Begriff »Sehnsucht« keineswegs als romantische Reaktion, als individuelle, künstlerisch-melancholische Stimmung. Eher geht er auf Hegel zurück, der »Sehnsucht« als »unglückliche[s] Bewusstsein«[38] apostrophiert, diesem allerdings eine

34 Jürgen Habermas, Öffentlicher Raum und politische Öffentlichkeit. Lebensgeschichtliche Wurzeln von zwei Gedankenmotiven, in: ders., Zwischen Naturalismus und Religion, Frankfurt am Main 2005, S. 15-26, hier S. 16.

35 Micha Brumlik, Marxisten und Religionstiroler, in: Jüdische Allgemeine Zeitung vom 5. Juli 2016.

36 Horkheimer, Die Sehnsucht nach dem ganz Anderen, S. 389, hier zit. n. ebd.

37 Brumlik, Marxisten und Religionstiroler. Weiter schreibt Brumlik: »Schließlich ordnete sich der ehemalige Religionskritiker und Marxist einem Judentum des Bilderverbots im Unterschied zu einem um positive Utopien bemühten Messianismus zu, einer Haltung, die ihn bei aller Bejahung des Staates Israel als Refugium für bedrohte Juden in Widerspruch zum Zionismus führte. Ihm steht er seines nationaljüdischen Partikularismus wegen skeptisch gegenüber – verheiße die Bibel doch, dass die Gerechten aller Völker nach Zion wallfahren werden.«

38 Georg Wilhelm Friedrich Hegel, Phänomenologie des Geistes, Stuttgart 1987, S. 157.

christliche Färbung gibt. Horkheimer indes betont in der Tradition vieler jüdischer Denker vor ihm den messianischen Gehalt derselben.[39]

Historisch näher stand Horkheimer Hermann Cohen, dessen Werk ihm bekannt war.[40] Cohen hatte eine an Kant orientierte jüdische Religionsphilosophie formuliert, die den Messianismus – und die Sittlichkeit – als zentrale Bestandteile des jüdischen Monotheismus und damit der jüdischen Philosophie postulierte. Für diese ist eine säkulare Auslegung von Traditionstexten und -motiven charakteristisch. Cohen deutet die messianische Hoffnung des Judentums als Aufgabe und in die Forderung nach einem ethischen Sozialismus um.[41] U.a. Ernst Bloch und Walter Benjamin entwickelten den jüdischen Messianismus ›ohne Gott‹ als universalistisches Modell weiter, in dem das Partikulare ins Universale überführt wird.[42]

39 Schulte, Jüdische Philosophie, S. 331. Die Übersetzung der messianischen Bewegung ins Säkulare und Politische bezeugt u. a. die Weigerung Moses Hess', Jesus als Messias anzuerkennen. Angesichts dieser religiösen Haltung erkläre sich, dass Juden in revolutionären Strömungen engagiert, Religion und Politik miteinander verwoben seien. Leo Frankel, Heinrich Heine, Moses Hess, Ferdinand Lassalle und insbesondere Karl Marx gehörten, so der französische Journalist Bernard Lazare, zu denjenigen, die diese Symbiose verkörperten. Vgl. Michael Löwy, Erlösung und Utopie. Jüdischer Messianismus und libertäres Denken, Berlin 1997, S. 254 f. Hess dachte bereits früh an die kollektive Gleichberechtigung, die die jüdische Tradition zu bewahren, nicht aufzugeben habe. Er insistierte auf den jüdischen Wurzeln und verband die neue sozialistische Lehre mit dem jüdischen Messianismus. Er »gilt als erster Propagandist kommunistischer Ideen in Deutschland und als erster Verkünder eines nationalen Judentums in deutscher Sprache« (Shlomo Na'aman, Moses Heß, in: Edmund Jacoby (Hg.), Lexikon linker Leitfiguren, Frankfurt am Main 1989, S. 174-176, hier S. 174). Darin wird auch Horkheimer aufgeführt, siehe Gunzelin Schmid Noerr, Max Horkheimer, in: Edmund Jacoby (Hg.), Lexikon linker Leitfiguren, Frankfurt am Main 1989, S. 185 f.

40 Horkheimer, das bezeugt eine von ihm angefertigte Auflistung seiner privaten Bibliothek im kalifornischen Exil (online unter: http://sammlungen.ub.uni-frankfurt.de/horkheimer/ content/pageview/8215752 [6. Juni 2022]), besaß die einschlägigen Titel Hermann Cohens, darunter *Kants Theorie der Erfahrung, Ethik des reinen Willens, Jüdische Schriften* und *Die Religion der Vernunft aus den Quellen des Judentums.* Cohen gilt als Symbolfigur des deutschen Judentums: »Durch seine Schriften und sein Schicksal«, so Oliver Gruez, »verkörperte er die Maßlosigkeit der deutsch-jüdischen Symbiose als Utopie und als absolutes Ideal« (Oliver Guez, Heimkehr der Unerwünschten. Eine Geschichte der Juden in Deutschland nach 1945, München 2011, S. 33 f.).

41 Schulte, Jüdische Philosophie, S. 331.

42 Die Erhaltung des Partikularen strebten indes Franz Rosenzweig und Martin Buber an. »Sie wollten unter dem Eindruck des Ersten Weltkriegs gerade zwischen Judentum und Geschichte trennen. Beide sind Gegner der Assimilation und befürworten Dissimilation und eine selbstbewusste jüdische Renaissance: Das Jüdische soll nicht im Allgemeinen aufgehen, weder im Deutschtum noch im Sozialismus,

Horkheimer hingegen akzentuiert einen jüdischen Gehalt, der sich vor allem an der rationalen Tradition des Judentums orientiert. Anders als Benjamin und Bloch verwahrte er sich gegen einen Utopismus und betrachtete den Neukantianismus als von der Geschichte überholt.[43] Seine Nähe zur jüdischen Religionsphilosophie zeigt sich indes darin, dass Horkheimer insbesondere ein Ethos denkerisch praktizierte und sich darin um eine undogmatische Normativität bemühte.[44] Sein Fragen nach einer beständigen Referenz von Normen zielt darauf, dass die Welt eine bessere sei und werde. Insofern ist die späte Philosophie Horkheimers keineswegs partikularistisch. Vielmehr strebt sie nach Universalität in dem Sinne, dass sie nicht für die jüdische Existenz allein Geltung beansprucht, sondern sich im Blick als universelle gesellschaftliche Notwendigkeit artikuliert.

Bislang wurde Horkheimers Werk in der deutschsprachigen Forschung nur vereinzelt auf seine jüdischen Inklinationen[45] hin rezipiert und als jüdisches Denken qualifiziert. Stärker im Fokus standen stattdessen seine Auseinandersetzungen mit Hegel, Schopenhauer, Marx und Freud. Sein Spätwerk galt dagegen vielen als politisch konservativ und qualitativ mit Blick auf seine früheren Analysen und Reflexionen als rückschrittlich.[46] In der Bewertung des späten Horkheimer dominiert die Auffassung, dass dieser in seinem produktiven und intellektuellen Schaffen auch hinter Adorno zurückstehe.[47] Das liege, so der Soziologe Peter Imbusch, u.a. an der emphatischen Hinwendung Horkheimers zur »Metaphysik«. Imbusch schreibt:

> »[S]ein [Adornos, Y.K.] Denken gewinnt auch niemals die ›konservativen‹ Züge, die für Horkheimer in den 60iger Jahren charakteristisch

sondern das Besondere bleiben und seinen Eigenwert diesseits eines abstrakten Universalismus behaupten« (Schulte, Jüdische Philosophie, S. 332). Während Rosenzweig die Judenheit als »ewiges Volk« Gottes imaginiere, weise Martin Buber dem Judentum die Prophetie, dem Christentum die Apokalyptik zu (ebd.).

43 Vgl. Horkheimer, Kants Philosophie und die Aufklärung (1962), in: GS 7, S. 160-172, hier S. 163.

44 Vgl. Micha Brumlik, Vernunft und Offenbarung. Religionsphilosophische Versuche, Berlin 2001, S. 7-28.

45 Ausnahmen bilden die Arbeiten u.a. von Maimon Maòr, Zvi Rosen, Dan Diner, Moishe Postone, Joseph Maier, Jack Jacobs, Anson Rabinbach und Micha Brumlik, die das Judentum und die jüdische Existenz in ihren Betrachtungen einbeziehen.

46 Schmid Noerr, Max Horkheimer, S. 186.

47 Neben der theoretischen Auseinandersetzung arbeitete Horkheimer besonders an der institutionellen Stabilisierung des Instituts. Vgl. Rolf Wiggershaus, Max Horkheimer. Unternehmer in Sachen »Kritische Theorie«, Frankfurt am Main 2013, bes. S. 116-202.

> werden. Während man aus Horkheimers Schriften in dieser Zeit mehr über Metaphysik, die Wahrheit der Theologie und die Aktualität Schopenhauers erfährt als über Gesellschaftstheorie und seine Aufsätze von einem eigentümlichen Vergeblichkeitsgestus geprägt und einem tiefen Pessimismus durchzogen sind, verarbeitet Adorno seine bedrückenden Erfahrungen mit der nationalsozialistischen Barbarei und der Dominanz der Kulturindustrie insgesamt erheblich stringenter und kann dazu sogar auf Überlegungen aus den 30iger Jahren zurückgreifen.[48]

Imbusch kann sich in Darstellung und Urteil auf Arbeiten u.a. von Jürgen Habermas, Susan Buck-Morss und Stefan Breuer stützen.[49] Horkheimer dagegen lebte »philosophisch«, so Rolf Wiggershaus, »gewissermaßen vom Kapital«.[50] Er zehrte also von dem gemeinsam mit Adorno verfassten Fragment *Dialektik der Aufklärung* von 1944. Was also hätte man von ihm »an Philosophisch-Theoretischem« noch erwarten können?[51] Wiggershaus jedenfalls charakterisiert Horkheimer in seinen späten Jahren als »bürgerlich-jüdische[n] Gelegenheitsphilosoph[en]«, der mehr einem »Unternehmer in Sachen ›Kritischer Theorie‹« gleiche.[52] Bereits bei den verschriftlichen Vorträgen *Eclipse of Reason* habe es sich

48 Imbusch, Moderne und Gewalt, S. 432f.

49 Siehe dazu Susan Buck-Morss, The Origins of Negative Dialectics. Th. W. Adorno, W. Benjamin and the Frankfurt Institute, New York 1977; Breuer, Horkheimer oder Adorno; Jürgen Habermas, Bemerkungen zur Entwicklungsgeschichte des Horkheimerschen Werkes, in: Max Horkheimer heute: Werk und Wirkung, hg. v. Alfred Schmidt und Norbert Altwicker, Frankfurt am Main 1986, S. 163-177, hier S. 172f.

50 Wiggershaus, Unternehmer in Sachen »Kritische Theorie«, S. 196.

51 Ebd.

52 Noch 1998 hat sich Wiggershaus gegenüber einer eigenständigen Monografie über Horkheimer skeptisch geäußert, da dieser mehr unternehmerisch als philosophisch wirksam gewesen sei. Vgl. Wiggershaus, Unternehmer in Sachen »Kritische Theorie«, S. 7f. Wiggershaus selbst legte dann zwei Monografien zu Horkheimer vor. Claussen merkt zu Recht den zweideutigen Titel des jüngeren Werkes an: »Die neckische Bezeichnung, Unternehmer in Sachen ›Kritische Theorie‹, die von einem bildungsbürgerlichen Ressentiment gegen angebliche Geschäftstüchtigkeit zehrt, geht daneben. Ein Geschäftsmann möchte seine Marke auf den Markt bringen, Horkheimer versuchte dagegen, vor der Öffentlichkeit die Verbindungslinien seines Projekts zur revolutionären Gesellschaftstheorie zu verbergen, ohne jedoch den Impuls zu gesellschaftlicher Veränderung zu verleugnen. [...] Bei Wiggershaus wird aus einem intellektuellen Grandseigneur, der die Schrecken des 20. Jahrhunderts eindringlich zu artikulieren weiß, ein professoraler Biedermann« (Detlev Claussen, Im lebensgeschichtlichen Gestrüpp. Rolf Wiggershaus charakterisiert Leben und Werk Max Horkheimers – und verpasst das Wesentliche, in: Süddeutsche Zeitung vom 28. Dezember 2013).

eher um eine »angereicherte Version der ›Dialektik der Aufklärung‹« gehandelt. Zudem habe Horkheimers Denken in den 1960er-Jahren vom »Ping-Pong-Spiel mit objektiver und subjektiver Vernunft« gelebt, wie er im Ton leicht diskreditierend in seinem Nachwort festhält.[53]

Ein zeitgenössisches Urteil fällte 1976 Friedrich Tomberg. Ihm schien die Kritische Theorie politisch unrettbar verloren, auch wenn sie noch so »weitgehende Anleihen beim Marxismus« genommen habe.[54] Damit stellte er den Vorwurf in den Raum, dass die Kritische Theorie im Grunde keine materialistische, sondern eine idealistische Erkenntnistheorie sei. Es komme gleichwohl darauf an, »deren einst in ihren Anfängen gewonnene Einsichten nicht mehr preiszugeben«.[55] Ziel müsse nach Tomberg sein, die Kritische Theorie durch den Marxismus zu »überwinden«, d. h. es seien »ihr von der erkennend erreichten marxistischen Position her ihre wissenschaftlichen und politischen Schranken nachzuweisen«.[56]

Die insbesondere an Horkheimer gerichtete Kritik greift noch weiter aus: Imbusch verweist auf dessen biografische Erfahrungen, die Horkheimer eine begriffsscharfe Analyse der politischen Situation nicht gestattet hätten. Vielmehr seien seine Analysen indifferent, habe er doch unter Faschismus, Stalinismus und kapitalistischer Massenkultur ein und dasselbe »Herrschaftsgeschehen« verstanden und unter diesen Phänomenen lediglich graduell »verschiedene Ausprägungen desselben universellen Verblendungszusammenhangs« verstanden wissen wollen.[57] Der Vorwurf linker Autoren lautet also, dass Horkheimers Denken konservativ, ahistorisch und reaktionär sei, weil er die historischen Konkretionen des Stalinismus und Nationalsozialismus indifferent unter die Begriffe von Totalitarismus und Barbarei subsumiere sowie nur mehr zur Rettung der persönlichen Freiheit aufrufe, sich letztlich also in seinem späten Denken philosophisch für Kant und nicht für Hegel entschied.[58] Auch Axel Honneth erblickt in den späten Ausführungen Horkheimers insgesamt eine simplifizierende Darstellung des Weltgeschehens. Zwar sei die welthistorische Konvergenz hin zur total ›verwalteten Gesellschaft‹

53 Wiggershaus, Unternehmer in Sachen »Kritische Theorie«, S. 197.

54 Friedrich Tomberg, Von der »Kritischen Theorie« zur wissenschaftlichen Weltanschauung. Zur Problemlage bei A. Schmidt und W. F. Haug (I), in: Das Argument 18 (1976), 97, S. 395-448, hier S. 397.

55 Ebd.

56 Ebd.

57 Imbusch, Moderne und Gewalt, S. 433.

58 Horkheimer selbst reagierte auf seine Denunziation als »konservativ« so: »Radikal sein heißt heute konservativ sein« (Horkheimer, Die Pseudoradikalen [Juni 1967], in: GS 14, S. 413).

aus den früheren Analysen nachvollziehbar – einige Fragen blieben jedoch offen, etwa danach,

> (a) ob denn die zweckrationale Herrschaftsausübung in einem staatlich organisierten Management allein konzentriert oder zusätzlich in außerstaatlichen Verwaltungseinrichtungen institutionalisiert ist; (b) ob die Verwaltungstätigkeit der zentralisierten Herrschaftsorgane die klar geschnittenen Imperative des kapitalistischen Wirtschaftssystems bloß erfüllt, dessen widerstreitende Anforderungen korrigierend und kompromißbildend umzusetzen hilft oder aber autonom die Eigenlogik politischer Macht zur Durchsetzung bringt; und schließlich (c), ob die administrativen Mittel gezielter Herrschaftsausübung die zeitgemäßen Verkörperungen einer zu Beginn des Zivilisationsprozesses ausgebildeten Verfügungsrationalität oder aber die nachträglichen Abbildungen einer erst in der kapitalistischen Industrialisierung entwickelten Zweckrationalität darstellen.[59]

Häufig verweist die Rezeption auf fehlende wissenschaftliche Präzision bei der Kritischen Theorie der Nachkriegszeit, also auf einen »kategorial[en] Mangel«.[60] Honneth behauptet sogar, die Kritische Theorie sei abgesunken auf die »krude Version einer Manipulationstheorie«,[61] die offensichtlich von einer »direkten und unvermittelten Wirkung kulturindustrieller Erzeugnisse auf die Psyche des Einzelnen sowie von einer entsprechenden widerstandslosen Erzwingung konformistischer Einstellungen ausginge«.[62]

Horkheimer habe sich im Spätwerk politisch und wissenschaftlich mehr oder weniger diskreditiert. Diese Wahrnehmung unterschätzt jedoch den epochalen Bruch, der sich mit den Katastrophen den 20. Jahrhunderts und insbesondere mit der Vernichtung der europäischen Juden in Horkheimers Denken und Schreiben vollzog. So verkennen seine Kritiker, dass sein Denken insbesondere dem »Eingedenken«[63] jüdischer Existenz galt: Gerade in der Loyalität zu Paradigmen des Judentums

59 Axel Honneth, Kritik der Macht. Reflexionsstufen einer kritischen Gesellschaftstheorie, Frankfurt am Main 1989, S. 46f.; Albrecht Wellmer, Die Bedeutung der Frankfurter Schule heute, in: Axel Honneth u. Albrecht Wellmer (Hg.), Die Frankfurter Schule und die Folgen, Berlin (West) 1986, S. 25-34, hier S. 28, zit. n. Imbusch, Moderne und Gewalt, S. 433.

60 Imbusch, Moderne und Gewalt, S. 433.

61 Zit. n. ebd., S. 434.

62 Zit. n. Imbusch, Moderne und Gewalt, S. 434.

63 Vgl. Yael Kupferberg, Erinnern und Eingedenken als jüdische Praxis, in: Christian Wiese, Gury Schneider-Ludorff u. Doron Kiesel (Hg.): Die Zukunft der Erinnerung, Berlin 2021, S. 119-132.

suchte er eine Rettung seines »Begriffs vom Menschen«[64] und damit des »Absoluten«, das sich darin auszeichnet, sich einer positiven, überhaupt positivistischen Bestimmung von Welt zu entziehen, weil dieser Positivismus historisch katastrophal scheiterte und bereits der affirmative Glaube an denselben fatal sei:

> Die kritische Theorie bekämpft den Positivismus ebenso wie jede positive Metaphysik. Das Gute läßt sich mit den Mitteln des menschlichen Denkens nicht beweisen, und der Positivismus kann keine wie immer geartete Aussage über Gott machen, weder, daß es ihn gibt, noch, daß er nie existiert hat. Auch für den Positivismus gilt das Bilderverbot.[65]

Das »Bilderverbot« als zentrales Motiv von Horkheimers Spätwerk antizipiert die Aneignung von Welt im Allgemeinen – als Haltung. Vor diesem Hintergrund ist auch die Absage an das Wissenschaftliche zu verstehen. Allein in »Paradoxien, Antinomien und Diskontinuitäten« könne »die geschichtliche Realität mit all ihren Widersprüchen, Unstimmigkeiten und konflikthaften Erscheinungen«[66] bezeugt werden. Sie entzieht sich den Erwartungen, dem »Identitätszwang«.[67] Keineswegs maß Horkheimer seinen Gedanken »den Status wissenschaftlich gesicherter Analysen«[68] bei. Dies gelte nicht nur für die »im engeren Sinn zeitbezogenen Aufzeichnungen, sondern auch für die mit übergreifenden Inhalten«, so Schmid Noerr.[69]

Das »eigentümlich gehemmte« Spätwerk spiegle sich in Form und Inhalt, so Habermas:[70] Widersprüche würden nicht aufgelöst, inhaltlich »regrediere« somit die Spätphilosophie. Ein »Zögern«[71] kündige sich indes bereits im »Vorwort« der *Dialektik der Aufklärung* an: Horkheimer scheue vor der Konsequenz zurück, dass auch der Akt der aufklärenden Erkenntnis selbst vom diagnostizierten Selbstzerstörungsprozess beeinflusst sei. Wenn dies stimme, so ziehe es der Vernunft und damit dem

64 Horkheimer, Zum Begriff des Menschen, S. 55-80.

65 Horkheimer, Der Positivismus [IV], S. 520.

66 Stefan Müller-Dohm, Der Essay als Form, in: Axel Honneth (Hg.), Schlüsseltexte der Kritischen Theorie, Wiesbaden 2006, S. 43-45, hier S. 44.

67 Adorno, Der Essay als Form, in: AGS 11, S. 9-33. Danach sei das »innerste Formgesetz des Essays die Ketzerei« (ebd., S. 33). Adorno, und das ist eine Pointe des »Essays als Form«, übersetzt hier die jüdische Existenz in eine ästhetische und in Deutschland eher ungeliebte literarische Ausdrucksmöglichkeit. Deswegen steht das Essay, so ist zu konstatieren, der Kritischen Theorie formal nahe.

68 Schmid Noerr, Die Geste der Skepsis, S. 552 f.

69 Ebd.

70 Habermas, Bemerkungen zur Entwicklungsgeschichte des Horkheimerschen Werkes, S. 165.

71 Ebd., S. 173.

eigenen Denken den theoretischen Boden unter den Füßen weg. Ihre Diagnose wäre haltlos. Kritik jedoch, so Habermas weiter über Horkheimers Dilemma, »kann nicht zugleich radikal sein und die eigenen Maßstäbe unberührt lassen«.[72] Daher habe sich Horkheimer um einen Kompromiss bemüht. Er weiche von der totalisierenden, sich einbeziehenden Selbstkritik der Vernunft ab, um die »Dialektik der Aufklärung« nicht ihrer aufklärenden Funktion zu berauben:

> Vernunft kann ihre Vernünftigkeit nur durch Reflexion auf die Krankheit der Welt verwirklichen, wie sie durch den Menschen produziert und reproduziert wird; in solcher Selbstkritik wird Vernunft zugleich sich selbst treu bleiben, indem sie am Prinzip der Wahrheit festhält, das wir allein der Vernunft verdanken, und sich an kein sonstiges Motiv wendet.[73]

Das fehlende »einigende Band«[74] und die »Disparatheit«[75] in Horkheimers späterem Werk resultierten laut Habermas aus der bezeichneten Aporie von dessen selbstreferenzieller Vernunftkritik. Er habe im Unterschied zu Adorno nicht auf die in den »esoterischen Werken der modernen Kunst vermummten mimetischen Gehalte rekurrieren« können,[76] noch sei er gewillt gewesen, wie die Nachfolger Nietzsches, in Irrationalismus abzugleiten. Vielmehr habe er an der Philosophie festgehalten, die ihm in der Bewegung des Begriffs reflexive Freiheit erlaubte. »Der Schrecken, mit dem der Lauf zur rationalisierten, automatisierten, verwalteten Welt sich vollzieht«,[77] habe sich für Horkheimer evident als einer vor der »zur Totalität aufgeblähten instrumentellen Vernunft« gestaltet.[78] Jedoch, und das sei bemerkenswert, bestehe er auf seinem »ursprünglichen

72 Ebd., S. 171.

73 Zit. n. ebd., S. 171 f. Habermas betont, dass Adorno deutlich gelassener mit der Aporie der Vernunft umgehe, da sich ihm im Unterschied zu Horkheimer in der ästhetischen Erfahrung der modernen Kunst eine unabhängige Quelle der Einsicht erschließe. Hier nun gründe sich in wechselseitiger Verweisung die »anarchistische Hoffnung, daß eines Tages die negative Totalität doch noch wie vom Blitz getroffen aufplatzen würde« (ebd., S. 172).

74 Ebd., S. 166.

75 Ebd., S. 165.

76 Ebd., S. 173.

77 Max Horkheimer, Kritische Theorie, hg. v. Alfred Schmidt, Bd. 1, Frankfurt am Main 1968, S. XI.

78 Habermas, Bemerkungen zur Entwicklungsgeschichte des Horkheimerschen Werkes, S. 173.

Impuls«, »im Bestehenden des Anderen eingedenk zu bleiben«, ohne »zur göttlichen Weisheit Zuflucht zu nehmen.«[79]

Horkheimer selbst stellt angesichts des pessimistischen Befundes in der *Dialektik der Aufklärung* im späten Werk die Frage, wie und ob es überhaupt möglich sei, philosophisch noch das »Andere« jenseits der Totalität zu denken. Der Bruch zu seinem frühen, noch vor der *Dialektik* erschienenen Werk ist damit auch ein philosophischer und geschichtsphilosophischer. Die Diagnose, dass die Geschichte anders verlaufen sei, als Marx vorhergesagt hatte, und die Gesellschaft sich grundlegend gewandelt habe,[80] mithin das Subjekt und das Objekt der Revolution, nämlich die Arbeiter, politisch enttäuscht hatten, hinterließ Spuren im seinem Denken.[81] Als analytisches und philosophisches Werkzeug hielt er zwar an Marx' Vokabular fest, sah jedoch auch, dass die historischen Realitäten andere waren: Weder ging es den Arbeitern im Kapitalismus objektiv schlechter, noch ließen sich bei ihnen überhaupt Anzeichen für ein Interesse an einer politischen Umwälzung erkennen.[82] Im für die deutsche Neuausgabe der *Dialektik der Aufklärung* 1969 formulierten Vorwort betonten Horkheimer und Adorno entsprechend: Eine Revolution ist nicht mehr gefordert und nicht gewünscht, weil auch die Sorge bestand – dies ist implizit ausgedrückt – dass sich die Rebellion (wieder) gegen die jüdische Existenz richten könnte. Vielmehr müsse daran gelegen sein, die »Residuen der Freiheit« und »Tendenzen zur realen Humanität« zu »bewahren«:

> Daß es heute mehr darauf ankommt, Freiheit zu bewahren, sie auszubreiten und zu entfalten, anstatt, wie immer mittelbar, den Lauf zur verwalteten Welt zu beschleunigen, haben wir auch in unseren späteren Schriften ausgedrückt.[83]

Die philosophische und politische Intention, die sich in den zwischen 1949 und 1973 verfassten Notizen abzeichnet, fokussiert darauf, nach dem Niedergang des Nationalsozialismus ›Kritisches Denken‹ in die Gegenwart hinüberzuretten. Darin liege das progressive Potenzial, das der

79 Ebd.
80 Vgl. Horkheimer, Marx heute, in: GS 8, S. 306-317, hier S. 306.
81 Vgl. resümierend Albrecht Wellmer, Kritische Gesellschaftstheorie und Positivismus, Frankfurt am Main 1969, S. 54.
82 Vgl. Max Horkheimer, »Porträt eines Aufklärers«.
83 Horkheimer u. Adorno, Zur Neuausgabe (1962/1969), in: GS 5, S. 12-14, hier S. 14.

Horkheimer-Biograf und Philosoph Zvi Rosen den Intellektuellen nach 1968 vorhielt:[84]

> Wer im Horkheimer der fünfziger und sechziger Jahre einen konservativ eingestellten Denker sah, muß nach der Lektüre der Notizen seine Anschauung revidieren. Horkheimer übt bittere Kritik an der deutschen Geschichte, die, seiner Meinung nach, durch ihren reaktionären, antisemitischen und nationalistischen Charakter gekennzeichnet sei.[85]

Insbesondere sei es, so Rosen, die »Freiheit«, die im Zentrum des Denkens Horkheimers in seinen späten Jahren gestanden habe und um die es nach seinem historisch begründeten Urteil in Deutschland schlecht bestellt gewesen sei. Horkheimer hatte so etwa konstatiert, dass in Deutschland seit dem Beginn des 19. Jahrhunderts keine eigenen Schritte unternommen worden seien, um Freiheit zu verwirklichen. Preußens »Freiheitskriege« hätten vielmehr einen repressiven Begriff der Freiheit hervorgebracht, wie er in »Deutsche Politik« (1961/62) notierte:

> Man lese selbst die Demokraten, Turnvater Jahn und seine Gesinnungsfreunde. Turnen, Marschkolonnen, Singen, Exerzieren und Volkskunde – das waren die Begriffe, die mit dem der Freiheit zusammenhingen. Seid einig, einig, einig nicht die Achtung vor dem der damit nicht einig ist, nannten sie mit dem Namen, der anderswo, zumindest bisweilen, vor allem das Gegenteil bedeutet hat. Die vielen Einzelnen, die seit Kant es besser wussten, blieben seit diesem politisch suspekt bis an ihr Ende, das man in Deutschland so oft im Namen der Freiheit beschleunigt hat. […] Freiheit, die auf der Welt im Schwinden begriffen ist, hatte die deutsche Politik erst gar nicht erreicht.[86]

Die Freiheit bezog sich dabei stets nur auf die »Gleichen«, nicht auf den (kritisch) Andersdenkenden: Das Postulat der Gleichheit war das der

84 Rosen, Max Horkheimer, S. 53. Die Urteile beruhen nicht zuletzt auf den beiden Interviews, die Horkheimer in den letzten Jahren seines Lebens in seinem Schweizer Haus in Montagnola dem Magazin *Der Spiegel* 1970 und 1973 gegeben hat. Sie wurden als Beleg für die konservative Wende Horkheimers interpretiert. Die Positionen, die Horkheimer darin vertrat, etwa seine Sympathie für die Haltung der katholischen Kirche zur Anti-Baby-Pille und seine Verteidigung des bürgerlichen Frauenbildes, wurden mit Befremden registriert.

85 Rosen, Max Horkheimer, S. 53.

86 Horkheimer, Deutsche Politik (1961-1962), in: GS 6, S. 365 f. Rosen führt diese Notiz an, vgl. ders., Max Horkheimer, S. 54.

homogenisierten, integrierten Gruppe. Der »Zwang des Kollektivs«[87] war repressiv gegenüber den »Anderen«. Der Idealist und Aufklärer Kant erscheint dabei im Denken Horkheimers als Apologet eines progressiven Freiheitsbegriffs, der sich in der Geschichte nicht durchsetzen konnte.

Horkheimers Urteil zur »Freiheit« beschränkte sich nicht allein auf die deutsche Gesellschaft der Vergangenheit. Er attestierte auch der studentischen Öffentlichkeit eine ideologische Verhärtung. Im Juni 1969 konstatierte er einen Mangel an Kritikfähigkeit und »Freiheit« bei Studentinnen und Studenten:

> Ohne es zu wissen, sind die intelligentesten, aktivsten Studenten radikale Positivisten geworden. Alles, was nicht wissenschaftlich beweisbar ist, zählt nicht, ist Romantik, Blabla, Aberglaube. Sehnsucht nach dem Anderen? Ein mythologisches Überbleibsel. Sie sprechen zwar noch von Ethik, können aber keine Begründung dafür geben.[88]

Die philosophische und jüdische Begründung seiner Ethik, auf die Horkheimer vielfach hinwies, blieb indes ignoriert. Verstörend und störend blieb die »theologia occulta«,[89] die verborgene ›Theologie‹ in der Spätphilosophie Horkheimers für jene, die in ihm und Adorno ›geschichtslose‹ Gelehrte und in ihren Schriften einen Duktus zu erkennen meinten, der bereits in den 1930er- und 1940er-Jahren bestand. Dass die zurückgekehrten Intellektuellen und insbesondere Horkheimer sich einem liberalen Judentum und dessen Paradigmen verpflichtet fühlten, konnte die Studentenschaft nicht antizipieren. »Die Insistenz Horkheimers und Adornos auf negativen Kategorien des religiösen Denkens ist wohl das ärgste Skandalon für die gebildeten Liebhaber progressiver Praxis«,[90] konstatierte Wiebrecht Ries 1976. Er verweist dabei auf die Stimmen der 68er-Generation, die bekanntermaßen das Vokabular der Frankfurter Schule als Gehalt ihrer politischen Agitation beanspruchte, gleichzeitig jedoch die Biografien und Erfahrungen der Protagonisten, insbesondere aber ihre Existenz als Emigranten übersah und – so lässt sich mutmaßen – eine Haltung der »Abwehr« oder Ignoranz einnahm. Für Horkheimer äußerte sich in diesem Unverständnis, im Widerstand gegenüber seinen jüdischen Postulaten, auch eine eklatante Unfähigkeit,

87 Peter Walkenhorst, Nation – Volk – Rasse. Radikaler Nationalismus im Deutschen Kaiserreich 1890-1914, Göttingen 2011, S. 97.

88 Horkheimer, Die Menschen haben sich verändert (Juni 1969), in: GS 14, S. 523.

89 Wiebrecht Ries, »Die Rettung des Hoffnungslosen«. Zur »theologia occulta« in d. Spätphilosophie Horkheimers und Adornos, in: Zeitschrift für philosophische Forschung 30 (1976), 1, S. 69-81.

90 Ebd., S. 70.

Empathie zu empfinden. Die Verabsolutierung der eigenen Ideale, die Negation des »Absoluten«, die umfängliche Profanisierung und die Affirmation des Positivismus registrierte er als gesellschaftliches und wiederkehrendes Muster. Die Generation, die mit ihren Eltern aufgrund von deren historischer Zeugen- oder Täterschaft haderte, hatte sich, sofern sie gesellschaftspolitisch in der Bundesrepublik engagiert war, zunächst das Frankfurter Institut als marxistisch geprägte, progressive, geistreiche und andersdenkende Institution erwählt, in der die Debatten der Intellektuellen der Weimarer Republik noch nachhallten, wie Habermas bemerkt. Die spätere Distanzierung vom Institut resultierte auch daraus, dass es nicht mehr das verkörperte, was sich die jungen Akademiker erhofften. Neben den politischen Verwerfungen und Horkheimers Haltung, sich dem tagespolitischen Aktivismus zu entsagen, lag ein weiterer Grund für diese Entfremdung darin, so ist zu konzedieren, dass er sich im Spätwerk verstärkt auf das Judentum und die jüdische Existenz bezog. Die prekäre, sozial und gesellschaftlich unsichere Existenz, in der sich die jüdischen Rückkehrer begriffen sahen, wurde indes nicht nachvollzogen und verstanden. Die Folge war eine beidseitige Entfremdung: Der ehemalige Marxist und nunmehr Versehrte hegte ein tiefes Misstrauen gegen Ideologien und optierte zunehmend für Liberalismus und die Stabilisierung der bundesrepublikanischen Institutionen.[91] Seine Entfremdung von der linken studentischen Öffentlichkeit schlug sich in seiner Notiz »Die rebellierenden Studenten« von 1969 nieder, in der er diesen einen »linken Faschismus« attestiert:

> Es zeigt sich immer deutlicher, daß die Rebellion der Studenten eine konsequente Form des Positivismus darstellt. Wenn man von der ideologischen Verbrämung absieht, den allgemeinen und konfusen Zielsetzungen einer von jeglichem Zwang befreiten, gerechten neuen Ordnung, dann laufen ihre Forderungen darauf hinaus, daß man nichts gelten läßt, was sich nicht beweisen läßt. Sie sind gegen alles, was mit Tradition und den überkommenen Einrichtungen zusammenhängt. Jedes Motiv, das nicht ›wissenschaftlich‹ begründet werden kann, ist für sie Romantik, Muff etc. Aus der durchaus berechtigten Forderung nach der längst fälligen Reform der Universität machen sie Ansprüche auf ihre Rechte, die auf die Vergewaltigung der großen Mehrheit der Studenten und selbst der reformwilligen Dozenten hinauslaufen, und diese Ansprüche machen sie mit Methoden geltend, die man nur als diejenigen eines linken Faschismus verstehen kann. Die Affinität zur

91 Boll, Max Horkheimers zweite Karriere, S. 354.

> Geisteshaltung der nach Macht strebenden Nazis ist unverkennbar. Sollte es, wie es wahrscheinlich ist, in den westlichen Industrieländern zu einer Rechtsdiktatur kommen, dann wird man nicht wenige der heutigen linken Radikalen in den Reihen der neuen Machthaber finden können. [...] Ihr Fanatismus trägt dieselben Züge wie jeder Fanatismus: der verdrängte Zweifel an der Wahrheit ihrer Zielsetzung.[92]

Deutlich wird aus diesen Zeilen, dass Horkheimer den Positivismus vor allem deshalb problematisiert, weil er keinen emphatischen Begriff vom Menschen enthalte, vielmehr in seiner Empfindungslosigkeit und eigenen Ideologisierung in Repression und Fanatismus umschlage. Der von Horkheimer als historisch erfahrene und psychisch wieder aktualisierte »Fanatismus«, der sich seines Erachtens erneut gesellschaftlich manifestierte, galt ihm – schon 1944 hatte er dies konstatiert – als wesentlicher Bestand von Antisemitismus und Idolatrie.[93]

Dass sich jüdische Intellektuelle von der 68er-Generation entfremdet fühlten, lag darüber hinaus in einem Antizionismus begründet, der sich angesichts des Vorgehens des israelischen Militärs während des Sechstagekriegs von 1967 und in der Folgezeit deutlich artikulierte.[94] Auch wenn

92 Horkheimer, Die rebellierenden Studenten (Januar 1969), in: GS 14, S. 512.

93 Siehe Horkheimer u. Adorno, Dialektik der Aufklärung, in: GS 5, S. 13-292, hier S. 198.

94 Vgl. Guez, Heimkehr der Unerwünschten, S. 216-239. Hier beschreiben u. a. Micha Brumlik und Cilly Kugelmann ihre zunehmende Entfremdung und Distanzierung von den linken Kreisen: »Der totale Manichäismus dieser extremen Linken, der die Welt in zwei Kategorien teilte war ihr [Cilly Kugelmann, Y. K.] suspekt: in die der ›Schweine‹ wie etwa der Polizisten, die niederzumachen waren, und die der ›Menschen‹, wie beispielsweise der Genossen, was auf befremdliche Weise an die binäre Weltanschauung der Nazis erinnerte [...,] ohne die kleinste menschliche Regung zu zeigen, ohne auf ihr Gewissen zu hören: All das ließ sie an seltsame Analogien mit dem NS-Regime denken. In den Achtzigerjahren brachen Cilly Kugelmann und Micha Brumlik und viele ihrer Genossen endgültig mit den Linken, insbesondere im Anschluss an die Demonstrationen – an denen sie noch teilgenommen hatten – gegen das Eingreifen der israelischen Armee im Libanon, bei denen die Israelis als Nazis beschimpft worden waren« (ebd., S. 235 f.). Siehe dazu auch Götz Aly, Unser Kampf 1968 – ein irritierter Blick zurück, Frankfurt am Main 2008; Martin Kloke, Israel und die deutsche Linke. Zur Geschichte eines schwierigen Verhältnisses, Frankfurt am Main 1990, S. 111-132. Zarin Aschrafi fasst die Ereignisse vom 9. Juni 1969 zusammen und bezieht sich auf zeitgenössische Quellen. Zarin Aschrafi, Der Nahe Osten im Frankfurter Westend. Politische Akteure im Deutungskonflikt (1967-1972), in: Zeithistorische Forschungen 16 (2019), S. 467-494. Die Ereignisse wurden, so Asher Ben-Natan, als »Wendepunkt von einer allgemeinen israelkritischen Haltung hin zu einer offensiv-antisemitischen Agitation« beschrieben (zit. n. Aschrafi, Der Nahe Osten im Frankfurter Westend, S. 469. u. siehe Asher Ben-Natan, Die Chuzpe zu leben. Stationen meines Lebens, Düssel-

Horkheimers späte Aufzeichnungen seine kritische Haltung zu Israel in seiner Konkretion zeigen, musste ihn die Aggressivität der Studenten verstören und zutiefst verunsichern, betraf sie doch ihn als Jude in der Bundesrepublik ebenso wie die fragile jüdische Souveränität und Sicherheit in der Welt.

Ähnlich empfand es der Intellektuelle Jean Améry. Er attestierte der Linken, dass sich unter dem Banner des Antizionismus der »alte miserable Antisemitismus« wieder hervorwage.[95] Améry musste feststellen, dass diese Generation ideologisiert und geschichtsvergessen war, dass sie die Ideale der Aufklärung und der Vernunft, die er verteidigte, verriet. Die identifikatorische Solidarisierung mit den Palästinensern deutete er zugleich als Handlung, die von der historischen »Schuld« des Holocaust entlastete.[96]

dorf 2003, S. 172). Vgl. zum ambivalenten Verhältnis von Studentenbewegung und den zurückgekehrten Intellektuellen auch Wolfgang Kraushaar, Frankfurter Schule und Studentenbewegung. Von der Flaschenpost zum Molotowcocktail 1946-1995, Bd. 1, Hamburg 1998.

95 Jean Améry, Der ehrbare Antisemitismus. Die Barrikade vereint mit dem Spießer-Stammtisch gegen den Staat der Juden, in: Die Zeit vom 25. Juli 1969. 1969 schreibt Améry, die Linke habe es »verstanden, den Begriff Zionismus zu entdefinieren«. Sie verstehe unter Zionismus ungefähr das, »was man vor rund 30 Jahren in Deutschland das ›Weltjudentum‹ genannt hat« (zit. n. Henryk M. Broder, Ein glaubensloser Jude. Aus Anlaß des 15. Todestags des Kritikers und Essayisten Jean Améry, in: taz vom 16. Oktober 1993). Zum linken deutschen Philo- und Antisemitismus vgl. Eike Geisel, Die Wiedergutwerdung der Deutschen. Essays und Polemiken, hg. v. Klaus Bittermann, Berlin 2015. Zur Rezeption der Kritischen Theorie durch die Studentenbewegung verweist Zvi Rosen darauf, dass die »Adoption der Kritischen Theorie durch die revolutionäre Studentenbewegung Ende der sechziger Jahre« darin bestanden habe, »die passenden Zitate« zu zitieren und diese »in der eigenen […] radikalen und destruktiven Theorie« unterzubringen (Rosen, Max Horkheimer, S. 163). Dem ist zu entgegnen, dass insbesondere der SDS-Aktivist Hans-Jürgen Krahl, den Adorno »zu seinen begabtesten Schülern« zählte, für eine intensive und ernsthafte Auseinandersetzung mit der Kritischen Theorie steht (Jens Benicke, Von Adorno zu Mao. Über die schlechte Aufhebung der antiautoritären Bewegung, Freiburg im Breisgau 2010, S. 37). Für eine polemische Kritik an der Studentenbewegung in der Tradition der Kritischen Theorie vgl. Clemens Nachtmann, Freiheitsbewegung und autoritärer Staat. Die Rezeption der Kritischen Theorie in der deutschen Studentenbewegung, in: Stefan Grigat (Hg.), Feindaufklärung und Reeducation. Kritische Theorie gegen Postnazismus und Islamismus, Freiburg im Breisgau 2006, S. 33-54. Auch die Rezeption der Studentenbewegung scheint mitunter ideologisch gefärbt. Siehe dazu Peter Ullrich, Deutsche, Linke und der Nahostkonflikt. Politik im Antisemitismus- und Erinnerungsdiskurs, Göttingen 2013.

96 Kloke, Israel und die deutsche Linke, S. 111-132. Vgl. Guez, Heimkehr der Unerwünschten, S. 233 f.

Insgesamt erwies sich die »Geschichte« für Horkheimer auch in der Nachkriegszeit als unsichere. Die prekäre jüdische Existenz blieb. Ton und sein vielfach aufgegriffenes Thema der »Idee«, des »Absoluten«, der »Sehnsucht«, verfingen nicht.[97] Ganz anders indes, so etwa Monika Boll,[98] bewerten jüdische Chronisten wie Joseph Maier, Maimon Maòr und Zvi Rosen[99] Horkheimers Denken. In jüngerer Zeit stellen zudem Dan Diner und Micha Brumlik[100] Horkheimer in den Kontext der jüdischen Erfahrung und Jüdischen Philosophie als auch der jüdischen Existenz in der Geschichte.

97 Breuer, Horkheimer oder Adorno, S. 374.

98 Boll, Max Horkheimers zweite Karriere, S. 358.

99 Siehe Maòr, Max Horkheimer; Joseph Maier, Jüdisches Erbe aus deutschem Geist, in: Alfred Schmidt u. Norbert Altwicker (Hg.), Max Horkheimer heute: Werk und Wirkung, Frankfurt am Main 1986, S. 146-162; Zvi Rosen, Max Horkheimer. Über die gesellschaftliche Rolle des Judaismus, in: Mitteilungen des Instituts für Sozialforschung 8 (1997), S. 89-116.

100 Micha Brumlik, Messianisches Licht und Menschenwürde. Politische Theorie aus Quellen jüdischer Tradition, Baden-Baden 2013, S. 11.

Vernünftige Theorie und theologische Idee

»Was mich bewegt, ist die theologische Idee angewandt auf eine vernünftige Theorie der Gesellschaft.«[1] Diese Revision Horkheimers kennzeichnete nicht eine Rücknahme, sondern eine Reflexion der eigenen Intention von Theoriearbeit. Gleichzeitig, dies ist für sein Spätwerk von Bedeutung, optiert er für das Bewusstsein, für die Idee, für das »theologische Postulat«, die auf Theorie, Gesellschaft und gesellschaftliche Praxis einzuwirken haben. Damit bestätigt er sein Ethos und seinen Begriff von Theorie, die im Postulat, in der »Idee« vom »Absoluten«, wurzeln und auf der Befreiung vom »Naturzwang«[2] bestehen. Bedingung hierfür sei, dass die »Idee« nicht in der konkreten Anschauung des falsch Verabsolutierten, also im Endlichen, gründe.

Damit ist zugleich die Beziehung zwischen »theologischer Idee« und der »vernünftigen Theorie« postuliert. Diese ist im Begriff eines Bewusstseins angelegt, das von der »Idee« des »Absoluten« geprägt sein muss, um nicht zur von Horkheimer vielfach angeführten »Instrumentalität« zu regredieren. Diese Aussage ist als Deutungsangebot zur eigenen theoretischen und programmatischen Arbeit insofern auch ein denkwürdiges Bekenntnis zur »Theologie«, weniger zur Metaphysik, als dass er dezidiert von der »theologischen Idee« spricht. Unter »Theologie« verstehe Horkheimer, so sein Freund Friedrich Pollock,

> die Thora [sic!] und ihre Auslegung. Bei allen bis zum Überdruß bekannten Vorbehalten gegen die Bibel als bloß historisches Dokument bekennt er sich lieber zu den Grundgedanken und den unzähligen Märtyrern, die für sie starben, zum jüdischen Volk, das ihr Zeuge durch zwei Jahrtausende gewesen ist, als zu einem letzten Endes positivistischen Agnostizismus. Ohne Theologie gibt es keine logischen Unterschiede zwischen wahr und falsch, zwischen gut und böse, zwischen anständig und gemein. Ohne eine letzte Instanz, auf die

1 Horkheimer, »Was wir ›Sinn‹ nennen, wird verschwinden«, S. 352 [urspr. in: Der Spiegel vom 5. Januar 1970]. Vgl. dazu auch Anson Rabinbach, Israel, die Diaspora und das Bilderverbot in der Kritischen Theorie, in: Monika Boll u. Raphael Gross (Hg.), Die Frankfurter Schule und Frankfurt. Eine Rückkehr nach Deutschland, Göttingen 2009, S. 252-263. Rabinbach betont die Bedeutung des »Bilderverbots« für das späte Denken Horkheimers, geht jedoch nicht auf die erkenntnistheoretische Dimension des Verbots ein, sondern begreift die Hinwendung Horkheimers zum Judentum eher historisch bedingt. Vgl. ebd., S. 262-263.

2 Horkheimer u. Adorno, Dialektik der Aufklärung, S. 35.

> sich diese Unterscheidungen beziehen können, hat keiner der Begriffe einen logischen Vorzug vor den anderen.[3]

Horkheimers emphatischer und umfassender Begriff von Theologie ist im Judentum fundiert.[4] Er bezieht sich auf die bezeugte »Lehre« (»Thora«) als Geschichte und Ethik, Geschichtsgemeinschaft und Postulat – und gilt ihm als das Fundament der moralischen Urteilskraft und damit auch der Kritischen Theorie. Entsprechend betont er in einem Brief vom 1. September 1969, geschrieben anlässlich des Todes von Adorno, nochmals, dass die Kritische Theorie »ihre Wurzeln im Judentum [hat]. [...] Sie entspringt dem Gedanken: Du sollst dir kein Bild von Gott machen.«[5]

»Unzeitgemäß« erschien es Mitte der 1960er-Jahre, über Metaphysik zu reflektieren.[6] Doch sowohl Horkheimer wie auch Adorno befassten sich in diesen Jahren mit metaphysischen und theologischen Fragestellungen. Adorno hat in seinen Vorlesungen zur »Metaphysik« die Kongruenzen und Differenzen zur Theologie dargestellt. Die Metaphysik galt ihm als Reflexion über die Grenzen hinaus; sie ermögliche, das ›Gefängnis‹ wenigstens etwas zu öffnen: »Denken über sich selbst hinaus, ins *Offene*, genau das ist Metaphysik.«[7]

Horkheimer bezieht sich in seinen Arbeiten indes stärker auf den Begriff der »Theologie«. Während er »Metaphysik« nicht als religiös besetzt betrachtet, beherbergt insbesondere »Theologie« einen Bezug zum »Absoluten«. Damit ist in »Theologie« auch das Judentum begrifflich aufgehoben. Beide Begriffe, »Metaphysik« und »Theologie«, setzt er mit »Vernunft« in Beziehung. Damit greift er ein Spannungsverhältnis auf, das die Philosophie der Aufklärung spätestens seit Kant in hohem Maße prägt.[8] Im Dezember 1968 geht Horkheimer in einem Gespräch darauf ein:

3 Horkheimer, Theologie versus Agnostizismus, in: GS 14, hier S. 517.

4 Ob eine »jüdische Theologie« existiert, wird unter jüdischen Gelehrten kontrovers diskutiert, siehe dazu u. a. Schalom Ben Chorin, Die Problematik jüdischer Theologie, in: ders. u. Verena Lenzen (Hg.), Lust an der Erkenntnis. Jüdische Theologie im 20. Jahrhundert, München 1988, S. 9-17.

5 Zit. n. Claussen, Adorno, S. 429.

6 Rolf Tiedemann, Nachbemerkung, in: Theodor W. Adorno, Metaphysik. Begriff und Probleme (1965), hg. v. Rolf Tiedemann, Frankfurt am Main 2006, S. 295-303, hier S. 299.

7 Adorno, Metaphysik. Begriff und Probleme (1965), S. 108.

8 Das Spannungsverhältnis von Vernunft und Offenbarung, d. h. von autonom-menschlichem Denken und »göttliche[m] Wort«, beschäftigt die abendländische Religionsphilosophie zeit ihres Bestehens. Vgl. Brumlik, Vernunft und Offenbarung, S. 7. Das 18. Jahrhundert stand zwar im Zeichen von Aufklärung und Religionskritik, jedoch auch von religiösem Optimismus, Frömmigkeit und Enthusias-

> »Du sollst dir kein Bild machen« heißt: du kannst nichts über das Absolute aussagen. Insofern steht am Anfang der kritischen Theorie sowohl das jüdische Verbot als auch die Kantsche Aufzeigung des Vernunft-Denkens. [...] Man hat versucht, den Nachweis für das Absolute indirekt zu erbringen; aber der Satz ›ich kann nicht sagen, was schlecht ist, ohne zu wissen, was gut ist‹ ist falsch. In einer bestimmten historischen Situation vermag ich mit einigem Anspruch auf Wahrheit [zu] behaupten: Mord ist schlecht, Folter ist schlecht, aber ich kann nicht sagen: den Mord unterlassen ist gut. Und selbst die Aussage, was schlecht sei, setzt logisch eine letzte Autorität voraus, die es verbietet. So geht es mit allen moralischen Aussagen. Ich kann nicht sagen, daß die Nächstenliebe gut ist, aber vielleicht gilt die kritische Haltung, die erklärt, daß es schlecht sei, anderen Böses zu tun. Wahrscheinlich liegt der kritischen Theorie trotz ihrem Verzicht, die Wahrheit auszusprechen, ein Paradox zugrunde: sie weiß, daß es keinen Gott gibt, und doch glaubt sie an ihn. Die Gebilde des Geistes sind ephemer. Sie werden vergehen, und was bleibt, ist die instrumentelle Vernunft.[9]

Die Aporie der Kritischen Theorie drückt sich für Horkheimer in der Spannung von »Wissen« und »Glauben« als Grundkonstellation aus: Sie »weiß«, dass es keinen Gott gibt, und dennoch »glaubt« sie an die »Idee«, um am »Ethos« festhalten zu können. Dieser »Glaube« ist nicht wie bei Hermann Cohen im Bekenntnis begriffen, sondern im theoretischen

mus. Im Zentrum der zeitgenössischen philosophischen Auseinandersetzungen mit Gott stehen, so Klemme, drei Problemfelder, zu denen Kant im Zusammenhang mit der Prüfung der reinen Vernunft Stellung bezieht: »1. Können wir die Existenz Gottes förmlich beweisen, ohne uns auf partikulare Offenbarungen berufen zu müssen? 2. Ist Gottes Werk gut? Haben wir berechtigten Grund zu der Annahme, dass unsere Welt (wie Leibniz formulierte) die beste aller möglichen Welten ist, gerade weil sie nicht ›ohne Sünde und ohne Leiden‹ ist? 3. Welche Stellung hat der Mensch in Gottes Schöpfung? Was ist seine Bestimmung hier auf Erden? Welches Schicksal wird ihn nach seinem Tod ereilen?« (Heiner F. Klemme, Immanuel Kant, Frankfurt am Main 2004, S. 107). Kant insistiert in der *Kritik der reinen Vernunft* darauf, dass das Dasein Gottes prinzipiell nicht beweisbar sei (ebd.).

9 Horkheimer, Kritische Theorie und Theologie (Dezember 1968), in: GS 14, S. 507-509, hier S. 507 f. Weiter heißt es: »Für die Aussagen, daß Handlungen moralisch schlecht sind, daß die Gesellschaft nicht gut ist, und ähnliche sogenannte ›Werturteile‹ hat auch die kritische Theorie keine Argumente. Sie kann sich nur kritisch verhalten, negative Aussagen machen und auch diese nur im beschränkten Sinn. Denn sie kann nicht sagen, es gibt das Gute nicht, es gibt keinen Gott. Philosophie ist keine Wissenschaft. Sie ist viel ähnlicher der Kunst. Für die Aussagen der kritischen Theorie gibt es keine Argumente. Es ist Sache jedes Einzelnen, sich zu entscheiden, ob er sie annehmen will oder wie der Positivismus ablehnen, als Metaphysik, Romantik, Wunschvorstellungen« (ebd., S. 509).

Postulat Gottes. Letzteres ist logisch, das heißt autoritativ und für die Kritik wie die Sittlichkeit notwendig. Hier verbindet Horkheimer das jüdische »Bilderverbot« mit Kants Begriff der Vernunft und dessen moralischen Implikationen.[10] Bei dem Königsberger Philosophen heißt es, ohne die Annahme eines Gottes müsste der Mensch »die moralischen Gesetze als leere Hirngespinste ansehen«. Sie sei also »moralisch notwendig« und unausweichlich, wenn man »moralisch konsequent denken wolle«.[11] Das nicht durch den Positivismus Erfassbare bilde die normative Grundlage vernünftigen Handelns. Kant verdeutliche indes auch, dass für freie und vernünftige Wesen zur Anerkennung von Pflichten weder die Idee eines Gottes notwendig noch eine andere Motivation zur Erfüllung nötig sei als jene, die das moralische Gesetz liefere. Das Postulat Gottes wäre eine dienliche, jedoch nicht zwingende Absicherung der Moralität. Dies sei komplex und werde

> wohl immer zu den besonderen Herausforderungen an das Verständnis der Kantischen Religionsphilosophie gehören, daß in ihr die Doppelthese aufgestellt ist, wonach Religion für die Begründung praktischer Freiheit schlechterdings entbehrlich sei, ja eine Ableitung der Moral aus göttlicher Offenbarung geradezu Heteronomie bedeute, Religion aber gleichwohl mit moralischer Praxis untrennbar einhergehe.[12]

In Kants »Doppelthese« zeichnet sich eine philosophische Bewegung bzw. eine Entwicklung ab, nämlich der Übergang vom Offenbarungs-

10 Im Kontext der deutsch-jüdischen Philosophie steht insbesondere die Philosophie Hermann Cohens für die Symbiose von Vernunft und Judentum. Bereits Moses Mendelssohn und die Maskilim nahmen den Vernunftgedanken auf. Dieser bildete die Basis für ein reformiertes Judentum: Die selbst- und fremdbestimmte Reformation versprach staatsbürgerliche Gleichstellung, Toleranz und Akzeptanz in einer weitgehend christlich geprägten Gesellschaft sowie die Überwindung eines ihnen selbst unverständlich und entfremdend wirkenden Judentums. Die Philosophie Mendelssohns und ihre Fortführung ermöglichten es den Juden in den christlich-bürgerlichen Gesellschaften einerseits, an den von Gott offenbarten sittlichen Vernunftkern der Thora zu glauben, und andererseits – ganz wie es schon die spätantiken Rabbiner forderten – als Staatsbürger den Gesetzen der jeweiligen Länder zu folgen. Vgl. Micha Brumlik, Kant und die Tora, in: Reinhard Hiltscher u. Stefan Klingner (Hg.), Kant und die Religion – Religionen und Kant, Hildesheim 2012, S. 105-117, hier S. 111.

11 Zit. n. Christoph Glimpel, Braucht der Gottesgedanke die Moral? Überlegungen zur Eigenständigkeit des Gottesgedankens in kritischer Auseinandersetzung mit Kants Verhältnisbestimmung von Moral und Gottesgedanke, in: Reinhard Hiltscher u. Stefan Klingner (Hg.), Kant und die Religion – Religionen und Kant, Hildesheim 2012, S. 41-58, hier S. 41.

12 Ulrich Barth, Die religiöse Selbstdeutung der praktischen Vernunft, in: ders., Gott als Projekt der Vernunft, Tübingen 2005, S. 233-307, hier S. 263.

zum Vernunftglauben. Hier wird also eine scheinbare Säkularisierung vollzogen,[13] die den Inhalt, jedoch nicht den ›Modus‹ betrifft: Die Vernunft kann und muss sich vielmehr des Glaubens als eines ›Modus‹ bedienen. Insofern hebe Kant, so Habermas, die Metaphysik auf, um für den Glauben Platz zu schaffen. »Glauben« jedoch werde als ein »Modus« begriffen und habe keinen Inhalt. Es gehe Kant somit um den »kognitive[n] Habitus des Gläubigen«.[14] Kant selbst schrieb:

> Der Glaube (schlechthin so genannt) ist Vertrauen zu der Erreichung einer Absicht, deren Beförderung Pflicht, die Möglichkeit der Ausführung derselben aber für uns nicht einzusehen ist [...].[15]

Der »Glaube« kann als »kognitiver Habitus«[16] begriffen werden und adaptiert einen bestimmten Modus des Denkens. Dieser, so Kant, gründe

13 Zur breiten Theoriebildung und wissenschaftlichen Auseinandersetzung vgl. u. a. Detlef Pollack, Säkularisierung – ein moderner Mythos? Studien zum religiösen Wandel in Deutschland, Tübingen 2003 und zum Verhältnis von Judentum und Säkularität David Biale, Traditionen der Säkularisierung. Jüdisches Denken von den Anfängen bis in die Moderne, Göttingen 2015.

14 Jürgen Habermas, Die Grenze zwischen Glauben und Wissen. Zur Wirkungsgeschichte und aktuellen Bedeutung von Kants Religionsphilosophie, in: ders., Zwischen Naturalismus und Religion, Frankfurt am Main 2005, S. 216-257, hier S. 229. Nach Kants These seien die Inhalte der Religion, wenn überhaupt, nicht theoretisch, sondern praktisch zu legitimieren, als notwendige Postulate, damit Vernunft, Moralität und Glückseligkeit miteinander zu vereinbaren sind: »Kant hatte sich damit gegen einen in Formeln erstarrten und mit Seltsamkeiten überfrachteten ›Kirchenglauben‹ gewandt, wie er von den Kanzeln herab verkündet und von den kirchlichen Leitungsinstanzen vertreten wurde. Zwar spricht er sich ebenso gegen einen ›dogmatischen Unglauben‹ aus, der ohne jede Prüfung religiöse Aussagen von vornherein als un- oder widervernünftig abtut. Doch in dem Szenario, das er aufbaut, agiert die Vernunft autonom und erschließt sich Postulate wie ›Gott‹, ›Freiheit‹ oder ›Unsterblichkeit‹ in eigener Verantwortung, ohne auf die Überlieferungsbestände der etablierten Religionsgemeinschaften zurückgreifen zu müssen oder zu wollen. Glaube wird zum ›kognitiven Habitus‹ [Habermas, Y. K.], mit dem das aufgeklärte Individuum sich selbst dasjenige zu glauben vorlegt, von dem es zuvor eingesehen hat, dass es für bestimmte Begründungszusammenhänge vorausgesetzt werden müsse« (Gesche Linde, Allem Wirklichen liegt das Mögliche voraus. Über Religion und Theologie nach der Aufklärung, in: Forschung Frankfurt 24 (2006), 4, S. 39-44, S. 40).

15 Immanuel Kant, Gesammelte Schriften, Bd. 5: Kritik der Urtheilskraft, hg. v. d. Preußischen Akademie der Wissenschaften, Nachdr., Berlin 1963, S. 472.

16 Bereits Aristoteles führt »Habitus« ins Feld der Philosophie. Siehe dazu Detlev Horster, Die Aporie individuelle vs. allgemeine Interessen oder Bedürfnisse und ihre Behandlung bei Aristoteles, in: Alfred Schöpf (Hg.), Bedürfnis, Wunsch, Begehren. Probleme einer philosophischen Sozialanthropologie, Würzburg 1987, S. 83-98, hier S. 92 f. Unter »habitus« versteht Kant: »die subjectiv-praktische Nothwendigkeit d. i. Gewohnheit mithin einen gewissen Grad des Willens, der

auf dem »Vertrauen auf die Verheißung des moralischen Gesetzes; aber nicht als eine solche, die in demselben enthalten ist, sondern die ich hineinlege, und zwar aus moralisch hinreichendem Grunde«.[17]

Das Moment der Verheißung unter »Abzug ihres sakralen Charakters«, so Habermas, ist insofern im Vertrauen als Denkmodus aufbewahrt. Dieser Modus weist über die Empirie und Evidenz hinaus. Er veranlasst den denkenden Menschen, etwas anzunehmen, ohne es positivistisch konkretisieren zu können. In Horkheimers Worten lasse das Denken »eine Erfahrung im nichtwissenschaftlichen Sinn«[18] zu, die über die positive Evidenz hinausgehe und Transzendenz beherberge. Eine Beweisführung benötige sie nicht. Diese Transzendenz, die in »Gott«, im Begriff der »Freiheit« und in der »Unsterblichkeit der Seele« benannt ist, könne nach Kant zwar gedacht, aber nicht empirisch erkannt werden. Die Idee Gottes steht – als Gedanke der Vernunft – in direktem Verhältnis zum Handeln und Denken, ist jedoch nicht inhaltlich. In der Praxis werde sie durch das Moralgesetz garantiert und durch den Modus des Vertrauens bestärkt. Letzterer wäre dann ein Unterpfand der moralischen Gesinnung[19] und eine Verteidigung gegen den »trostlos machenden Anschein«, so Habermas. Gefestigt werde die moralische Gesinnung durch das Vertrauen auf Erfolg, darauf, dass das moralische Handeln sinnhaft sei und belohnt werde. Bei einer kollektiven Verankerung dieses Gedankens bestehe die Hoffnung, dass sich alle moralischen Handlungen in der Welt summieren und die Gesellschaften sich moralisch verbessern.[20]

Kant, so stellt Habermas fest, übernehme somit den pragmatischen Sinn des religiösen Glaubensmodus. Er integriere diesen in den Begriff der Vernunft, den er als diejenige Instanz verstehe, die die Idee vom »Reich der Zwecke«, aus der »transzendentalen Blässe des Intelligiblen«,[21] in eine innerweltliche Utopie zu übersetzen vermag. Darin gründe sich die Zuversicht, dass durch die moralische Handlung, nicht im Wissen, aber in der ›Gewissheit‹, ein »ethisches Gemeinwesen« befördert werden könne. Aus der Metapher des »Reichs Gottes« buchstabiert er dieses

durch den oft wiederholten Gebrauch seines Vermögens erworben wird«, vgl. Claudia Graband, in: Marcus Willaschek, Jürgen Stolzenberg, Georg Mohr, Stefano Bacin (Hg.), Kant-Lexikon, Berlin 2021, S. 987.

17 Kant, Kritik der Urtheilskraft, S. 471.

18 Horkheimer, Kritische Theorie und Theologie, S. 507 f.

19 »Gesinnung« ist ein philosophisch hoch konnotierter Begriff. Siehe dazu Harald Köhl, Kants Gesinnungsethik, Berlin 1990; Jun-Ho Won, Hegels Begriff der politischen Gesinnung. Zutrauen, Patriotismus und Vertrauen, Würzburg 2002.

20 Habermas, Die Grenze zwischen Glauben und Wissen, S. 230.

21 Ebd.

säkular aus:[22] Es werde durch den Glauben eben daran befördert und zeichne sich als kognitiver Habitus in der Vernunft aus.

Die positive »Religion« liefert der praktischen Vernunft also die »epistemische Anregung zu Postulaten, mit denen sie ein bereits religiös artikuliertes Bedürfnis in den Horizont vernünftiger Überlegungen einzuholen versucht«.[23] Darauf hebt Horkheimer ab, wenn er postuliert, dass »[d]ie Forderung der Nächstenliebe ebenso wie alle anderen moralischen Gebote und Verbote […] auf einer letzten absoluten Instanz [beruhen], auf die sie sich berufen können – dem Absoluten.«[24] Doch auch das »Absolute«, »das heißt Gott«,[25] sei nicht verlässlich noch überhaupt garantiert:

> Die Vorstellung, das Absolute möge das Gute sein, daß es noch etwas anderes gäbe als diese miserable Welt – all das entspringt einem menschlichen Bedürfnis, einer Sehnsucht, hat aber keine logische Verbindlichkeit.[26]

Gerade in der fehlenden »logische[n] Verbindlichkeit« ist die Potenzialität begriffen. Die Vernunft muss eine verunsicherte bleiben. Dies ist die notwendige und selbstreflexive Gegenbewegung zum Positivismus. Die der Vernunft in mehrfacher Hinsicht innewohnende Dialektik, d. h. die Abhängigkeit vom »Absoluten«, die insbesondere der Moral bedarf, wurde von Kant anerkannt – und als Einsicht von Horkheimer wiederholt:

> Falls wir die Existenz eines Absoluten nicht voraussetzen dürfen, hat die Moral keine logische Basis. Die Forderung der Nächstenliebe ebenso wie alle anderen moralischen Gebote und Verbote beruhen auf einer letzten absoluten Instanz, auf die sie sich berufen können – dem Absoluten.[27]

Horkheimer, der die historischen Konsequenzen der Vernunft als »instrumentelle« im Blick hat, nämlich in ihrer historischen Konkretion der katastrophal gescheiterten Zivilisation, und insofern den idealistischen Vernunftglauben nicht ungebrochen teilen kann, insistiert auf Relativität: Die »Vernunft« bedürfe des Korrektivs. Dieses wiederum, das »Absolute«, wird nicht behauptet und für »wahr« genommen, sondern es bleibt

22 Ebd.
23 Ebd., S. 231.
24 Horkheimer, Die Funktion der Theologie heute (Januar 1969), in: GS 14, S. 510 f.
25 Ebd., S. 511.
26 Ebd.
27 Ebd., S. 510.

Postulat, denn: »Das Absolute kann nicht formuliert werden«.[28] Damit bestimmt Horkheimer eine grundsätzliche Differenz zwischen der ›Idee Gottes‹ und einer ihn beschreibenden Theorie. Er distanziert sich von der Theologie als akademisch-wissenschaftlicher und christlich geprägter Lehre von Gott, denn über Gott ist nichts zu ›wissen‹. Aus diesem Grund entwickelt er keine Theorie über Gott, sondern postuliert die ›Idee Gottes‹ als einzige unbestimmte, aber mögliche Gewähr und Autorität einer selbstreflexiven Vernunft in der Unsicherheit. Fundiert sieht er diese im Gottesbegriff des Judentums. Damit säkularisiert bzw. abstrahiert Horkheimer seinen Begriff von Gott und geht noch über die jüdische Religionsphilosophie Hermann Cohens hinaus. Er hat kein gläubiges, affirmatives Verhältnis zu Gott, sondern hält allein an der »Idee« fest, die ihm für das moralische Handeln zwingend erscheint. Wie Kant besteht er auf der zu fundierenden Grenze zwischen ›Glauben‹ und ›Wissen‹.[29] Diese sei durch das Postulat Gottes gewährleistet. Denn selbstkritische Vernunft erkennt, so behauptet es Kant in der *Kritik der reinen Vernunft*, dass von Gott nicht(s) zu wissen ist und das ein »Wissen« von Gott bereits »Unglaube« sei:

> Ich mußte also das Wissen aufheben, um zum Glauben Platz zu bekommen, und der Dogmatism der Metaphysik, d. i. das Vorurteil, in ihr ohne Kritik der reinen Vernunft fortzukommen, ist die wahre Quelle alles der Moralität widerstreitenden Unglaubens, der jederzeit gar sehr dogmatisch ist.[30]

Eine Theorie und ein Wissen um Gott könne es also nicht geben, wenn der Glaube als Modus bewahrt werden solle. Vielmehr sei die Idee von ihm als Postulat notwendig, nämlich als eine für das moralische Handeln subjektiv unumgängliche Annahme.[31] Diese bedeutende philosophische Voraussetzung übernimmt Horkheimer von Kant: Die reine Vernunft benötige demnach die Idee Gottes und müsse annehmen, dass ihre

28 Horkheimer, Stichworte zu einer Theorie des Nationalismus (August 1967), in: GS 14, hier S. 429.

29 In »Begriff der Aufklärung« heißt es: »Aber Glaube ist ein privativer Begriff: er wird als Glaube vernichtet, wenn er seinen Gegensatz zum Wissen oder seine Übereinstimmung mit ihm nicht fortwährend hervorkehrt. Indem er auf die Einschränkung des Wissens angewiesen bleibt, ist er selbst eingeschränkt« (Horkheimer, Begriff der Aufklärung, in: GS 5, S. 25-66, hier S. 42).

30 Immanuel Kant, Gesammelte Schriften, Bd. 3: Kritik der reinen Vernunft, hg. v. d. Preußischen Akademie der Wissenschaften, Nachdr., Berlin 1962, S. 19. Vgl. bes. Martin Hailer, Religionsphilosophie, Göttingen 2014, S. 34f.

31 Kant, Gesammelte Schriften, Bd. 9: Logik – Physische Geographie – Pädagogik, hg. v. d. Preußischen Akademie der Wissenschaften, Nachdr., Berlin 1962, S. 112.

Erkenntnis wirksam sei. Das jedoch könne sie nicht aus sich heraus, sondern sie müsse eine Größe voraussetzen, die sowohl die Vernunft als auch die gesamte Welt samt deren Inhalt kenne.[32] Diese Fähigkeiten seien göttlich. Die Vernunft wisse nicht, ob es diesen Gott gibt. Sie müsse ihn aber, so Kant, um ihrer selbst willen zur Legitimation behaupten und als gültig setzen. »Gott« ist also eine regulative Idee sowohl der reinen als auch der praktischen Vernunft. Daraus dürfe und könne gleichwohl keine Theorie erwachsen,[33] weil diese sonst die Potenzialität der Idee suspendiere. Entfalle dieses korrektive Postulat Gottes innerhalb einer selbsterhaltenden praktischen Vernunft, bestehe Kant zufolge die Gefahr, dass die Vernunft in Gewalt umschlage. Das »nichts (der Immoralität)« würde so »mit aufgesperrtem Schlund der (moralischen) Wesen ganzes Reich wie einen Tropfen Wasser trinken.«[34]

Angesichts des Zeitgeschehens radikalisiert Horkheimer die Notwendigkeit des Postulat Gottes als Korrektiv. Schließlich habe die von ihm konstatierte »instrumentelle Vernunft«[35] das Postulat Gottes suspendiert und sich so des notwendigen Korrektivs entledigt. Mit dem Begriff der »instrumentellen Vernunft« verweist er auf das Kalkulierende und auf die Selbstbezüglichkeit des Verstandes.[36] Er materialisiert und aktualisiert

32 Hailer, Religionsphilosophie, S. 35.

33 Ebd.

34 Kant, Gesammelte Schriften, Bd. 6: Metaphysik der Sitten, hg. v. d. Preußischen Akademie der Wissenschaften, Nachdr., Berlin 1961, S. 449.

35 Vgl. Wiggershaus, Die Frankfurter Schule, S. 384-390. Den Begriff »instrumentelle Vernunft« entwickelt Horkheimer etwa um 1943 im Exil. Darin erfasst er den ›falschen‹ Begriff von Vernunft, der sich in der »Fetischisierung« und damit in der Verabsolutierung der Mittel konkretisierte. In *Zur Kritik der instrumentellen Vernunft* kontrastiert er die unterschiedlichen Begriffe von »subjektiver« und »objektiver« Vernunft wie folgt: »Ein intelligenter Mensch ist nicht einer, der bloß richtig schlussfolgern kann, sondern einer, dessen Geist für die Wahrnehmung objektiver Inhalte offen, der imstande ist, ihre wesentlichen Strukturen auf sich wirken zu lassen und ihnen menschliche Sprache zu verleihen; das gilt auch für die Natur des Denkens und für seinen Wahrheitsgehalt. Die Neutralisierung der Vernunft, die sie jeder Beziehung auf einen objektiven Inhalt und der Kraft, diesen zu beurteilen, beraubt und sie zu einem ausführenden Vermögen degradiert, das mehr mit dem Wie als dem Was befasst ist, überführt sie in einen stumpfsinnigen Apparat zum Registrieren von Fakten« (Horkheimer, Zur Kritik der instrumentellen Vernunft, in: GS 6, S. 21-188, hier S. 33).

36 Der Begriff erinnert daran, »daß die zur Totalität aufgespreizte Zweckrationalität die Unterscheidung zwischen dem, was Gültigkeit beansprucht, und dem, was der Selbsterhaltung nützt, einzieht und damit jene Barriere zwischen Geltung und Macht einreißt, jene grundbegriffliche Differenzierung rückgängig macht, die das moderne Weltverständnis einer definitiven Überwindung des Mythos zu verdanken glaubte« (Jürgen Habermas, Die Verschlingung von Mythos und Aufklärung:

den von Kant emphatisch behaupteten Begriff der Vernunft vor dem zeithistorischen Hintergrund, der sich im »Naturzwang« bewege, repressiv sei und deshalb in die Katastrophe geführt habe. »[I]nstrumentelle Vernunft«, die Herrschaft bezwecke, suspendiere die Freiheit, die in der Idee von »Gott« aufgehoben sei. Die Korrelation zwischen der ›Idee Gottes‹ und dem moralischen Gebrauch der Freiheit postuliert Kant im zweiten Band seiner transzendentalen Dialektik *Kritik der reinen Vernunft*:[37] Ohne diese Bezugsetzung, so Horkheimer, verliere »der Gedanke, daß der Nächste zu achten, gar zu lieben sei, das logische Fundament«.[38]

Die Vernunft, die bei Kant sittlich-moralisch konzipiert ist, müsse in Beziehung zur Freiheit stehen. Der Mensch, das benennt Kant deutlich, müsse aus sich heraus, also autonom, die Notwendigkeit erkennen: »Was der Mensch im moralischen Sinne ist, oder werden soll, gut oder böse, dazu muss er sich selbst machen, oder gemacht haben.«[39] Dies ist die radikale Autonomie, die nach Horkheimer ein hohes Maß an Sublimierungsleistung erfordere. Hier folgt er Kants Optimismus nicht, der annahm, dass »von der größten menschlichen Freiheit« aus »die Glückseligkeit von selbst folgen wird«.[40] Diese Annahme sichert Kant indes in der »Lehre vom höchsten Gut« ab. Er definiert dazu die Beziehung zwischen Tugend und Glückseligkeit: So müsse Tugend als solche nicht notwendigerweise ›glücklich‹ machen. Sie stelle jedoch die Bedingung dafür dar, dass die Menschen des Glückes würdig werden. Der Mensch müsse in moralischer Hinsicht »hoffen« können, dass sein tugendhaftes Handeln mit Glück vergolten wird, da sein Handeln ansonsten chimärisch wäre.[41] Auch mit der Lehre vom »höchsten Gut«[42] weist Kant einen praktisch-notwendigen Zusammenhang zwischen Moral und Theologie nach. Die emphatische Aussage in der *Kritik der reinen Vernunft*: »Denn

Horkheimer und Adorno, in: ders., Der philosophische Diskurs der Moderne. Zwölf Vorlesungen. 4. Aufl., Frankfurt am Main 1993, S. 130-157, hier S. 144).

37 Vgl. Ries, »Die Rettung des Hoffnungslosen«, S. 72.

38 Horkheimer, Letzte Spur von Theologie – Paul Tillichs Vermächtnis (1966), in: GS 7, S. 269-283, hier S. 273, zit. n. Ries, »Rettung der Hoffnungslosen«, S. 72.

39 Immanuel Kant, Die Religion innerhalb der Grenzen der bloßen Vernunft, in: ders., Gesammelte Schriften, Bd. 6: Metaphysik der Sitten, hg. v. d. Preußischen Akademie der Wissenschaften, Nachdr., Berlin 1961, S. 44.

40 Immanuel Kant, Kritik der reinen Vernunft, zit. n. Horkheimer, Kants Philosophie und die Aufklärung, S. 160-172, hier S. 162.

41 Vgl. Klemme, Immanuel Kant, S. 110 f.

42 Ebd. Das »höchste Gut« identifiziert Kant mit Tugend und Pflicht. »Glückseligkeit« als »höchstes Gut« sei dann erreicht, wenn diese für die anderen angestrebt werde. Für einen selbst sei nur die Sittlichkeit Maßstab. Auch hier denkt Kant sowohl subjektivistisch als auch kollektivistisch.

alles Hoffen geht auf Glückseligkeit«, stärkt den Begriff der »Hoffnung«, der vor dem Hintergrund des »höchsten Guts« als Schlüsselbegriff der kantischen Moralphilosophie im Übergang zur Religionsphilosophie fungiert.[43] Dabei argumentiert Kant kollektivistisch: Wenn sich die Mehrheit dem Imperativ beuge, so entstünde eine vernünftige Gesellschaft, die das individuelle pflichtgemäße Leben belohne. Dieser Imperativ hat jedoch einen Preis: Er gründet im Verzicht.[44] Dieser müsse kompensiert werden. So mache ein tugendhaftes Leben den Menschen im Sinne Kants zwar der Glücksseligkeit würdig. Jedoch könne er erst durch den Glauben an Gott hoffen, einmal derselben auch teilhaftig zu werden. Insofern bedürfe es in dieser Hinsicht einer höheren Instanz, die eine vernunftgeleitete Welt legitimiere und dem Imperativ eine Perspektive aufzeige. Das, so Kant, erfülle das Postulat Gottes.[45] Es berge jene Handlungsanweisung und die »Hoffnung«, dass die gute Handlung anerkannt werde und auf die praktische Vernunft einwirke, welche die Praxis leiten solle. »Hoffnung« bei Kant sei also, so Michael Conradt,

> eine Äußerung der reinen praktischen Vernunft, die sich aus dem a priori gewussten Begehren des höchsten Guts sowie der moralisch fundierten Zuversicht in dessen reale Möglichkeit zusammensetzt und die Annahme der dafür notwendigen realisatorischen Voraussetzungen inspiriert und ermöglicht.[46]

43 Vgl. Daniel Keller, Der Begriff des höchsten Guts bei Immanuel Kant. Theologische Deutungen, Paderborn 2008, S. 239.

44 »Wie bereits in der Auseinandersetzung zwischen Garve und Kant geht es auch hier um die Frage, ob die reine Vernunft selbst eine motivationale Kraft entwickelt (wie die Externalisten meinen), immer nur durch ›Wünsche‹ (eigentlich Begierden) motiviert werden zu können, die zugleich Handlungsgründe darstellen. […] Die praktische Erkenntnis eines moralischen Grundes motiviert uns zugleich, entsprechend zu handeln. Als rationale Wesen fragen wir nicht, warum wir moralisch sein sollen. Aber weil wir Menschen faktisch auch außermoralische Gründe (unser Glück) in unserem Wollen berücksichtigen, stellen wir sehr wohl die Frage, ob wir bereit sind, selbst dann moralisch zu handeln, wenn dies den Verzicht auf die Befriedigung unserer Neigungen bedeutet« (Klemme, Immanuel Kant, S. 156 f.). Die Psychoanalyse, Freud und v. a. Horkheimer sahen im geforderten Verzicht eine problematische und dialektisch-zivilisatorische Forderung, die sich sowohl innerpsychisch als auch gesellschaftlich aggressiv geltend mache. Der Verzicht – als Bestand der ›List der Vernunft‹ – wird prominent im Exkurs I »Odysseus oder Mythos und Aufklärung« von Horkheimer und Adorno entfaltet (GS 5, S. 67-103).

45 Vgl. Hailer, Religionsphilosophie, S. 36.

46 Michael Conradt, Der Schlüssel der Metaphysik. Zum Begriff rationaler Hoffnung in Kants kritischer Moral, Tübingen 1999, S. 190.

In seinem Essay »Materialismus und Metaphysik« von 1933 bezieht sich Horkheimer darauf: »Kein Philosoph hat tiefer eingesehen, dass die Annahme einer transzendenten Ordnung nur auf die Hoffnung der Menschen zu begründen ist, als Kant.«[47] Später setzt er dessen Hoffnungsbegriff mit dem Judentum in Beziehung:

> Was im Judentum der entscheidende Glaubenssatz ist, die Hoffnung, daß es noch etwas anderes, besseres gibt als diese Welt der Ungerechtigkeit, Kälte und Feindschaft, kurz die Hoffnung auf den Messias, was aber im Judentum ein bloß durch die Tradition gestützter Glaube geblieben ist, hat Kant auf großartige Weise begründet. Indem er nachweist, daß unsere Aussagen ebenso wie die Welt relativ sind, und daß wir über das ›Ding an sich‹ nichts wissen können, macht er Platz für die Hoffnung, daß es etwas anderes gibt, als die Welt von der wir wissen.[48]

Horkheimer unterstreicht also die bedeutenden Aussagen Kants; nämlich dass die Welt »Erscheinung« sei und der Mensch zwar nicht um das ›An sich‹ wissen, jedoch »hoffen« und sich auf diese Weise in ihr und aus ihr heraus orientiere könne.[49] Für Kant sei Gott nicht Gegenstand des »Wissens«, sondern des »Hoffens«.[50] Hoffnung ist hier weder religiös noch positivistisch konnotiert: Sie ist ein Modus der Potenzialität, und dieser enthält das Postulat von Gott. Insofern negiere dieser säkulare Zugriff Gott keinesfalls, sondern bestätige ihn vielmehr als Setzung der Vernunft.[51] Letztere ist auf das Postulat Gottes als Legitimation angewiesen, mehr noch: Gott erscheint nicht nur für das moralische Leben, sondern auch für eine selbstkritische Vernunft »unverzichtbar«.[52] Insofern ist

47 Max Horkheimer, Materialismus und Metaphysik, in: Zeitschrift für Sozialforschung 2 (1933), S. 1-33, hier S. 13. Siehe dazu auch Amos Schmidt, Materialismus zwischen Metaphysik und Positivismus. Max Horkheimers Frühwerk – Darstellung und Kritik, Opladen 1993.

48 Horkheimer, Kant, das Judentum und die Hoffnung, in: GS 14, S. 391.

49 Hierbei wird er durch seinen Schüler Alfred Schmidt unterstützt, der es als spezifische Einsicht insbesondere Kants bezeichnet, »daß die anschaulich gegebene Erfahrungswelt kein letztes sei, sondern immer schon Resultat formierender und Einheit stiftender Leistungen« (Alfred Schmidt, Der Begriff der Natur in der Lehre von Marx, Frankfurt am Main 1962, S. 115).

50 Die drei berühmten Fragen Kants lauten: Was kann ich wissen? Was soll ich tun? Was darf ich hoffen? Vgl. dazu Otfried Höffe, Einführung in Kants Religionsschrift, in: ders. (Hg.), Immanuel Kant, Die Religion innerhalb der Grenzen der bloßen Vernunft, Berlin 2011, S. 1-28, hier S. 6f.

51 Als Religion hat Kant insbesondere das Christentum im Blick, siehe dazu ebd., S. 9-21.

52 Hailer, Religionsphilosophie, S. 36.

Gott im Begriff der (richtigen) Vernunft, d. h. in der Dialektik von Immanenz und Transzendenz, aufgehoben. »Vernunft« und »Offenbarung« könnten dann in der korrektiven Anerkennung ihrer selbst eine bessere Gesellschaft erzeugen.[53]

Diesbezüglich erscheint insbesondere der Aspekt des »Glaubens« in der Vorrede zu Kants Religionsschrift als bedeutsam, so Habermas. Das überschießende Moment des Glaubens unterscheide den reinen Religionsglauben vom bloßen Bewusstsein moralischer Pflicht. Der vernunftbegabte Mensch habe ein Interesse an der Beförderung eines letzten Zwecks, obgleich er dessen Erfüllung nur als das von einer höheren Macht herbeigeführte Ergebnis einer glücklichen Kumulation denken könne. Von den für ihn nicht absehbaren Folgen moralischen Handelns könne er nichts wissen. Zwar bedürfe es zum rechten Handeln keines Zwecks, da bereits diese Zweckvorstellung den moralisch Handelnden von der Unbedingtheit des jeweils kategorisch Gebotenen abbringen würde,[54] jedoch

> kann der Vernunft doch unmöglich gleichgültig sein, wie die Beantwortung der Frage ausfallen möge: was dann aus diesem unserem Rechthandeln herauskomme, und worauf wir, gesetzt auch, wir hätten dieses nicht völlig in unserer Gewalt, doch als auf einen Zweck unser Tun und Lassen richten könnten.[55]

Was sich der Vernunft entziehe und den reinen Religionsglauben zum Glauben mache, sei das über das Moralbewusstsein hinausgehende Bedürfnis der Vernunft, »eine Macht anzunehmen, welche diesen [den moralischen Gesetzen und den gesetzestreuen Handlungen] den ganzen, in einer Welt möglichen, zum sittlichen Endzweck zusammenstimmenden Effekt verschaffen kann.«[56]

Die Vernunft kann den Glauben insofern als Bewegung, als Modus aufnehmen. Horkheimer benennt diesen kognitiven Habitus als »Sehnsucht«, die zum »wirklich denkenden Menschen« gehöre. Sie ist also ein

53 Hierin ist die reformierte Religion gemeint. Siehe Höffe, Einführung in Kants Religionsschrift, S. 23. Damit fundiere Kant eine neue Theologie, eine der Philosophischen Fakultät, die »alle Freiheit« einfordert und sich von aller christlich-theologischen Dogmatik und Bevormundung emanzipieren darf. Er tritt mit einer »außergewöhnlichen Sonde« an die Religion heran, nämlich mit der reinen Vernunftmoral. Vgl. ebd., S. 24.

54 Habermas, Die Grenze zwischen Glauben und Wissen, S. 224.

55 Kant, Religion innerhalb der Grenzen der bloßen Vernunft, zit. n. Habermas, Die Grenze zwischen Glauben und Wissen, S. 224.

56 Ebd.

Bestandteil der Vernunft bzw. des »Intelligiblen«, so wie es Horkheimer[57] und auch Adorno bezugnehmend auf Kant in »Wahrheitsgehalt der Lehre vom Intelligibeln« (1966) ausdeuten.[58] Empörung über den ungerechten Lauf der Welt sagt nach Kant unmissverständlich,

> dass es im Ausgange nimmermehr einerlei sein könne, ob ein Mensch sich redlich oder falsch, billig oder gewalttätig verhalten habe, wenn er gleich bis an sein Lebensende, wenigstens sichtbarlich, für seine Tugenden kein Glück, für sein Verbrechen keine Strafe angetroffen habe. Es ist: als ob sie in sich eine Stimme wahrnähmen, es müsse anders zugehen.[59]

Diese »innere Stimme«, von der Kant annimmt, dass sie existiere, übersetzt Horkheimer in die »Sehnsucht«. Diese versteht er als eine Orientierung des empfindsamen Denkens, das die Empörung über die Einrichtung der Welt als hoffenden Modus an das Bessere sublimiere. Allein die praktische Vernunft und der Positivismus könnten diese »Sehnsucht« nicht aufbringen. Vielmehr seien sie maßgeblich an der Rationalisierung des Menschen beteiligt:

> Vom Standpunkt des Positivismus aus gesehen, läßt sich keine moralische Politik ableiten. Rein wissenschaftlich betrachtet, ist der Haß, bei aller sozial-funktionellen Differenz, nicht schlechter als die Liebe. Es gibt keine logisch zwingende Begründung dafür, warum ich nicht hassen soll, wenn ich mir dadurch im gesellschaftlichen Leben keine Nachteile zuziehe. [...] Der Positivismus findet keine die Menschen transzendierende Instanz, die zwischen Hilfsbereitschaft und Profitgier, Güte und Grausamkeit, Habgier und Selbsthingabe unterscheide. Auch die Logik bleibt stumm, sie erkennt der moralischen Gesinnung keinen Vorrang zu. Alle Versuche, die Moral anstatt durch den Hinblick auf ein Jenseits auf irdische Klugheit zu begründen, beruhen auf harmonistischen Illusionen. Alles, was mit Moral zusammenhängt, geht letzten Endes auf Theologie zurück, alle Moral, zumindest in den

57 Horkheimer, »Was wir ›Sinn‹ nennen, wird verschwinden«, S. 350 f.

58 Kants Trennung von »intelligiblem Charakter« und »empirischem Charakter« bzw. die Annahme einer »intelligiblen Existenz« enthalten ein Motiv, das die Freiheit als die Möglichkeit des Subjekts vor den Zwängen des empirisch Daseienden, der empirischen Bestimmungsgründe des Willens, retten könne, so Ruschig. Insofern hat »das sich Entziehende, Abstrakte des intelligiblen Charakters [...] etwas von der Wahrheit des Bilderverbots« (Adorno, Negative Dialektik, S. 293, zit. n. Ruschig, Der intelligible Charakter bei Kant (Onlinefassung), S. 6.).

59 Kant, Kritik der Urtheilskraft, S. 458.

westlichen Ländern, gründet in der Theologie – wie sehr man sich auch bemühen mag, die Theologie behutsam zu fassen.[60]

Horkheimer wiederholt in diesem bemerkenswerten *Spiegel*-Interview von 1970 Gedanken, die er bereits 1966 in einer Gedächtnisrede auf den Theologen Paul Tillich geäußert hatte. Auch hier konturierte er seinen Denkansatz klar. Mit dem Ende einer Theologie in der »verwalteten Welt« ließen sich keine moralischen Werte und keine Ethik formulieren: »Mit der letzten Spur der Theologie verliert der Gedanke, daß der Nächste zu achten sei, das logische Fundament.«[61] In der »Theologie« sieht Horkheimer also das »Absolute« aufgehoben. Insofern dieses verschwinde bzw. sich scheinbar säkularisiere, entfalle das Unbedingte des ethischen Handelns, das sich allein vom »Absoluten« her begründen und legitimieren lasse.

Für Horkheimer ist es das Judentum, das das ethische Handeln im unbedingten »Absoluten« absichere. Zudem habe es das Kollektiv und nicht das Individuum allein im Blick, konkretisiere es sich doch in der »sittlichen« Praxis. Damit schreibt sich Horkheimer in die jüdische Religionsphilosophie Hermann Cohens ein, der darauf insistierte, dass das Judentum als »Religion der Vernunft« eine »Sittenlehre« sei, die sowohl die »einheitliche Menschheit« als auch »jedes Individuum in seiner eigenen Einheit« adressiere.[62] Das am Berg Sinai offenbarte Gesetz habe die soziale Gerechtigkeit und damit im Grunde und theologisch die Vernunft installiert. Das kantische Ethos der Vernunft, das Cohen aufnimmt und auf das Judentum anwendet und auf seine »Quelle« zurückführt, ist, wie Christoph Miething es zusammenfasst, »im tiefsten Grunde ein Glaube an die Vernunft.«[63]

Für Horkheimer gilt dies nur bedingt. Während Kant und später Cohen, der die kantische Philosophie und das Judentum zusammenführte, ungebrochen und affirmativ an der Vernunft festhalten können, wird sie für ihn zu einem dialektischen, in ihrer falschen historischen Konkretion zudem zu einem problematischen Begriff. Seine analytische Arbeit konzentriert sich gerade darauf, die fatale Verstrickung von Vernunft und Herrschaft philosophisch zu durchdringen und aufzudecken.[64] Seiner

60 Horkheimer, Die Sehnsucht nach dem ganz Anderen, S. 389.

61 Horkheimer, Letzte Spur von Theologie, S. 273.

62 Cohen, Religion der Vernunft aus den Quellen des Judentums, S. 38.

63 Christoph Miething, Hermann Cohen. Kantische Vernunft und Jüdisches Selbstbewusstsein, in: Hans Otto Horch u. Charlotte Wardi (Hg.), Jüdische Selbstwahrnehmung, Tübingen 1997, S. 217-229, hier S. 223.

64 In dieser Kritik unterscheidet sich Horkheimer auch aufgrund des Zeitgeschehens von der jüdischen Kant-Rezeption. Peter Gay konstatiert bezüglich dieser

Erkenntnis nach produziere die Vernunft, welche die Mittel zur Selbstbefreiung des Menschen bereitstelle, zugleich jene Mechanismen der Macht, die den Menschen unterdrücken. Statt Befreiung bedeute die ohne Selbstreflexivität und Korrektiv, also ohne die Idee vom »Absoluten« begriffene Vernunft Totalität und Entfremdung. Hier nun fügt sich das theologische Moment ein, das die »Sehnsucht nach dem ganz Anderen« aufrechterhalte: »Es geht darum, das Andere zu verwirklichen, das heißt, die richtige Gesellschaft zu schaffen.«[65] Insofern erscheint die »Sehnsucht nach dem ganz Anderen« als ein Postulat der Aufklärung und als Korrektiv zur Vernunft. Die Weiterentwicklung der Offenbarung zur Vernunft durch Kant, ohne dabei auf den kognitiven Modus des Glaubens zu verzichten, sondern diesen vielmehr als notwendiges Fundament des moralischen Handelns anzuerkennen, wird von Horkheimer übernommen.

Die »Offenbarung« gilt ihm, jedoch nicht im orthodoxen Sinn, als Residuum, um angesichts des katastrophischen 20. Jahrhunderts und in der »verwalteten Welt«[66] die Idee und die Freiheit des Individuums zu bewahren:

> Nach Kant kann man nicht denken ohne die mit dem Sittengesetz unlöslich verbundenen Ideen. ›Liebe deinen Nächsten wie dich selbst‹ (daraus haben die Pfaffen gemacht, daß man sich selbst lieben soll) heißt in der Kantschen Formulierung, daß man den Menschen nie als Mittel, sondern als Zweck ansehen soll. Aber das Gegenteil entspricht der Vernunft. Diese Einsicht heißt kritische Philosophie. Da steckt genau das darin, was der einzige Hauch eines anderen ist, das man

jüdisch-deutschen Kant-Verehrung: »So wurde Kant durch jüdische Hände auf einen Sockel zurückgestellt. Die Beliebtheit Kants war leicht zu verstehen, […] er symbolisierte die menschliche Freiheit, die Religion der Vernunft, die universellen Prinzipien der Brüderlichkeit und des Humanismus. Zusammen mit anderen Deutschen entdeckten die Juden einen deutschen Giganten wieder« (zit. n. Guez, Heimkehr der Unerwünschten, S. 33).

65 Horkheimer, Auschwitz, in: GS 14, S. 343.

66 Siehe zum Begriff »verwaltete Welt« Korn, Sprache in der verwalteten Welt, S. 12-34. Überhaupt avanciert die Sprache zu einem zentralen Moment innerhalb von Horkheimers spätem Denken, so auch im Kontext seines Aufsatzes »Zur Kritik der instrumentellen Vernunft«. »Indem Sprache«, so Wiggershaus, »dem bestehenden Unrecht diene, gerate sie in einen doppelten Widerspruch zu sich selbst. Durch den Prozeß ihrer Funktionalisierung und Schematisierung gerate sie in Widerspruch zu ihrer Fähigkeit, einen Reichtum von Bedeutungen auszudrücken« (Wiggershaus, Die Frankfurter Schule, S. 563).

> nur dadurch formulieren kann, dass man solche Dinge feststellt. Aber sobald es formuliert wird, wird es unwahr.[67]

Die Vernunft hat, in ihrer historischen Gestalt, so ist Horkheimer hier zu verstehen, den Begriff des Menschen als »Zweck« ins Gegenteil verkehrt, weil es ihrer Funktion in der Welt entspreche. Dass das Moralische verdrängt wurde und die Vernunft sich anders, nämlich »instrumentell« geriere, habe die Kritische Theorie Horkheimer zufolge erkennen müssen. Eine Zurücknahme des Vernunftbegriffes habe dies jedoch nicht bewirkt. Horkheimer hält an der Vernunft fest, die in dem postulierten kognitiven Modus begriffen ist. Jene »objektive Vernunft«, die Horkheimer der »instrumentellen« entgegensetzt, ist auf Traditionen des Denkens bezogen, die Vernunft nicht nur im individuellen Bewusstsein verorten, »sondern auch in der objektiven Welt – in den Beziehungen zwischen den Menschen und zwischen sozialen Klassen, in gesellschaftlichen Institutionen, in der Natur und ihren Manifestationen«.[68] Unter der Ägide dieses Vernunftbegriffes sei es möglich, den Dingen und der Natur hinreichend Gerechtigkeit widerfahren zu lassen und sich in Bezug auf das Dasein des Menschen auf Werte wie »Demut und brüderliche Liebe, Gerechtigkeit und Humanität«[69] zu verständigen. Die subjektive, »instrumentelle Vernunft« hingegen habe in ihrer Totalisierung der Zweckrationalität die sinnstiftende Kraft einer in sich gebrochenen Tradition zerstört. Sie habe bewirkt, dass »die religiösen Ideen, die allgemeinen Ziele überhaupt hinter den Erfordernissen der Kapitalverwertung zurückgetreten seien«.[70] Nicht zuletzt spricht Horkheimer hier auch eine Aporie der Sprache an: »Unwahr« beziehe sich auf die Begriffsbildung, und in diesem Prozess sei der Gedanke bereits in Sprache systematisiert, in Form gebracht und somit identisch geworden. Sie könne also nicht das »Andere« bewahren.

Stefan Breuer hebt hervor, dass Horkheimer die Möglichkeit gesellschaftlicher Kritik im Spätwerk nicht mehr an bestimmten fundamentalen Widersprüchen der modernen Gesellschaft festzumachen vermochte, sondern nur mehr am Widerspruch zwischen zwei Vernunftbegriffen, von denen der eine, die ›objektive Vernunft‹, in vormodernen, metaphysisch-religiösen Zusammenhängen verankert sei: Je radikaler Horkheimers Kritik am »›geistigen Imperialismus des abstrakten Prinzips des Selbstinteresses‹« als Grundprinzip der modernen bürgerlichen Zivilisation werde, desto stärker auch die Tendenz, Vernunft im vollen,

67 Horkheimer, Der kategorische Imperativ, in: GS 14, S. 352 f.

68 Breuer, Horkheimer oder Adorno, S. 364.

69 Breuer, Kritische Theorie, S. 48.

70 Breuer, Horkheimer oder Adorno, S. 364.

›objektiven Sinne‹ dieser Zivilisation ganz abzusprechen und die »Trennung der Vernunft von der Religion« zur entscheidenden Ursache für die »Krankheit der Vernunft« in der Gegenwart zu erheben. Horkheimer bewahre sich jedoch, so das Urteil Breuers, »einen historischen Sinn, in dem er alle Versuche, den harmonischen Zusammenhang von Wissenschaft und Theologie zu restaurieren, mit dem Hinweis« ablehne, dass der Übergang von der ›objektiven‹ zur ›subjektiven‹ Vernunft keineswegs »willkürlich und ebenso wenig rückgängig«[71] zu machen sei:

> Wenn die subjektive Vernunft in Gestalt der Aufklärung die philosophische Basis von Glaubensüberzeugungen aufgelöst hat, die ein wesentlicher Bestandteil der abendländischen Kultur gewesen sind, so war sie dazu imstande, weil diese Basis sich als zu schwach erwiesen hat.[72]

Diese Einschätzung, dass die subjektive Vernunft über die objektive gesiegt habe, weil ihre »philosophische Basis« zu schwach gewesen sei, ist mehrdeutig. Denn schließlich bezog die subjektive Vernunft ihre Kraft auch aus der Intelligibilität, die in der philosophischen Tradition aufgehoben und durch diese abgesichert war, nämlich von der Idee des Judentums, das sich, in seiner deutschen, aufgeklärten Ausgestaltung, auch in die Philosophie Kants eingeschrieben habe. Der Begriff des »Absoluten« und damit der Begriff der objektiven Vernunft ist Horkheimer zufolge also ein jüdischer, denn, und so argumentiert er bereits im Essay »Materialismus und Moral«: Der kategorische Imperativ gelte nicht wie bei Kant dem Einzelnen, sondern dem Kollektiv. Tatsächlich traute er dem Einzelnen die Potenz nicht zu: »Damit, daß jeder nach seinem Gewissen handelt, hört weder das Chaos noch das Elend auf, welches daraus hervorgeht.«[73] Er befürwortet vielmehr einen Imperativ, der der Gruppe gilt und in dieser zu konkretisieren sei. Damit aber nimmt Horkheimer die christlich-individuelle Erlösung der Einzelseele[74] zurück und orientiert sich an der jüdisch-ethischen Vorstellung, dass die Menschen

71 Breuer, Kritische Theorie, S. 48.

72 Horkheimer, Zur Kritik der instrumentellen Vernunft, S. 78, vgl. auch Breuer, Kritische Theorie, S. 48 f.

73 Horkheimer, Materialismus und Moral, in: GS 3, S. 111-149, hier S. 121.

74 Paul Tillich, Angst und Erlösung im Protestantismus, in: ders. u. Heinz Westmann, Gestaltung der Erlösungsidee im Judentum und im Protestantismus, Freiburg im Breisgau 1986, S. 9-32, hier S. 29. Zum Verhältnis von Tillich zu Horkheimer und Adorno siehe u. a. Gerhard Schreiber u. Heiko Schulz (Hg.), Kritische Theologie. Paul Tillich in Frankfurt (1929-1933), Berlin 2015; Christian Danz u. Werner Schüßler, Paul Tillich im Exil, Berlin 2017.

allein als Kollektiv befriedet werden könnten:[75] »In der Thora redet der Ewige das Volk und den Einzelnen mit demselben Wort an. Liebe deinen Nächsten, denn er ist wie du, bezieht sich aufs Kollektiv wie aufs Individuum.«[76]

Damit ist theologisch das dialogische Prinzip, philosophisch gesprochen: das Besondere im Allgemeinen als reziproke Beziehung angelegt. Das ist eine bemerkenswerte Modifikation. Sie findet sich bereits bei Hermann Cohen, der das Judentum als die »Religion der Vernunft« erfasste, weil es sich in der »Sittlichkeit«[77] konkretisiere. Die Würde des Menschen gründe sich nicht im Individuum allein, sondern in der Idee der Menschheit.[78] Das ist möglicherweise auch eine pejorative Anspielung auf Kants Abwertung des Judentums. Der Königsberger Philosoph unterscheidet die positiven Religionen nicht nur voneinander, sondern sah auch allein im Christentum die Anlage zur Vernunftreligion, und zwar von vornherein, vorhanden. Den historischen Glauben werde es abwerfen können und dann als Vernunftreligion hervortreten.[79] Das Judentum gilt ihm dagegen als Inbegriff statuarischer Gesetze, die als Grundlage der Staatsverfassung dienen, jedoch, da rein äußerlich, das Gewissen nicht berühren. Alle religiösen Gebote des Judentums seien Zwangsgesetze und beträfen bloß äußere Handlungen. Selbst der Dekalog beanspruche keine moralische Gesinnung, sondern lediglich eine Praxis. Außerdem seien die Folgen für Erfüllung und Bruch der Gebote als innerweltliche Belohnung und Bestrafung ausgelegt – und dies keinesfalls nach ethischen Grundsätzen.[80] Hingegen fehle der Glaube an ein zukünftiges Leben, der nach der Auffassung Kants für eine Religion essenziell sei. Da das Judentum keine Universalansprüche habe, könne es keine Vernunftreligion sein, im Gegenteil: Als »auserwähltes Volk« schließe es das gesamte menschliche Geschlecht aus seiner Gemeinschaft aus. Im Gedanken der »Erwählung« erhebe es nicht die Allgemeinheit

75 Heinz Westmann, Die Erlösungsidee im Judentum, in: Paul Tillich u. Heinz Westmann, Gestaltung der Erlösungsidee im Judentum und im Protestantismus, Freiburg im Breisgau 1986, S. 33-106, hier S. 37. Vgl. auch Rosen, Max Horkheimer, S. 146 f.

76 Horkheimer, Religion und Gesellschaft (1966-1969), in: GS 6, S. 414 f.

77 Siehe Cohen, Religion der Vernunft, S. 109-130.

78 Siehe ebd., S. 280 u. – auf Kants Vorwurf bezugnehmend – S. 122.

79 Johannes Brachtendorf, Das Judentum und die Geheimnisse der Vernunft, in: Otfried Höffe (Hg.), Immanuel Kant, Die Religion innerhalb der Grenzen der bloßen Vernunft, Berlin 2011, S. 151-172, hier 153 f.

80 Vgl. Brachtendorf, Das Judentum und die Geheimnisse der Vernunft, S. 156.

zum Merkmal der »wahren Kirche«, sondern die Partikularität.[81] Es war Hermann Cohen, der als bedeutender Vertreter des Marburger Neukantianismus[82] – und Horkheimer war mit dessen Werk vertraut[83] – die Vorwürfe Kants entschieden zurückwies und zu entkräften suchte. In *Religion der Vernunft aus den Quellen des Judentums* (1919) versuchte er nachzuweisen, dass das Judentum die Vernunftreligion par excellence sei. In ihm finden sich nicht nur die metaphysische Lehre von der Einzigartigkeit Gottes, sondern auch und gerade die Vorstellungen von »Unsterblichkeit«, »Tugend« und »Sittlichkeit«. Auch der Universalismus,

81 Vgl. ebd., S. 157. Im Wortlaut Kants: »Denn ein Gott, der bloß die Befolgung solcher Gebote will, dazu gar keine gebesserte moralische Gesinnung erfordert wird, ist doch eigentlich nicht dasjenige moralische Wesen, dessen Begriff wir zu einer Religion nötig haben. Diese würde eher bei einem Glauben an viele solche mächtige unsichtbare Wesen statt finden, wenn ein Volk sich diese etwa so dächte, daß sie bei der Verschiedenheit ihrer Departments, doch alle darin übereinkämen, daß sie ihre Wohlgefallens nur den würdigten, der mit ganzem Herzen der Tugend anhinge, als wenn der Glaube nur einem einzigen Wesen gewidmet ist, das aber aus einem mechanischen Cultus das Hauptwerk macht« (zit. n. Brachtendorf, Das Judentum und die Geheimnisse der Vernunft, S. 157). Das Christentum stelle insofern einen Bruch dar: In der Öffnung für die Heiden überwinde es den jüdischen Partikularismus und manifestiere einen Universalismus der Vernunftreligion. Hier, so Brachtendorf, zeigten sich paulinische Motive; so in der Gegenüberstellung von Freiheit und Gesetz sowie von Geist und Buchstabe (siehe ebd.). Horkheimer geht nur an wenigen Stellen seines Werkes auf die ablehnende Haltung ein, die Kant gegenüber dem Judentum artikuliert. Das ist umso bemerkenswerter, als bereits Zeitgenossen Kants auf dessen Argumente eingingen, u. a. Lessing und Mendelssohn. Wenige Jahre vor Kants Religionsschrift, in der er sich ablehnend über das Judentum äußert, erschien in Berlin Mendelssohns religionsphilosophische Schrift *Jerusalem oder über die religiöse Macht und Judentum* (1783), die auch Kant rezipierte, ebd. S. 160.

82 Zur Philosophie und Geschichte des »Neukantianismus« siehe Adrian Daub, Neukantianismus, in: Dan Diner (Hg.), Enzyklopädie jüdischer Geschichte und Kultur, Bd. 4, Stuttgart u. Weimar 2013, S. 346-350. Der Neukantianismus sei, so Daub, insbesondere als jüdische Aneignung der Philosophie Kants wahrgenommen und als solche von reaktionärer, nationalistischer Seite attackiert worden, so z. B. von Heidegger. Die jüdische Rezeption Kants, als deren prominenter Vertreter Cohen gilt, hebt vornehmlich auf den Begriff der Vernunft ab, den er als mit der Ethik des Monotheismus identisch betrachtet.

83 Horkheimer zitiert die Ausführungen Hermann Cohens aus *Kants Theorie der Erfahrung* (1871) sowohl in seiner Dissertation als auch in seiner Habilitation. Vgl. Horkheimer, Zur Antinomie der teleologischen Urteilskraft (1922), in: GS 2, S. 15-72, hier S. 68; Horkheimer, Über Kants Kritik der Urteilskraft als Bindeglied zwischen theoretischer und praktischer Philosophie (1925), in: GS 2, S. 75-146, hier S. 137.

den Kant für die Vernunftreligion einfordere, sei in den Quellen des Judentums nachweisbar.[84]

Unter einer Notiz Friedrich Pollocks, die mit »Judenfeindschaft« überschrieben ist, findet sich folgende Frage: »Woher kommt es, daß viele der großen Aufklärer, vor allem Voltaire und Kant, ausgesprochene Judenfeinde waren?«[85] Auch Horkheimer war sich der antijüdischen Inklinationen Kants bewusst.[86] Nicht ohne Ironie schreibt Horkheimer darüber an anderer Stelle und vereinnahmte damit zugleich Kant für das Judentum:

> Die Theorie, nach der Gott, Gottvater, Gottsohn nach dem Eben- und Wunschbild des Menschen entstanden, wäre zu ergänzen durch die ewige, unsterbliche Seele der Menschen und sehr viele andere Kategorien der Religion. Dadurch jedoch, daß selbst die Originale, nach denen die Wunschbilder bestimmt sind, als Produkte zweckbedingter menschlicher Ordnungsfunktionen sich erweisen, wird die Projektionstheorie selbst relativiert. Auch ›der‹ Mensch ist eine menschliche Vorstellung. Solche Einsicht, die das Wissen, nicht bloß den Glauben einbegreift, verweist am Ende auf ein nicht zu fassendes Anderes, ein Absolutes im Gegensatz zur menschlichen Weltauffassung. Kant und das ihm verhaßte Judentum behalten recht.[87]

Das Christentum erweist sich für Horkheimer als »Projektionstheorie«, weil der Mensch sich selbst auf »Gott« projiziere. »Gott« werde damit anthropomorphisiert und bilde sich als und in der Projektion ab. Es existiere mithin kein »Urbild«, kein »Original«, sei menschlich erzeugt

84 Cohen kann sich auf Moses Mendelssohn berufen. Dieser hatte bereits wenige Jahre vor dem Erscheinen der Religionsschrift Kants in *Jerusalem oder über die religiöse Macht und Judentum* (1783) das Judentum vernunftreligiös gedeutet. Siehe dazu Brachtendorf, Das Judentum und die Geheimnisse der Vernunft, S. 158 f. Ein eigenes Forschungsfeld stellt die jüdische Rezeption Kants dar. Vgl. Brumlik, Kant und die Tora. In einer Notiz vom Oktober 1967 schreibt Horkheimer: »Schon der deutsche Philosoph Hermann Cohen (1842-1918) entdeckte in Marxens Kommunismus und der alttestamentarischen Prophetie verwandte Züge. So ist zum Beispiel die Vision des Propheten Jesaja von Jahwes Reich Modell der klassenlosen Gesellschaft des Marxismus. Im neuen Reich Jahwes sollten, so Jesaja, ›nicht mehr dasein Kinder, die nur etliche Tage leben, oder Alte, die ihre Jahre nicht erfüllen [...]. ‚Die Menschen sollen nicht bauen, was ein anderer bewohne, und nicht pflanzen, was ein anderer esse‹ [...]« (Horkheimer, Ernst Bloch et al., in: GS 14, S. 445-447, hier S. 446).

85 Horkheimer, Judenfeindschaft, in: GS 14, S. 481 f., hier S. 482.

86 Siehe zur Judenfeindlichkeit Kants Micha Brumlik, Deutscher Geist und Judenhaß, München 2002, S. 27-74.

87 Horkheimer, [Dialektik des Anthropomorphismus], in: GS 14, S. 140.

und damit bereits funktionalisiert wie in der Welt einbegriffen. Das sei zum »Glauben« des selbst erzeugten »Gottes« zu wissen. Im frommen Christentum seien »Wissen« und »Glaube« nicht getrennt. Indem Kant jedoch selbst auf der Trennung insistiert habe, komme er dem Judentum, das dem »Absoluten« weder Begriff, Name noch Gestalt zukommen lasse und als Gegensatz zum Dasein konstituiert sei, philosophisch nah. Diese ideelle Nähe, so sei an dieser Stelle festgehalten, war für das moderne jüdische Denken von Bedeutsamkeit. Sie entbehrte nicht einer gewissen Ironie, denn Kant wurde insbesondere von jüdischen Denkern popularisiert. Besonders Cohen leistete hier philosophischen Vorschub, so Leo Löwenthal, seien doch die drei Säulen seiner Philosophie Kant, Sozialismus[88] und Judentum gewesen. Löwenthal macht daran die jüdische Religionsphilosophie fest. Cohens grundsätzliche Frage war aus seiner Sicht: »Wird die Religion, werden die religiösen Inhalte des Judentums vor der Ratio bestehen?«[89] Dies bleibe das Kernthema, das sich maßgeblich in Cohens Schriften niedergeschlagen habe[90] und, so die These, auch das jener Generation jüdischer Denker, der Horkheimer angehört, der selbst das Judentum mit den Begriffen von Vernunft konfrontiert.

»Mit der Vernunft«, so Löwenthal, »beginnt die jüdische Religionsphilosophie.«[91] Mit der »Vernunft« jedoch beginne auch, so wiederum Habermas, die Religionsphilosophie überhaupt: »[D]ie Religion wurde vor die Schranken der Vernunft zitiert. Das war die Geburtsstunde der Religionsphilosophie.«[92] Angesichts der Katastrophen des

88 Löwenthal hebt indes darauf ab, dass Cohen den nicht-idealistischen Marx »ethisch« interpretiere. Siehe dazu Leo Löwenthal, Hermann Cohen, in: ders., Schriften, Bd. 4: Judaica, Vorträge, Briefe, hg. v. Helmut Dubiel, Frankfurt am Main 1984, S. 44-52, hier S. 45.

89 Ebd.

90 Hier führt Löwenthal drei Schriften Herrmann Cohens an: *Die Ethik des Moses Maimuni* (1908), *Innere Beziehung der kantischen Philosophie zum Judentum* (1910) und *Der Begriff der Religion im System der Philosophie* (1915), außerdem aus dem Nachlass und als »Vermächtnis« *Religion der Vernunft aus den Quellen des Judentums* (1919).

91 Löwenthal, Hermann Cohen, S. 46. Adorno schreibt auch: »Seine [Kants, M. H.] Philosophie kreist, wie übrigens wohl eine jede, um den ontologischen Gottesbeweis« (zit. n. Hailer, Religionsphilosophie, S. 90). Dass sich diese Aussage keineswegs nur auf die Philosophie Kants bezieht, sondern auf die Behauptung, dass jede Philosophie um den ontologischen Gottesbeweis kreise, schließt das eigene Denken wohl mit ein. Damit trifft Adorno auch eine Aussage zu seinen Anstrengungen.

92 Habermas, Die Grenze zwischen Glauben und Wissen, S. 216, Lutz-Bachmann zitierend, vgl. ebd. Weiter heißt es: »Kants Selbstkritik der Vernunft richtet sich nach beiden Seiten: auf die Stellung der theoretischen Vernunft zur metaphysischen Überlieferung und andererseits auf die Stellung der praktischen Vernunft

20. Jahrhunderts galt dies jedoch auch vice versa. So galt es, die Vernunft in ihrem Absolutheitsanspruch zu begrenzen. Dies war nach Löwenthal die Aufgabe der jüdischen Religionsphilosophie. Ihre philosophischen Anstrengungen galten einer Vernunft, die »Glauben« und »Wissen« zu trennen beabsichtigte und überhaupt einen Begriff von der Idee des »Absoluten« als Korrektiv annehmen sollte.

Nicht zuletzt über Cohens Schriften entstand Horkheimers Nähe zu Kant und zum Judentum, freilich eines Judentums, das idealistisch[93] geprägt ist, jedoch nicht wie bei Cohen ungebrochen an der »Vernunft« festhalten kann. Insbesondere Stefan Breuer moniert, dass Horkheimers

> Denken doch bis ins Spätwerk hinein durch eine so große Nähe zum Idealismus gekennzeichnet [ist], daß ihm grundlegende Einsichten in die Formbestimmtheit des Denkens und der Vergesellschaftung verstellt bleiben. Weil Horkheimer im Idealismus nicht die Reflexionsform einer abstrakten Gesellschaft, sondern den Vorschein der Wahrheit sieht, diesen aber immer weniger mit der Realität vermitteln kann, gerät er in eine defensive Position, die am Ende kaum noch von derjenigen der spätbürgerlichen Kulturkritik zu unterscheiden ist. Die diagnostischen Fähigkeiten der kritischen Theorie werden zunehmend von einer Haltung verdrängt, die der Philosophie die Aufgabe zuweist, ›das Eingedenken und Gewissen der Menschheit‹, mit anderen Worten: Religionsersatz, zu sein (KT III, 278). In Horkheimers Spätwerk erfährt man folgerichtig mehr über die Erbsünde, die Wahrheit der Theologie und die Aktualität Schopenhauers als über die Architektonik der modernen Gesellschaft.[94]

Ist die Kritische Theorie also lediglich »Religionsersatz«, ›allein‹ »Religionsphilosophie«? Vor dem Hintergrund, dass das Postulat Gottes sowie die »Sehnsucht nach dem ganz Anderen« zur Vernunft gehören, es mithin Bestand der Aufklärung ist, kann diese pejorative Bewertung zurückgewiesen werden. Zu konstatieren ist vielmehr, dass in der Annahme eines notwendig Unbedingten und »Absoluten« eine gedankliche Konstellation besteht, die das säkulare Judentum und die Philosophie Horkheimers insgesamt prägt. Insofern ist die Feststellung eines religiösen Moments in Horkheimers Kritischer Theorie zutreffend, jedoch an-

zur christlichen Lehre. […] Nach beiden Seiten hin tritt Kant ›Anmaßungen der Vernunft‹ entgegen« (ebd., 216 f.).

93 Dass der Idealismus Horkheimers der Kant-Rezeption Cohens entspringt, ist eine mögliche Deutung, die Stefan Breuer indes nicht in Erwägung zieht, vgl. dazu bes. Maier, Jüdisches Erbe aus deutschem Geist.

94 Breuer, Horkheimer oder Adorno, S. 374.

ders zu bewerten: Sie ist auch jüdische Religionsphilosophie und enthält gerade auch deswegen das Moment und das Ethos der Kritikfähigkeit.

Die Orientierung an Kant und am Idealismus ist zugleich eine Manifestation eines spezifischen Judentums des 20. Jahrhunderts, für die Denker wie Bloch, Marcuse, Adorno, Benjamin und eben auch Horkheimer[95] exemplarisch stehen: Insbesondere Letzterer verteidigt ein jüdisches Ethos, d.h. eines, das sich unbedingt denkt und philosophische Spuren hinterlassen hat, die zu entziffern sind. Seine Kritische Theorie ist, dies scheint in einer Selbstaussage Horkheimers in dem Festhalten am »Absoluten« durch, »Hinterwelt«.[96] Diese beabsichtigt er zu verteidigen, weil, und dies ist der historische und dem Zeitgeschehen geschuldete Grund, der »Mörder nicht über das unschuldige Opfer triumphieren möge.«[97] Darin vollzieht sich eine geistige Bewegung, die die Ermordeten zwar nicht nachträglich retten kann, jedoch den Modus der Potenzialität bewahrt, um ihnen eine Würde allein in einer ohnmächtigen und emphatischen Geste zukommen zu lassen.

95 In der Wahrnehmung Gershom Scholems gehörte der Kreis um Horkheimer rückblickend zu den »drei bemerkenswertesten Sekten«, die das deutsche Judentum hervorgebracht habe: »Ich pflegte die drei Gruppen um die Bibliothek Warburg, um das Institut für Sozialforschung von Max Horkheimer und die metaphysischen Magier um Oskar Goldberg als die drei bemerkenswertesten ›Jüdischen Sekten‹ zu definieren, die das deutsche Judentum hervorgebracht hat. Nicht alle haben es gehört. Nicht alle haben es gern gehört« (Gershom Scholem, Von Berlin nach Jerusalem, Frankfurt am Main 1994, S. 162).

96 Horkheimer, Ausgeträumt (1961-1962), in: GS 6, S. 392.

97 Horkheimer, Die Sehnsucht nach dem ganz Anderen, S. 389.

Judentum

Unter dem Titel »Haben die Juden eine Religion? Die nicht-positivistische Antwort« schreibt Horkheimer:

> Der Positivismus antwortet: das hängt von der Definition der Religion ab. Die nicht-positivistische Antwort lautet: die Religion ist eine geistige Realität. Für das Judentum sind die Geschichten von der Erschaffung der Welt, von den Wundern usw. belanglos. Es glaubt an einen Gott, dessen Namen nicht ausgesprochen werden darf und zu dem man im Grunde nicht beten kann [...]. Der Jude lebt nach den Vorschriften seines Gesetzes und im Bewußtsein, ein Teil des Volkes zu sein. Seine schwerste Bestrafung: ›nicht gedacht soll seiner werden‹. Seine Hoffnung: ›der Messias‹.[1]

Die Notiz skizziert das philosophische Gerüst von Horkheimers Denken: Er favorisiert die »nicht-positivistische Antwort«, die jedoch nicht als ein Gegenüber den »Glauben« im Sinne der christlichen Anschauung den vergöttlichten Menschen Jesus stärkt, sondern hier ist »Religion« als »geistige Realität« begriffen.[2] Damit ist die relative Beziehung von Bewusstsein und Sein im Sinne der menschlichen Existenz angesprochen. Das Judentum ist vor diesem Hintergrund vor allem als Praxis zu verstehen. Verbunden ist damit die Forderung, dass der »Geist« sich konkretisieren müsse. Im Judentum ist mithin die Relation zur Existenz, auch die zur Geschichtsgemeinschaft, zum »Gesetz« und zum »Eingedenken« gefasst. Der metaphysische und der in der Liturgie praktizierte erinnernde und hoffende Blick sind für das Judentum konstitutiv. Auch die konzeptionelle Abhängigkeit des Positivismus von Definitionen wird hier angedeutet, denen er misstraut, stattdessen vielmehr »Bewegung« einfordert, die auch der Philosophie selbstreflexiv zugrunde liegen müsse.

Diese ideelle als ethisch konstituierte Perspektivität drückt sich als Bewusstsein der Kritik oder, wie es Horkheimer in einem Gespräch formu-

1 Horkheimer, Haben die Juden eine Religion? Die nicht-positivistische Antwort, in: GS 14, S. 331 f.

2 Es scheint mir angemessen und notwendig zu sein, die Kritik am Religionsbegriff bis in die späte Moderne auszuweiten. Siehe dazu Daniel Boyarin, Gab es in der griechisch-römischen Epoche ein »Judentum«?, in: Christina von Braun u. Micha Brumlik (Hg.), Handbuch Jüdische Studien, Wien 2018, S. 59-79. Vor diesem Hintergrund erweist sich auch die Bezeichnung des späten Denkens Horkheimers als »Religion ohne Gott« als begrifflich unscharf. Horkheimer insistiert vielmehr auf seinem Begriff von Judentum. Vgl. Helmut König, Elemente des Antisemitismus. Kommentare und Interpretationen zu einem Kapitel der Dialektik der Aufklärung von Max Horkheimer und Theodor W. Adorno, Weilerswist 2016, S. 327-337.

liert, »als wirklich denkend«[3] aus. Der »wirklich denkende Mensch« sei dem »Eingedenken« verpflichtet und in der »Sehnsucht« auf Gerechtigkeit wie Versöhnung hin orientiert, die dem Nächsten und sich selbst gälten. Diese grundlegende »theologische« Überzeugung sei im »wirklich« Denkenden verankert, unabhängig davon, ob er sich als observant oder atheistisch gesinnt versteht. Horkheimer richtet dabei den »Fokus auf die spezifische Art des Denkens, die aus der moralischen Urteilskompetenz«[4] erwachse und ausdrücklich – dies belegt die Verwendung des Terminus »wirklich« – mit der Praxis verknüpft sei. Die Urteilskompetenz gründe sich hierbei in der Autonomie des Subjekts, das sich im Geiste ›frei‹ am Objekt bewegen könne. Die von Horkheimer eingeforderte relative Autonomie erweist sich für das Judentum als paradigmatisch. Sie gilt Horkheimer indes auch als ideeller Begriff des bürgerlichen Subjekts überhaupt: In seiner Inklination besteht diese Autonomie in einem bewussten, d.h. kritischen kognitiven Verhalten, das sich gegen Idolatrie wehren und sich der kultischen Überhöhung eines Bildes, einer Statue oder Person entziehen könne, sich dem projizierten Zugriff des Objektes also nicht unterwerfe. Diese verweigernde und widerständige Haltung gegenüber dem »falschen Bild« korrespondiere – und dies ist die Erweiterung Horkheimers – mit der resilienten Haltung gegenüber der falsch eingerichteten Gesellschaft. Sie, die sich einer Identifikation verwehre, habe ihre Wurzeln im »Bilderverbot«.

> Die jüdische Religion duldet kein Wort, das der Verzweiflung alles Sterblichen Trost gewährte. Hoffnung knüpft sie einzig an das Verbot, das Falsche als Gott anzurufen, das Endliche als das Unendliche, die Lüge als Wahrheit.[5]

Damit spricht Horkheimer das Verhältnis zur Konkretion und den Blick auf das Wirkliche an. Die Konfrontation mit der Wirklichkeit könne keinen »Trost« bereithalten, denn dieser würde sogleich das Eingeständnis mit dem »Dasein«[6] bestärken. Hingegen enthalte sich »Hoffnung« in der Negation, in dem Beharren auf dem Verbot, das keine falsche Affirma-

3 Horkheimer, »Was wir ›Sinn‹ nennen, wird verschwinden«, S. 350.

4 Herta Nagl-Docekal, Nach einer erneuten Lektüre: Max Horkheimer, Die Sehnsucht nach dem ganz Anderen, in: Deutsche Zeitschrift für Philosophie 68 (2020), 5, S. 659-688, hier S. 669.

5 Horkheimer u. Adorno, Begriff der Aufklärung, S. 46.

6 Ich verwende »Dasein« (»Existenz«) und »Sein« (»Essenz« bzw. »Gott«) im religionsphilosophischen Kontext Hermann Cohens, vgl. Cohen, Religion der Vernunft, v.a. S. 51.

tion gewährt und gewähren dürfe, weil damit die Potenzialität, die das »Sein« im Sinne Hermann Cohens verspreche, suspendiert wäre.

Diese Potenzialität des »Anderen« ist im »Bilderverbot« bewahrt, so heißt es:

> Gott als Geist tritt der Natur als das andere Prinzip entgegen, das nicht bloß für ihren blinden Kreislauf einsteht wie alle mythischen Götter, sondern aus ihm befreien kann.[7]

Gott »ist« das absolut Andere,[8] das als Idee bestehen muss, um, wie bereits gezeigt, eine Moral und ethisches Handeln begründen zu können.

Das »Bilderverbot«, das dem Geist höchste Abstraktion abverlange, weil die Vorstellung tabuisiert und Gott außerhalb des weltlichen Prinzips unbedingt zu denken sei, eben dieses »Absolute« könne – und dies ist die Verheißung – aus dieser Einrichtung der Welt befreien. Das Christentum habe jedoch die Abstraktion zurückgenommen und die Furcht vor dem »Absoluten« durch die Menschwerdung in Jesus mildern können.[9] Das »Unendliche« sei dem »Endlichen« gleichgemacht worden. Die »Verehrung des Endlichen«[10] affirmiere jedoch resignativ das Diesseitige. »Dasein« und »Sein« würden kongruent. Davon sei philosophisch und kognitiv Abstand zu nehmen. Konsequent weist Horkheimer diese religiöse Affirmation des »Dasein« zurück. Dabei erfülle die Kritische Theorie ihre spezifische Aufgabe, ihr Denken, wenn sie

> mit hohem Eifer alles Endliche, von der Menschengattung bis hin zu deren Vernunftideen in das Universum des Relativen und Vergänglichen überführt, dessen Überhebung aber als ›Selbstvergötzung zum Absoluten‹ unerbittlich ›denunziert‹ und ihrem kritischen Impuls unterwirft.[11]

7 Horkheimer u. Adorno, Elemente des Antisemitismus, S. 206.

8 Das »Andere« jedoch – so die jüdische Überlieferung – verankert im Gesetz einen sozialen Kodex, der Gerechtigkeit und Frieden, d. i. Vollkommenheit (»Schalom«), unter den Menschen stiften soll.

9 Vgl. dazu Moses Hess: »Seit der Entstehung des Christenthums arbeitet man daran, den Unterschied zwischen dem Vater und Sohn, Göttlichen und Menschlichen, d. h. zwischen dem ›Gattungsmenschen‹ und dem ›leibhaftigen‹ Menschen aufzuheben« (Moses Hess, Die letzten Philosophen, Darmstadt 1845, S. 1).

10 Horkheimer, zit. n. Hans-Klaus Keul, Kritik der emanzipatorischen Vernunft. Zum Aufklärungsbegriff der Kritischen Theorie, Frankfurt am Main 1997, S. 219.

11 Keul, Kritik der emanzipatorischen Vernunft, S. 219. Hier ist darauf aufmerksam zu machen, dass Hegel »Unendlichkeit« zum Grundbegriff der Philosophie erklärt hatte. Es gehe ihm hier, so Rolf-Peter Horstmann, um die strukturellen Vorgaben, »ohne die das Projekt der Beschreibung der Wirklichkeit als eines auf Selbstrealisation angelegten Vernunftprozesses konzeptuell nicht zu bewältigen

Seine Denkanstrengungen fokussiert Horkheimer auf die relative, diesseitige und endliche menschliche Existenz. Das ist die Hinwendung zum materialistischen Denken, denn es gelte, die Gesellschaft zu verbessern. Verbunden ist damit auch das Bestreben, Formen der Selbstüberhebung dieser relativen Existenz zu kritisieren und abzuwehren. Die menschliche Vergöttlichung abzulehnen, ist dabei zentraler Bestandteil des Judentums. Die selbstvergötzende »Überhebung« des Menschen ist, wie bereits mehrfach angeklungen, eben nicht nur im religiösen Kontext zu reflektieren. Diese christliche Beugung des »Bilderverbots« übersetzt sich auch in die idealistische Philosophie Hegels, nach der das »Absolute« in die Endlichkeit herabkommt. Diese erfahre sich so als endlich und überwinde sich damit selbst. Die Menschwerdung Gottes in Jesus wird auf diese Weise in die Philosophie übersetzt. Sie kennzeichnet mithin Hegels christologische Vermittlung zwischen dem »Absoluten« und dem Endlichen.[12]

Diese philosophische Figur fällt für den späten Horkheimer hinter Kant zurück, insbesondere durch die konkrete Aufhebung bzw. die positive Synthese. Dies merkt auch Breuer an. Zwar reiht er Horkheimer in die idealistische Schule ein, erkennt gleichwohl in dessen Denken kritische Distanz:

> Philosophiegeschichtlich gesehen handelte es sich um eine Variante des Linkshegelianismus, der mit seiner Insistenz auf der Unabgeschlossenheit der Dialektik gleichsam einen Schritt von Hegel zurück auf Kant machte, ohne dabei freilich Hegels Historisierung des Transzen-

wäre« (Rolf-Peter Horstmann, Hegel über Unendlichkeit, Substanz, Subjekt. Eine Fallstudie zur Rolle der Logik in Hegels System, in: Internationales Jahrbuch des Deutschen Idealismus 1 (2003), S. 183-200, hier zit. n. einer Onlinefassung unter: https://www.philosophie.hu-berlin.de/de/lehrbereiche/idealismus/mitarbeiter1/horstmann/texte/hegelunendlichkeit.pdf (6. Juni 2022).

12 »Die erste bestimmte Gestalt nahm der dialektische Ansatz Hegels in seiner frühen Reich-Gottes-Theologie an. Obwohl die Dialektik von Gott und Welt, von Unendlichem und Endlichem, die Hegel in seinen Jugendschriften entwickelte, auf den ersten Blick mit der Erfahrungsdialektik nichts zu tun zu haben scheint, hängt sie insofern wesentlich zusammen, als sie Subjekt-Objekt-Dialektik ist, nämlich als Dialektik von Gott als absolutem Subjekt und Welt als Inbegriff von dessen Objekten. Gott oder das absolute Subjekt verhält sich zur Welt in derselben Weise wie das endliche Subjekt zu den Gegenständen seiner Erfahrung, so daß sich Hegels frühe, theologisch gedeutete Dialektik als Projektion der Strukturen der dialektisch interpretierten Erfahrungstheorie auf das Verhältnis von Gott und Welt begreifen läßt. Die dabei vorauszusetzende Dialektik der Erfahrung ist von derselben Art wie die erfahrungstheoretische Dialektik bei Fichte und Schelling; sie stellt sich wie diese als Umdeutung Kantischer Gedanken dar« (Wolfgang Röd, Dialektische Philosophie der Neuzeit, München 1986, S. 123).

dentalsubjekts preiszugeben. Und es war ferner ein durch Feuerbach und den jungen Marx angereicherter Linkshegelianismus, der an Stelle des Weltgeistes und der List der Vernunft die geschichtliche Aktivität selbstbewußter menschlicher Subjekte setzte. Die materialistische Dialektik, so betonte Horkheimer weiterhin gegen Hegel, gebe kein abgeschlossenes Bild der Realität, und sie verweigere sich jeder gedanklichen Verewigung der irdischen Verhältnisse.[13]

Breuer insistiert jedoch auf Folgendem:

> Alle Modifikationen ändern jedoch nichts daran, daß Horkheimers Kritische Theorie eine idealistische Theorie war, der es in erster Linie um eines ging: um die ›Ausbreitung der Vernunft‹, um ihre ›Anwendung auf die gesamten Verhältnisse der Gesellschaft‹, um die ›Verwirklichung des Ideals‹ und die ›Vereinigung von besonderem und allgemeinem Interesse‹, wie sie schon im Contrat Social und in Hegels Idee der Sittlichkeit anvisiert ist.[14]

Diese Einordnung Breuers, der Horkheimer zu Recht in der deutschen und progressiven Philosophietradition verankert sieht, bedarf allerdings einer Ergänzung, die in der deutschen Rezeption seines Denkens bislang eher unbelichtet blieb. Horkheimer argumentiert mit dem jüdischen »Bilderverbot« gegen die Affirmation, gegen die konkretisierte und falsche Synthese an. Diese Intervention vollzieht er philosophisch und übersetzt darin das jüdische Denken. Die Übersetzung indes erweist sich als komplex, denn im philosophischen Vokabular ist der Gedanke aufgehoben und gleichsam ›akkulturiert‹.[15] Der Zwang zur Akkulturation erweist sich nicht allein gesellschaftlich, sondern schlägt sich auch philosophisch nieder. Insofern gilt es, Horkheimers jüdisches Denken in seiner Kritischen Theorie aufzudecken, die Übersetzung kenntlich zu machen und die Gedanken empathisch auf ihre Referenz hin zu entfalten. Er selbst baut die Brücken, indem er philosophische Termini als übersetzende Konstruktionen nutzt:

13 Breuer, Kritische Theorie, S. 23.

14 Ebd.

15 Hans-Joachim Schoeps verweist auf dieses übersetzende Moment 1938, vgl. Hans-Joachim Schoeps, Kritischer Idealismus und Jüdische Theologie, in: Monatsschrift für Geschichte und Wissenschaft des Judentums 82 (1938), 2, S. 73-85, hier S. 73. Siehe dazu auch den kompakten Überblick von Frederek Musall, Herausgeforderte Identität. Kontextwandel am Beispiel von Moses Maimonides und Hasdai Crescas, Heidelberg 2008, S. 33-39.

> Theologie bedeutet hier das Bewusstsein davon, dass die Welt Erscheinung ist, dass sie nicht die absolute Wahrheit, das Letzte ist. Theologie ist – ich drücke mich bewußt vorsichtig aus – die Hoffnung, daß es bei diesem Unrecht, durch das die Welt gekennzeichnet ist, nicht bleibe, daß das Unrecht nicht das letzte Wort sein möge.[16]

Im Begriff »Theologie« erhalte sich – und dieser kann aufgrund seiner christlichen Semantik für Horkheimer als Deck- und Ersatzbegriff gelten – das noch nicht realisierte Gute, das »Andere«.[17] Die Sprache und die Grammatik indes, auf die sich Horkheimer in der Insistenz auf dem »Bilderverbot« beziehen kann, sind, so ist anzumerken, bereits der hebräischen Sprache immanent. Sie übersetzt als konsonantisches Zeichensystem die Unendlichkeit Gottes.[18] Denn Gott ist im Judentum als Zeit, nicht als Bild oder als Name gefasst. Der Name Gottes wird traditionell vermieden und nicht ausgesprochen. Bis in die Struktur des Hebräischen hinein ist also das Infinitive als unendliche Bewegung nachvollziehbar, als Anspruch und Aufforderung, abstrakt und offen zu denken.[19]

16 Horkheimer, Die Sehnsucht nach dem ganz Anderen, 389.

17 Den Begriff der »Theologie« auf das Judentum oder auf Jüdisches Denken anzuwenden, ist umstritten, weil sich die Theologie als akademische Lehre auf Gott und die Dogmen beziehe und vor allem als Wissenschaft vom Christentum fungiere. Das Judentum kenne im Gegensatz dazu Dogmen, jedoch keine Dogmatik. Siehe dazu Schalom Ben-Chorin, Die Problematik jüdischer Theologie, in: ders. u. Verena Lenzen (Hg.), Lust an der Erkenntnis. Jüdische Theologie im 20. Jahrhundert, München 1988, S. 9-17.

18 Siehe dazu Hermann Cohen, Das Prinzip der Infinitesimal-Methode und seine Geschichte. Ein Kapitel zur Grundlegung der Erkenntniskritik, Berlin 1883. In der kalifornischen Privatbibliothek, so ist Horkheimers Auflistung zu entnehmen, finden sich auch Albert Einsteins *Über die spezielle und die allgemeine Relativitätstheorie* (1921) und Moritz Geigers *Die Philosophische Bedeutung der Relativitätstheorie* (1921). Als Philosoph beschäftigte sich Ernst Cassirer in *Zur Einstein'schen Relativitätstheorie* (1921) einschlägig mit dessen Theorie. Auch dieser Band ist im Bestand der Privatbibliothek Horkheimers vorhanden. Zur Literatur siehe dazu Nicholas Berg, Relativitätstheorie, in: Dan Diner (Hg.), Enzyklopädie jüdischer Geschichte und Kultur, Bd. 5, Stuttgart u. Weimar 2014, S. 162-168. Auch Heinrich Heine schreibt im Anschluss an Spinozas Formel »Gott ist Alles«: »Gott ist in Bewegung, in der Handlung, in der Zeit« (Heinrich Heine, Die Romantische Schule, in: ders., Historisch-kritische Gesamtausgabe der Werke, Bd. 8,1, hg. v. Manfred Windfuhr, Hamburg 1979, S. 121-252, hier S. 154). Allerdings bezieht sich diese Aussage ironisch auf das Werk Goethes.

19 Die religiöse und philosophisch übersetzte Ehrfurcht vor dem Namen bezeugt das Judentum durch die Vermeidung des Gottesnamens: Er wird als Tetragramm geschrieben und es ist allein diese Konsonantenfolge, die im engeren Sinne als stellvertretende Bezeichnung fungiert.

Diese Enthaltung der affirmativen Aneignung des sakralisierten Bildes gilt Horkheimer als bedeutsame habituelle Konstitution des Judentums. Denn das »Bilderverbot« erwarte und fordere die analytische Fähigkeit ein und erweise sich deshalb als progressiv. Es fördere und fordere die kritische Haltung zur Welt und unterbinde potenziell die Affirmation. Darin scheidet sich jüdisches Denken von der abendländischen Philosophie, gerade im Umgang mit dem Bild.

Die Entsprechung dieser eingeforderten Haltung zum Bild artikuliert sich konstitutiv in der Selbstaussage Gottes. So heißt es in der Übersetzung Leopold Zunz': »Ich werde sein, der Ich bin.«[20] ›Werden‹ und ›Sein‹ fallen hier zusammen; das ist die göttliche Existenz. Nicht das Bild, sondern das Überzeitliche ist als das/der »Ewige« Gott.[21] »Gott« besteht unbedingt und unabhängig vom historisch-narrativ Evidenten. Das ausschließliche, permanente und autonome ›Sein‹ mit und ohne Bezug zum ›Dasein‹ beschreibt Cohen:

> Mose fragt nach dem Namen Gottes, den er den Israeliten nennen soll, und Gott antwortet: ich bin der Seiende. Ich bin der, der nicht anders benannt werden kann als durch ›ich bin‹. Darin schon ist ausgedrückt, daß kein anderes Sein diese Verbindung des Seins mit sich behaupten darf.[22]

Gott enthält sich einer Kongruenz, auf die auch Horkheimer hinweist: »In der jüdischen Religion […] bleibt das Band zwischen Namen und Sein anerkannt durch das Verbot, den Gottesnamen auszusprechen.«[23] Die darin entfaltete Dialektik besteht in der begriffslosen und damit nicht-instrumentellen bzw. freien Anerkennung des Daseins in Bezug zu Gott wie auch zum Menschen. Gott mag benannt werden können, aber indem diese Nennung verboten sei, bewahre sich die Potenzialität. Das Verbot ›eingedenkt‹ dieser Möglichkeit: ›Name‹ und ›Sein‹ könnten dann Identität erhoffen, wenn das Gute vollzogen wäre. Allein die Negation dieses »Bandes« verweist auf das zu Erwartende im Unendlichen, in dem die Erscheinung keine mehr sei, sondern das »Dasein« identisch mit dem

20 Schemot, 3:14.

21 Moses Mendelssohn übersetzt (wie vor ihm Calvin) den Namen Gottes als »der Ewige«. Damit wird Gott jenseits der Zeit ›verortet‹, sein »Sein« verharrt in absoluter Ruhe. Die Übersetzung ist also theologisch und ontologisch ausgerichtet, »theologisch, denn die Ewigkeit soll Gottes eigenes Wesen charakterisieren; ontologisch, insofern die Ewigkeit als Attribut einer notwendigen und selbst-identischen Substanz gedacht wird« (Stéphane Mosès, Eros und Gesetz. Zehn Lektüren der Bibel, München 2004, S. 74).

22 Cohen, Religion der Vernunft, S. 49.

23 Horkheimer u. Adorno, Begriff der Aufklärung, S. 46.

»Sein« sei. Das Verbot verweist damit also negativ auf die Versöhnung. Die immanente und transzendente Identität jedoch, die Kongruenz von ›Name‹ und ›Sein‹, nivelliere die Potenzialität. In dieser Identifikation Gottes sei sie zugunsten einer nunmehr erhofften und scheinbar bereits vollzogenen Versöhnung aufgegeben. Diese vorgezogene Versöhnung ist jedoch dadurch abgewendet, dass der Name Gottes sich einer eindeutigen Übersetzbarkeit enthält. Die darin inbegriffene Potenzialität besteht vielmehr in der zeitlichen Bewegung und Offenheit, also nicht finiten Gestalt. Gerade die Offenheit ist bereits in der hebräischen Sprache selbst angelegt. Die hebräische Bibel in ihrer ursprünglichen, nicht vokalisierten Form ist ein nahezu »unendlicher« Text, der sich vielen Auslegungen öffnet, jedoch einer definitiven Bestimmung enthält:

> Seit der Septuaginta bis zu den jüngsten Versuchen – von Luther über Mendelssohn bis hin zu Buber-Rosenzweig – haben sich alle Übersetzungen an dieser Grenze gestoßen, an der sich über die schlichte Vielheit der Sprachen hinweg die grundsätzliche Differenz zweier Sprachkonzeptionen zeigt: Die eine – und zwar die hebräische Konzeption – privilegiert das freie Spiel der Signifikanten, während die andere – nämlich die griechische Konzeption – auf der Logik der Signifikate insistiert.[24]

Der Literaturwissenschaftler Stéphane Mosès überträgt die linguistischen Eigenheiten des Hebräischen auch auf die Systeme des Denkens, die grundsätzlich verschieden seien: Ihre Differenz bleibe und könne »niemals völlig überschritten werden.«[25] Er führt dies am Beispiel des Tetragramms aus, wobei sich zwei Schulen gegenüberstünden: Die eine versuche, den semantischen Gehalt des Tetragramms zu bewahren, indem sie Entsprechungen in der Zielsprache suche; die andere, jüngere behandele ihn als konventionellen Eigennamen, »den sie durch alle möglichen phonetischen Übertragungen wiederzugeben« suche.[26]

Im Verständnis der klassischen rabbinischen Kommentare liegt im Tetragramm JHWH eine spezifische Kombination von Buchstaben vor, aus denen sich im Hebräischen die drei Zeitformen des Verbs »sein« in der dritten Person Singular deduzieren lassen: »HaJaH« (»er war«), HoWeH (»er ist«) und JiHiJeH (»er wird sein«). »Ich werde sein, der Ich sein werde« – dieses doppelte Futurum verweise grammatikalisch auf die menschliche Erfahrung der Zeit, »also auf die Unvorhersehbarkeit

24 Mosès, Eros und Gesetz, 73.
25 Ebd.
26 Ebd.

einer Zukunft, die unzählige, immer neue Formen annehmen kann.«[27] Das zweite »Ich werde sein« fungiere dazu als Zeichen der Differenz. Denn das Ich, das Subjekt des Diskurses, »verzichtet hier zugunsten der Unendlichkeit von Figuren, die die Zukunft hervorbringen mag, auf jede Selbstidentifizierung.«[28] »Ich werde sein, der ich sein werde« werfe, so Mosès, die göttliche Idee ins Feld der Geschichte, »dorthin, wo die Menschen ihr Schicksal leben; oder um es umgekehrt auszudrücken, sie setzt die Differenz in den Kern der Gottesidee selbst hinein«.[29] Das hebräische Relativpronomen »ascher« (»der«, »das«) ist keinesfalls die Markierung einer Identität, sondern vielmehr ein Merkmal dieser Differenz. Entsprechend versteht die jüdische Tradition das Tetragramm, zu dem der Talmud folgende Deutung bietet: »Ich werde mit euch sein in dieser Prüfung, wie ich mit euch sein werde in den Prüfungen, die euch noch bevorstehen.«[30] Die zeitliche Dimension entspreche »Gott«: Der »Ewige« sei kein Bild (und kein Objekt) und enthalte sich damit einer momenthaften Fixierung. Das entspreche, dies in Paraphrase, auch der messianischen Bewegung als unendliche Bewegung, die in der Fixierung, im Bild der Person Jesu[31] zum Abbruch käme.

Die Gleichzeitigkeit von Vergangenheit, Gegenwart und Zukunft, die in die konsonantische Struktur des Tetragramms eingeschrieben sei, verweist nach Mosès nicht auf ein »abstraktes Theologumenon – das der Ko-Präsenz der drei Zeitdimensionen in Gott (wie es von der Übersetzung durch ›der Ewige‹ suggeriert wird) –, sondern auf eine spezifische Form menschlicher Zeiterfahrung.«[32] Diese Erfahrung des »Zusammenziehens« der Zeit aber,[33] in der die älteste Vergangenheit und die entfernte Zukunft »in der Intensität ein und derselben Gegenwart

27 Ebd., S. 75.
28 Ebd.
29 Ebd.
30 Berakhot 9b, zit. n. Mosès, Eros und Gesetz, S. 75.
31 Im Christentum habe sich ein Kult des Bildes etabliert. Dieser sei eine Transformation der alttestamentarischen Suche nach dem »Antlitz Gottes, die sich der konkreten Bilder zunächst erwehrt, um die Transzendenz Gottes zu wahren und den Einsatz der ganzen Existenz des Menschen zu fordern«. Es sei nur ein menschliches Bedürfnis, »die Sehnsucht nach dem Schauen der Gestalt und des Gesichts der Gottheit«. Diese kehre im Topos des »Antlitzes Christi« transformiert zurück (Marc Weber, Christusbild: Grundfragen einer Christologie im Horizont des Iconic Turn in Auseinandersetzung mit der Christologie Hans Urs von Balthasars, Berlin 2016, S. 9).
32 Mosès, Eros und Gesetz, S. 75.
33 Die Kabbalisten sprechen von der göttlichen »Kontraktion« der Zeit. Siehe dazu Christoph Schulte, Zimzum, Berlin 2014. Hermann Cohen indes spricht von dem »absoluten Ruhen« (Cohen, Religion der Vernunft, S. 53).

aktualisiert werden«,[34] berührt ein elementares Moment jüdischen Denkens: es verbindet die narrativ verbürgte und historische Zeit miteinander. Dieses symbiotische Verhältnis von geschichtlichem und religiösem Selbstverständnis, das sich narrativ, liturgisch und gesetzlich vermittelt, ist grundlegend für das Judentum und den jüdischen Bedeutungsgehalt von Erinnerung.[35]

Die Leistung, die Horkheimer also implizit vollbringt, ist die Übersetzung des Judentums und jüdischer Paradigmen in die deutsche Philosophie. Die sprachliche Offenheit des biblischen Hebräisch, die in seiner Grammatik angelegte imperative Diskursivität und der darin zum Ausdruck kommende theologische Gehalt, verändert sich durch die philosophische Sprache, die Horkheimer zur Verfügung steht und in der er beheimatet ist. Sie wird durch die vermittelnde Übersetzung verengt und vereindeutigt, weil die Philosophie in ihrer begrifflich-analytischen und ideellen Absicht gerade im Begreifen darauf abzielt, eine Kongruenz von ›Name‹ und ›Sein‹, ›Dasein‹ und ›Schein‹, ›Existenz‹ und ›Essenz‹ herzustellen.

Die begrenzte Übersetzbarkeit des biblischen Hebräisch, das Tabu, den Namen Gottes auszusprechen und sich überhaupt ein Bild zu machen, sind, so ist zu konstatieren, Horkheimers Gedanken eingeschrieben und philosophisch darin artikuliert. In der Verbildlichung des Unendlichen, in der Bildwerdung des »Ewigen« sieht er – und hier überführt und erweitert er die theologische Frage des »Bilderverbots« – die Katastrophen der Geschichte kognitiv-habituell angelegt. Insofern liegt in seiner Insistenz auf dem »Bilderverbot« in Philosophie der bedeutsame gedankliche Hebel der Kritik, der seinem Spätwerk intellektuelle Attraktivität und politischen Ausdruck verleiht und einen jüdischen Standpunkt innerhalb der Philosophie behauptet. Es irritiert die Grundfesten des abendländischen Denkens, weil es Christologie[36] und Ideologie enthüllt, die sich mit der Philosophie verbinden.

34 Mosès, Eros und Gesetz, S. 75. Es sei hier angedeutet, dass die Gleichzeitigkeit von Vergangenheit, Gegenwart und Zukunft auch die Fragmente der *Dialektik der Aufklärung* kennzeichnet. Überdies überlagerte der Traum im Sinne Freuds diese Zeitebenen.

35 Siehe dazu Emil Ludwig Fackenheim, God's Presence in History, New York 1970; Hanno Loewy u. Bernhard Moltmann (Hg.), Erlebnis – Gedächtnis – Sinn. Authentische und konstruierte Erinnerung, Frankfurt am Main 1996; Yosef Hayim Yerushalmi, Zachor: Erinnere Dich! Jüdische Geschichte und jüdisches Gedächtnis, Berlin 1988; Maurice Halbwachs, Das kollektive Gedächtnis, Frankfurt am Main 1985. Vgl. Kupferberg, Erinnern und Eingedenken als jüdische Praxis.

36 Siehe zu »Christologie« die Studie von René Buchholz, Messianismus und Inkarnation. Probleme der Christologie, aktual. Fassung, Bonn 2020, online unter: https://www.academia.edu/27236673/Messianismus_und_Inkarnation_Prob-

Horkheimer erweitert mit der Übersetzung des jüdischen »Bilderverbots« den philosophischen Rahmen und scheut nicht davor zurück, dessen historisch und theologisch verhängnisvollen Bruch zu problematisieren. Denn in der christlichen Konkretion der göttlichen Identität sieht er das magische Denken entlarvt, das bis zum christlichen Impuls des Judenhasses ausstrahle: Der sich »verhärtende Geist« feinde den »Geist« an; »die Wahrheit« des Judentums sei das Ärgernis der Christen.[37] Damit hat das »Bilderverbot« also mitnichten als esoterisch zu gelten, allein religiös bedeutsam oder überkommen, sondern Horkheimer misst ihm eine politische, gesellschaftliche und vor allem zeithistorische Relevanz bei.

Seine u.a. im Januar 1970 in einem *Spiegel*-Interview umrissenen Gedanken[38] trafen auf Unwillen und Verständnislosigkeit.[39] Keineswegs jedoch handelte es sich bei seinen Aussagen um, so die Vorwürfe, die »Beichte eines Ketzers auf dem Totenbett«[40] oder eine »Flucht in die Theologie«.[41] Vielmehr muss die darin artikulierte »Sehnsucht nach dem Anderen«,[42] die auf dem »Bilderverbot« basiert, als Übersetzungsleistung betrachtet und verstanden werden. So ist »Sehnsucht« zwar im Kontext der deutschen Philosophie metaphysisch konnotiert. Bei Horkheimer erweist sich ihre jüdische Signatur jedoch gerade in der Kritik an der Identifikation mit dem Endlichen, mit dem er den affirmativen Weltbezug problematisiert. Erst die »Sehnsucht« befähige dazu, das »Dasein« zu ändern, insofern ihre Kritik an ›falschen‹ und verabsolutierten Idealen erkannt werde. Diesen Gehalt und Modus muss Horkheimer jedoch in einer philosophischen Sprache artikulieren, die die Definition bevorzugt, von deren Implikation er sich jedoch inhaltlich distanziert. Gerade in der »Definition« erweise sich das positivistische Bewusstsein, dem er sein Beharren auf der idealistischen Differenz von »Wesen und Erscheinung«

leme_der_Christologie_Lecture_summer_term_2016_Bonn_University_updated_June2020 (6. Juni 2022).

37 »Es ist die Feindschaft des sich als Heil verhärtenden Geistes gegen den Geist. Das Ärgernis für die christlichen Judenfeinde ist die Wahrheit, die dem Unheil standhält, ohne es zu rationalisieren, und die Idee der unverdienten Seligkeit gegen Weltlauf und Heilsordnung festhält, die sie angeblich bewirken sollen« (Horkheimer u. Adorno, Elemente des Antisemitismus, S. 209).

38 Horkheimer, »Was wir ›Sinn‹ nennen, wird verschwinden«, S. 345-357.

39 Vgl. Horkheimer, Die Sehnsucht nach dem ganz Anderen.

40 Ebd. Das Interview löste u.a. pejorative Reaktionen aus. Vgl. die Leserbriefe in Der Spiegel vom 1. Februar 1970, online unter: https://www.spiegel.de/politik/vorsorge-a-4cd438a1-0002-0001-0000-000045225192 (6. Juni 2022).

41 Siehe dazu Horkheimer, Zur Zukunft der Kritischen Theorie (1971) [Gespräch mit Claus Grossner], in: GS 7, S. 419-434, hier S. 434.

42 Horkheimer, »Was wir ›Sinn‹ nennen, wird verschwinden«, S. 351.

entgegenhält. In den Notizen von 1969 findet sich unter dem Titel »Glaubensbekenntnis« eine bemerkenswerte Äußerung:

> Die Spannung zwischen dem was ist und dem was sein soll macht den Menschen aus. Ich weiß nicht, ob es einen Gott gibt. Ich muß aber von einer Überzeugung ausgehen, und sie ist dem Menschen ins Herz geschrieben, wenn er ein Mensch ist. Wer nicht spürt, daß es Unrecht ist, daß einer leidet und der andere davon profitiert, ist kein Mensch. Die Beschränkung auf das bloß Seiende, ohne dass eine andere Dimension geahnt wird, ist unmenschlich. Obendrein wird dabei der Unterschied zwischen Wesen und Erscheinung vergessen.[43]

»Ich weiß nicht, ob es einen Gott gibt« – diese Aussage kann als agnostisch gelesen werden. Horkheimer relativiert seine Gedanken jedoch im Nachfolgenden: Die Beschränkung auf das bloß »Seiende« sei insofern »unmenschlich« und positivistisch, als dass darin die geistige Orientierung hin zum Besseren fehle. Moralisches Handeln hätte demnach keine Begründung. Demgegenüber besteht für Horkheimer gerade in der empathischen Urteilskraft der »Begriff vom Menschen«, der in der theologischen bzw. jüdischen Ethik begründet ist.

Das »Andere«, von dem Horkheimer spricht, bestimmt er in einer Notiz als die »Differenz zwischen dem Bild der Welt, wie sie erscheint, wenn sie durch ein Kunstwerk gesehen wird, und dem, wie sie der Wissenschaftler sieht.« Diese verweise auf »das Andere«, das »sich nicht definieren [lässt]und [...] dennoch die Voraussetzung jeder Bemühung um die Wahrheit«[44] sei. Horkheimer verknüpft insofern die »Sehnsucht nach dem Anderen« mit einer Vorstellung von »Wahrheit«, die jedoch gerade nicht im Positivismus, in der Wissenschaft, also auch nicht in der Schulphilosophie aufgehoben sei. Diese diene lediglich der Natur- und Menschenbeherrschung und habe »mit der Wahrheit nichts zu tun«:[45]

> Das Andere wollen, sich nicht mit instrumentalem Denken begnügen – hier fängt der Mensch an. Aber die Positivisten nennen diese Haltung eine unverbindliche Privatangelegenheit, Sache der Kunst oder der Religion und weniger höflich, einfach: verrückt. Aber ohne Gott gibt es nur instrumentales Denken. Das autonome Subjekt, das nicht bloß instrumental denkt, wird wie Gott funktionslos und verschwindet. Es erhalten wollen ist Romantik. [...] Einzusehen, daß

43 Horkheimer, Glaubensbekenntnis (Juni 1969), in: GS 14, S. 544.

44 Horkheimer, Der Pragmatismus und das Andere (Januar 1968), in: GS 14, S. 465.

45 Horkheimer, Denken [III] (30. Januar 1968), in: GS 14, S. 464-465, hier S. 465.

> wir es wünschen müssen, aber daß es nicht zu retten ist, ist kritische Theorie.[46]

Insofern kennzeichne die Kritische Theorie ein spezifisches Verhältnis von Philosophie und Theologie, von Praxis und Wissenschaft. Sie unterschlage nicht die Beziehung zur wissenschaftlichen Erkenntnis, verknüpfe diese Erkenntnisse jedoch stets damit, dass die Welt eine bessere werde, und verweigere sich deren Verabsolutierung.

Doch dieses autonome Subjekt, das gerade auf die Idee des »Absoluten« Bezug nimmt und nehmen muss, ist in der Welt, so wie sie Horkheimer eingerichtet erscheint, bedroht, weil es für das so begriffene Bewusstsein keinerlei Verwendung gibt. Die »kritische Theorie« erkennt diese Wirklichkeit an, ohne auf die Idee des »Absoluten« zu verzichten. Sie möchte das »Intelligible« erhalten, um gegen den »Fetisch« Widerstand leisten zu können. Neben Kant und Cohen greift Horkheimer hier auch auf Marx zurück, der der aufgeklärt-modernen Gesellschaft eine »falsche« Religiosität attestiert, die er am Fetischcharakter der Ware festmacht. Hartmut Böhme fasst diese Kritik wie folgt zusammen:

> Die religiöse Denkfigur wird von Marx also zum Zweck der Gesellschaftskritik profaniert und zugleich generalisiert, wodurch aber die Gesellschaft ihrerseits zu einer religiösen Ungestalt wird: der Kapitalismus verkehrt das, worin sich der Mensch entäußert und verwirklicht, die Arbeit, ins Gegenteil, so daß die vom Menschen selbst hervorgebrachte Gegenständlichkeit nicht als seine Verwirklichung erscheint, sondern sich verselbständigt als Macht gegen ihn, die ihn beherrscht, anstatt daß er sie beherrscht.[47]

Die Einsicht, dass die moderne Gesellschaft im »Bann archaischer Formen«[48] stehe, bringt Horkheimer auch im Bruch mit dem »Bilderverbot« in Verbindung. So bestehe der »Bann« in der Bindung ans Objekt und betreffe Gesellschaft wie Individuum in gleicher Weise. Damit aber sei jene Entfremdung in der religiösen Urszene der abendländischen Kultur angelegt, die so fatale Folgen zeitige.

46 Horkheimer, Instrumentales Denken, in: GS 14, S. 340. Hier erinnern die Worte an Walter Benjamins letzten Satz aus *Goethes Wahlverwandtschaften*: »Nur um der Hoffnungslosen willen ist uns die Hoffnung gegeben« (Walter Benjamin, Goethes Wahlverwandtschaften, in: Gesammelte Schriften I,II, hg. v. Rolf Tiedemann u. Hermann Schweppenhäuser, Frankfurt am Main 1991, S. 123-202, hier S. 201).

47 Hartmut Böhme, Fetischismus und Kultur. Eine andere Theorie der Moderne, Hamburg 2006, S. 316f.

48 Ebd., S. 329.

Die Grundlage der Entfremdung lag für Marx insbesondere in den Produktionsverhältnissen, als Entfremdung in der Arbeit, die sich letztlich als Selbstentfremdung konkretisiere. Diese bestehe auch im Privateigentum, im Warentausch und in der »sichtbaren Gottheit« des Geldes, »das alle Beziehungen beherrscht und in seine abstrakte Logik zieht.«[49] Damit aber sei Religiosität im »Fetisch« transformiert, säkularisiert, profaniert und materialisiert; das Objekt der religiösen Projektion ist der »Fetisch«,

> welcher der Entfremdung erst ihr Tremendum und Faszinosum leiht, ihre zugleich beängstigende wie anziehende Macht, ihre Sättigung mit sozialbindender Energie. Und darum muß die ›Kritik der politischen Ökonomie‹, die ein wissenschaftliches Programm darstellt, sich verbinden mit Religionskritik, müssen Analyse und Rhetorik verschmelzen […].[50]

Diese zentrale Erkenntnis Marx', dass der Fetischcharakter korrumpierten religiösen Ursprungs sei und in den genannten Objektbeziehungen wirklich bestehe, eignet sich Horkheimer an. Er bezieht die Fetischisierung indes auch auf die Rücknahme des »Bilderverbots«. Diese religiöse und kognitive Einstellung zum Objekt erscheint ihm als geistige Disposition der Entfremdung. Im Beharren auf dem Verbot und dessen Einhaltung, im Widerstand gegen das Idolatrische, gegen den »Fetisch« erhofft er sich jedoch die Rettung des »Intelligiblen.« Der Modus des Hoffens,[51] als »verzweifelte Hoffnung«,[52] hält in Horkheimers Denken daran fest, das Bessere und Gerechtere zu antizipieren, wagt es jedoch nicht – ganz wie das idealistische Judentum – es zu benennen.

Der als »metaphysische Gewalt«[53] bezeichnete Modus dieser Theorie ist nicht allein idealistisch, sondern baut auch auf der Kritik von Marx' Politischer Ökonomie auf. Horkheimer führt also die Kritik zu ihrem religiösen Ursprung zurück. Dies ist von der Hoffnung begleitet, die das

49 Ebd., S. 318.

50 Ebd.

51 Helmut Gumnior u. Rolf Ringguth, Max Horkheimer mit Selbstzeugnissen und Bilddokumenten, Hamburg 1988, S. 84.

52 Wiggershaus, Die Frankfurter Schule, S. 465. Bislang habe sich die Forschung, so Pascal Eitler, nicht genügend mit den verschiedenen Begriffen von »Hoffnung« und »Sehnsucht« auseinandergesetzt (Eitler, »Gott ist tot – Gott ist rot«, S. 83). Umso bemerkenswerter erscheint es, dass der Begriff »Hoffnung« in den 1960/70er-Jahren populär und im intellektuellen Diskurs vertreten war, wie etwa Ernst Blochs *Das Prinzip Hoffnung* (1959) und Jürgen Moltmanns *Theologie der Hoffnung* (1964) zeigen.

53 Gumnior u. Ringguth, Max Horkheimer, S. 84.

Diktum »Du sollst dir kein Bild machen« als kritische Haltung in und an der Welt bewahre, wobei sich der Mensch der selbst erzeugten Entfremdung bewusst werden könne.

Dieses Diktum gilt nicht nur für Horkheimers Denken allein, sondern, so formuliert es Leo Löwenthal, sei eine bedeutende »Gesinnung« der Kritischen Theorie insgesamt. Adorno bezeichnet dieses Denken als »erweitertes Bewußtsein«.[54] In einem Brief vom 25. Februar 1935 konstatiert er, dass er nie ernsthaft an den Atheismus Horkheimers »geglaubt«[55] habe. Darunter sei keinesfalls ein Theismus zu verstehen, sondern jene Intelligibilität, die sich im Judentum als denkerische Haltung zeige. Darin sei ein Impuls der Kritik an der Welt bewahrt, so »wie sie ist«.[56] An das »Bilderverbot« knüpfe sich damit auch die »Sehnsucht danach, daß es bei dem Unrecht, durch das die Welt gekennzeichnet ist, nicht bleiben soll. Daß das Unrecht nicht das letzte Wort sein möge. Diese Sehnsucht gehört zum wirklich denkenden Menschen.«[57]

Die stärkere Hinwendung Horkheimers zum Judentum in den Notizen, ›Spänen‹ und Gesprächen darf keinesfalls als reaktionär verstanden werden. Vielmehr argumentiert er gegen die bestehenden Verhältnisse in dem Bewusstsein, dass die Welt auch Erscheinung ist. Er wehrt damit philosophisch die falsche Identifikation und das magische Denken ebenso ab, wie er das idealisierte und affirmierte Endliche als »unwahr« entlarvt. Sein Insistieren darauf ist insofern jüdisch, als dass er die Identität von Unendlichem und Endlichem negiert: Das »Andere« enthält sich der Identifikation, es muss sich enthalten. Vielmehr konkretisiert sich

54 Vgl. Löwenthal, »Mitmachen wollte ich nie«; Adorno, Offener Brief an Max Horkheimer.

55 »Ich finde den Bergsonaufsatz ganz außerordentlich. Insbesondere ist es die Stelle über den Historiker als Retter, die mich im höchsten Maße ergriffen hat – es ist erstaunlich, wie völlig hier die Konsequenzen Ihres ›Atheismus‹ (an den ich freilich je weniger glaube, je vollkommener er sich expliziert: denn mit jeder Explikation steigt seine metaphysische Gewalt) solchen aus meinen theologischen Intentionen begegnen, die Ihnen so unbehaglich sein mögen wie sie wollen« (Theodor W. Adorno u. Max Horkheimer, Briefwechsel 1927-1969, Bd. I: 1929-1937, hg. v. Christoph Gödde u. Henri Lonitz, Frankfurt am Main 2003, S. 51-59, hier S. 52 f.).

56 Micha Brumlik fragt berechtigterweise, ob diese Spuren jüdischer Tradition die Kritische Theorie um ihren radikal-aufklärerischen Anspruch brächten oder aber ob die implizite Aufnahme eines spezifischen jüdischen Erbes, eines Ethos, Teil ihrer Kritik, Analysearbeit und Progressivität sei. Vgl. Brumlik, Messianisches Licht und Menschenwürde, S. 11. In der Weise, dies ist zu bemerken, wie Horkheimer Judentum versteht, liege gerade das (unbedingte) Potenzial der Kritik.

57 Horkheimer, »Was wir ›Sinn‹ nennen, wird verschwinden«, S. 350.

Kritik im Zweiten Verbot,[58] d.h. in der Negation der Idolatrie. Diese Haltung und der spezifische Bezug auf das »Sein« bzw. zu Gott betont Horkheimer 1971 im Vortrag zu »Bemerkungen zur Liberalisierung der Religion«:

> Die Hauptsache scheint mir die Neufassung des menschlichen Verständnisses von Gott zu sein. Gott als positives Dogma wirkt als trennendes Moment. Die Sehnsucht hingegen, daß die Wirklichkeit der Welt mit all ihrem Grauen kein letztes sei, vereint und verbindet alle Menschen, die sich mit dem Unrecht dieser Welt nicht abfinden wollen und können. Gott wird so zum Gegenstand der menschlichen Sehnsucht und Ehrung; er hört auf, Objekt des Wissens und Besitzes zu sein.[59]

Die Aktualisierung eines Verhältnisses zu Gott birgt für Horkheimer das Potenzial der Veränderbarkeit der menschlichen Existenz, die das »positive Dogma« ohne wirkliche Grundlage vorwegnimmt. Der definitorische Charakter von letzterem negiere die Bewegung, die sowohl die Philosophie als auch die menschliche Existenz auszeichne und auszuzeichnen habe. Das »positive Dogma« trennt, so ist Horkheimer zu verstehen, den Menschen also von der Hoffnung auf Versöhnung, weil es diese bereits postuliert. Dem stellt er das unabgegoltene Versprechen gegenüber, das universal zu denken sei, denn die »Sehnsucht« nach der Konkretion des Guten in der Welt vereine alle Menschen. Denn dass »am Bestehenden etwas unrichtig ist«, würden die Religionen mit Marx teilen, den Horkheimer hier als metaphysischen Materialisten deutet.[60] Mit dem Rückgriff auf Marx im Jahr 1971 positioniert sich Horkheimer nochmals deutlich: Sein Judentum entfaltet sich als Kritik an der »Verdinglichung« des Menschen in der Welt. Nicht allein ein materialistischer Bezug bilde den Ausgangspunkt der Kritik, sondern insbesondere das Bewusstsein, der »Geist«, des »wirklich denkenden Menschen«.

Damit ist seine zentrale Intention der Kritik, des Widerstands gegen das verdinglichte, das Menschliche zerstörende Bewusstsein zusammengefasst. Im Sinne Kants zeichne sich gerade hierin die »Intelligibilität« des Menschen aus, der sich geistig von seiner Existenz, d.h. sich reflektierend

58 »Du sollst dir kein Gottesbild machen und keine Darstellung von irgendetwas droben im Himmel, unten auf der Erde oder im Wasser unter der Erde. Du sollst sie nicht anbeten und ihnen nicht dienen.«

59 Horkheimer, Bemerkungen zur Liberalisierung der Religion (1971), in: GS 7, S. 233-239, hier S. 238.

60 Ebd., S. 239.

und sich darin selbst überhebend denken könne. Diese philosophisch gesprochene Intelligibiltät ist das Fundament des Jüdischen Denkens.

Damit ist aber Judentum nicht allein Religion, sondern erweist sich für Horkheimer als Ethik und Philosophie gleichermaßen. Er übersetzt es philosophisch, um es zu verteidigen und es nach der Vernichtung der europäischen Juden geistig abzusichern. Das Judentum, das sich philosophisch artikuliert, hat also die Aussicht, als Denkmodus vermittelt zu werden. Und dies ist eine Haltung, die Horkheimer mit anderen und früheren jüdischen Philosophen teilt. Hier artikuliert sich eine existentielle Apologetik angesichts der historischen Katastrophe. Das »Bilderverbot« als analytischer und ethischer Grundsatz, aus dem er sein Denken deduziert, ist sein Begriff von Judentum – und zwar deshalb, weil die geistige Abstraktion mit der ethischen Konkretion korreliere und in Bewegung bleibt bzw. zu bleiben habe.

Sehnsucht

Im August 1968 notierte Horkheimer unter dem Titel »Die Herkunft der kritischen Theorie« das Folgende:

> Der Marxismus wird oft, nicht mit Unrecht, säkularisierter Messianismus genannt. Ihm liegt die Sehnsucht nach dem ›wir wollen auf Erden unser Glück‹ [zugrunde], und das wird dann vorgestellt als die gute Gesellschaft, in der die Freiheit und die Gerechtigkeit verwirklicht sind. Mit alldem hat die Kritische Theorie nur insofern etwas zu tun, als sie die Sehnsucht teilt. Geleitet wird sie aber von einem anderen entscheidenden jüdischen Gedanken: ›Du sollst dir kein Bild machen.‹ Das heißt aber in moderner Sprache: Du kannst über das Absolute nichts aussagen. Das ist identisch mit dem Verbot Kants, daß der Gedanke in die Welt des Dings an sich noch nicht einmal ausschweifen dürfe. Gott ist für Kant ein Postulat, über seine Eigenschaften kann der endliche Mensch nicht befinden. Dasselbe Urteil gilt für die Wahrheit. Über sie lässt sich nur Negatives aussagen.[1]

In der Notiz verknüpft er zentrale Aussagen seines späten Denkens: das »Bilderverbot« und »Sehnsucht«. Dabei ist bemerkenswert, dass er sich gegen eine Praxis und ausformulierte Utopie wendet, die er bei Marx als Konkretion kritisiert. Deutlich grenzt Horkheimer die Kritische Theorie davon ab, allerdings teile diese mit Marx die »Sehnsucht«. Wie bereits das »Bilderverbot«, das Marx – so ist Horkheimer zu verstehen – durch die Formulierung einer Utopie aufzuweichen scheint, deutet er »Sehnsucht« als intellektuellen Habitus progressiv und versucht den Begriff als fortschrittlich aufzuwerten. Implizit wehrt er sich damit gegen dessen pejorative Perzeption und Rezeption. Der Auffassung, dass sich der Begriff »Sehnsucht« ausschließlich auf ein romantisches Gefühl beziehe, das sich eskapistisch den diesseitigen gesellschaftlichen Anforderungen verweigere und entziehe, tritt Horkheimer entgegen. Stattdessen attestiert er sich selbst und insbesondere Marx dessen kognitiv-intellektuelle Aufwertung. Dies war dem zeitgeschichtlichen Kontext geschuldet, dessen Zeitgeist er einen Verlust an innerer Unabhängigkeit attestiert, einen Mangel an dem »Mehr«.[2] Dieses »Mehr« versucht er im Begriff »Sehnsucht« zu fassen. Der Mensch sei »mehr« als seine Arbeitskraft, also »mehr« als der im Tauschverhältnis Definierte. Der Gedanke der »Sehnsucht« war indes

1 Horkheimer, Die Herkunft der kritischen Theorie, S. 491.

2 Horkheimer, Theismus – Atheismus, S. 184.

keineswegs neu in Horkheimers Denken, durchlief aber einen Entwicklungsprozess, der 1970 so notiert ist:

> In der Horkheimerschen Biographie findet sich das Motiv der Sehnsucht schon in der frühesten Jugend. Sehnsucht wonach? ›Zum Licht‹, nach Liebe und Freundschaft, nach einem Sinn des Lebens.
> Im Laufe der Jahre hat sich diese Sehnsucht weiter konkretisiert: nach einer guten Gesellschaft als der Voraussetzung für die Verwirklichung eines sinnvollen Lebens aller.
> Später erfolgte die Einsicht, daß die sozialistische Gesellschaft dieses Ziel nicht erreichen kann, sondern zur verwalteten Welt wird. Das führt zu dem Bekenntnis zum Liberalismus, der in seiner modifizierten Form noch ein geistiges Leben zuläßt.
> Die Sehnsucht aber wird schließlich zur ›Sehnsucht nach dem Anderen.‹[3]

Die Betonung des regressiven Moments von »Sehnsucht« greift angesichts dieser kursorischen biografischen, ideengeschichtlichen und apologetischen Ausführung zu kurz. In der Apologetik scheint bereits die abschätzige Perzeption des Begriffs »Sehnsucht« aufgegriffen, die Horkheimer nicht gelten lässt. Er betont stattdessen insbesondere das Progressive und verteidigt das »Motiv« gegen die pejorative Lesart. Hier scheint eine Übersetzung vorzuliegen und es gilt, Horkheimers Deutung von Begriff bzw. »Motiv« ideell zu verorten und zu kontextualisieren. Seine semantische Überschreibung muss sich dabei gegen eine kulturgeschichtliche und philosophische Tradition behaupten, die besonders in der deutschen Romantik Wirkung entfaltete.[4] Sie stellte ein spezifisch deutsches Charakteristikum dar: »Einer der ausgeprägtesten Züge deutscher Eigenart ist die Sehnsucht nach dem Unendlichen [...,] [jenem] metaphysischen Hang der deutschen Seele, die am liebsten in allem Vergänglichen nur ein Gleichnis sehen möchte.«[5]

»Sehnsucht« als bedeutsamer Ausdruck und Begriff deutscher Dichtung und Philosophie wird zunächst als emotionale Disposition ver-

3 Horkheimer, Die Sehnsucht als beherrschendes Motiv (Januar 1970), in: GS 14, S. 536.

4 In »Sehnsucht« spiegelt sich auch die politische Enttäuschung des Bürgertums im 19. Jahrhundert wider, das damit auf die Industrialisierung und Technisierung während der Restauration reagiert. Sie ist selbst Signum der Reaktion. Vgl. dazu Walter Grab u. Uwe Friesel, Noch ist Deutschland nicht verloren. Eine historisch-politische Analyse unterdrückter Lyrik von der Französischen Revolution bis zur Reichsgründung, München 1970, S. 49-62.

5 Erich Hofacker, Volkscharakter und Märchendeutung, in: Monatshefte für Deutschen Unterricht 22 (1930), 3, S. 72-75, hier S. 72 u. 75.

standen. Nach Wolfram Hogrebe sei sie »zweifellos die bevorzugte Gefühlsdisposition der romantischen Dichtung und sie ließ sich hierin von Goethe motivieren.«[6] Epistemisch hält der Begriff jedoch noch andere Konnotationen bereit. Im Verweis auf die erotischen Energien, die die menschliche Vernunftnatur habe, gebraucht Platon den Begriff »epithymia«, die überhaupt erst ermögliche, dass der Mensch sich Gegenständen erkennend zuwenden könne: aus »Sehnsucht« nach dem, was er einstmals als seine Urbilder geschaut habe.[7] »Sehnsucht« und Erkenntnis werden in der Antike zusammengedacht, »Sehnsucht« erscheint als »Energie« der Erkenntnis.[8]

Kant fasste »Sehnsucht« eher anthropologisch: Als »die Zeit zwischen dem Begehren und Erwerben des Begehrten«[9], beurteilt er »Sehnsucht« letztlich als »fruchtlosen Kraftaufwand«, der krank machen könne. »Sehnsucht« habe damit körperliche Auswirkungen.[10] Im Rekurs auf den deutschen Idealismus – wenn auch nicht auf Kant – gilt »Sehnsucht« Hogrebe als »Transfinitimus«, als die menschliche Ausrichtung auf Unbestimmtheit, auf das »Hineingestelltsein« in ein »Intendieren von irgendwas und unsere Ausrichtung auf diese intentionale Variable.«[11]

Hegel indes begreift »Sehnsucht« als ein bestimmtes und in sich bewegendes »unglückliches« Bewusstsein:

> Dieses unglückliche, in sich entzweite Bewußtsein muß also, weil dieser Widerspruch seines Wesens sich ein Bewußtsein ist, in dem einen Bewußtsein immer auch das andere haben, und so aus jedem unmittelbar, indem es zum Siege und zur Ruhe der Einheit gekommen zu sein meint, wieder daraus ausgetrieben werden.[12]

6 Wolfram Hogrebe, Sehnsucht und Erkenntnis. Antrittsvorlesung an der Friedrich-Schiller-Universität Jena am 11. November 1993, Erlangen u. Jena 1994, S. 2.

7 So etwa in Platon *Phaidros*. Vgl. dazu Hogrebe, Sehnsucht und Erkenntnis, S. 15. Siehe zum Begriff »epithymia« Platon, Gorgias, übers. u. komm. v. Joachim Dalfen, Göttingen 2004, S. 363.

8 Hogrebe, Sehnsucht und Erkenntnis, S. 15.

9 Vgl. Andreas Trampota, Sehnsucht, in: Marcus Willaschek, Jürgen Stolzenberg, Georg Mohr, Stefano Bacin, Kant-Lexikon, Berlin 2015, S. 2054. Immanuel Kant, Anthropologie in pragmatischer Hinsicht. Vom Begehrungsvermögen, Drittes Buch, in: Gesammelte Schriften, Bd. 7: Der Streit der Fakultäten, hg. v. d. Preußischen Akademie der Wissenschaften, Nachdr., Berlin 1968, S. 251-283, hier S. 251.

10 Vgl. auch zu »Sehnsucht« Joachim Ritter, Karlfried Gründer u. Gottfried Gabriel (Hg.), Historisches Wörterbuch der Philosophie, Bd. 9, Basel 1995, S. 166.

11 Hogrebe, Sehnsucht und Erkenntnis, S. 23.

12 Georg Wilhelm Friedrich Hegel, Phänomenologie des Geistes, Stuttgart 1987, S. 157.

Das »entzweite Bewusstsein« strebe nach dem Äquivalenten als Vervollkommnung. Es suche die Synthese mit dem noch Fehlenden. In der Bewegung zum »Anderen« hin, könne er sich als »Geist« vervollkommnen und somit absolut werden. Dies sei die Dialektik, die Metaphysik und Methode zugleich sei, so Röd.[13] »Sehnsucht« führe über das bloße Wissen hinaus. Sie ist hier insofern christlich konnotiert, als dass Hegel die »Sehnsucht« nach individueller Erlösung anspricht. Sie erweise sich somit als kognitive und gläubige Bewegung, nämlich in der Überwindung der empfundenen Entzweiung vom »Absoluten«, in der die Projektion des Göttlichen schon angelegt erscheint: in Jesus. Der christliche Sehnsuchtsgehalt gründet sich in einem kognitiven Begehren nach Verschmelzung. Dies strebt das Judentum rationaler Prägung nicht an, können doch Juden aufgrund des geltenden mimetischen Tabus im »Bilderverbot« dies im Wissen um die Regressivität des Wunsches nicht begehren wollen. Während das Christentum die Erlösung des Individuums im Blick hat, so liegt der Gehalt der »Sehnsucht« im Judentum auf der ethisch geprägten und interpersonellen Beziehung. Diese wiederum ist auf das Diesseits ausgerichtet. Horkheimers »Sehnsucht« zielt demnach auf die emanzipative Befreiung des Kollektivs, als – wie bereits im anderen Kontext zitiert – »Sehnsucht danach, daß es bei dem Unrecht, durch das die Welt gekennzeichnet ist, nicht bleiben soll. Daß das Unrecht nicht das letzte Wort sein möge. Diese Sehnsucht gehört zum wirklich denkenden Menschen.«[14] Insofern liegt für Horkheimer die »Energie der Sehnsucht«[15] nicht im christlichen Glauben. Stattdessen ist sie für ihn vielmehr Bewegung, ein »Motiv« des Geistes, das sich angesichts der Existenz darauf bezieht und »wirklich« ist, d. h. das »Unrecht« in der Welt konkret zu überwinden wünscht. Die »Sehnsucht«, die er als Bewegung und Orientierung des Geistes verteidigt, ist in ähnlicher Weise bei Hermann Cohen belegt, wenngleich dieser sie als Sehnsucht nach »Gott« und »Erlösung« bezeichnet, als ein »Naturtriebe des Menschen, nicht an sich selbst zu verzweifeln.« »Sehnsucht« avanciert zur »Hoffnung«, frei von der existenziellen Verzweiflung zu werden, also »Rettung« zu erfahren.[16]

Auch das »Bilderverbot« als Paradigma der Kritischen Theorie Horkheimers erhält durch den von ihm kognitiv-politisierten Begriff der

13 Röd, Dialektische Philosophie der Neuzeit, S. 122 und in Bezug zu Jesus siehe ebd., S. 124.

14 Horkheimer, »Was wir ›Sinn‹ nennen, wird verschwinden«, S. 350.

15 Horkheimer, Über die »Energie der Sehnsucht«, in: GS 14, hier S. 405 f., hier S. 405.

16 Cohen, Religion der Vernunft, S. 436.

»Sehnsucht« Orientierung. Es versperre das Denken demnach nicht, sondern befreie es von der Identifikation mit der Wirklichkeit und resigniere vor allem nicht angesichts der Verhältnisse. Die »Sehnsucht« avanciert zum notwendigen Bewusstsein, um die Verhältnisse zu ändern:

> Die Sehnsucht nach dem Anderen begründet jede echte menschliche Beziehung, sie liegt jeder geistigen Gemeinschaft letztlich zugrunde. Aus ihr entspringt das Engagement, das Herantreten an die Probleme mit Angst, Hoffnung und Leidenschaft. Aber ohne dieses Engagement kann man schon in der Wissenschaft kaum etwas Schöpferisches zuwege bringen, geschweige denn im Denken zu wirklicher Einsicht gelangen.[17]

»Sehnsucht« ist demnach für Horkheimer die Voraussetzung für Engagement, das wiederum der Antrieb für Wissenschaft und Kunst sei. Beide setzen ein ›Wollen‹ auf das Diesseits voraus. Als kognitiven Habitus gleicht er »Sehnsucht« eher der »Intelligibilität« Kants an, die selbst einen »Grenzbegriff«[18] markiere. »Sehnsucht« wehrt so das Fetischisieren des Diesseits ab, das sich mit Jesus als Menschwerdung Gottes ausgestaltet hat. Denn in der Anerkennung Jesu als Erlöser ende augenscheinlich auch »Geschichte«: Der Mensch »erscheint« erlöst. Allerdings ist die Menschwerdung Gottes selbst Betrug, eine Inszenierung der Erlösung und deshalb nur geglaubter Schein.

Wie angedeutet, ist es Hegel, der »Sehnsucht« mit Verlusterfahrung verknüpft. Diese charakterisiere das Bewusstsein als ›unglücklich‹ – wobei Hegel, so Hogrebe, vor allem das Passive dieses Zustands betont. Hegels unglückliches Bewusstsein

> hat sich zwar selbst gewonnen, ist sich selbst inne, aber ihm ist die Welt in ihrer naiven Präsenz abhanden gekommen, in schmerzliche Ferne gerückt; es sehnt sich nach dieser verlorenen Welt. Verharren wir in dieser Sehnsucht, verfallen wir in ein untätiges schmerzliches Brüten. Diese verharrende Sehnsucht ist gleichsam ein storniertes Denken, welches sich selbst, aber als die Entzweiung schmerzhaft fühlt

17 Horkheimer, Wissenschaft, Kunst, Philosophie (September 1968), in: GS 14, S. 499.

18 Ulrich Ruschig, Der intelligible Charakter bei Kant (Onlinefassung), S. 4: »Grenzbegriffe« seien demnach Begriffe, denen – so nach Kants theoretischer Philosophie – jede positive Bedeutung fehle, »nämlich mit ihnen über die Grenze der Erfahrung hinauszugehen und ihr transzendente Gegenstände positiv zu bestimmen.«

> […]. Die Sehnsucht bleibt daher für Hegel wie die Andacht eine bloß fühlige Denkblockade.[19]

»Sehnsucht« wird bereits von Hegel als Hindernis bestimmt, als ein »gestaltlose[s] Sausen des Glockengeläutes oder eine warme Nebelerfüllung, ein musikalisches Denken, das nicht […] zum Begriffe kommt«.[20] Damit habe sie sich, welche sich nicht aufheben kann, als gedankliches Movens desavouiert. Das ›unglückliche Bewusstsein‹ ist insofern problematisch, weil es in seinem Status verharrt und diesen idealisiert. Hegel erkennt durchaus die relativierende Ironie als eine Form des Bewusstseins an, die über die Endlichkeit hinausgreife. Aber dort, wo es darin verharre, laufe das romantische Bewusstsein leer und verbleibe »in der bloßen Sehnsüchtigkeit des Gemüts.«[21]

Diese Kritik Hegels richtet sich an die deutsche Romantik, insbesondere an Novalis. Es sei die in sich selbst versunkene, »schöne Seele«, der »die Kraft der Entäußerung, die Kraft sich zum Dinge zu machen und das Sein zu ertragen« fehle. Das sehnsüchtige Dasein »lebt in der Angst, die Herrlichkeit seines Innern durch Handlung und Dasein zu beflecken; und um die Reinheit seines Herzens zu bewahren, flieht es die Berührung der Wirklichkeit.«[22] Dies sei »eine Sehnsucht, welche sich zu wirklichem Handeln und Produzieren nicht herablassen will, weil sie sich durch die Berührung mit der Endlichkeit zu verunreinigen fürchtet.«[23]

Dieses eskapistische Moment der Sehnsucht als Widerstand gegen das Tun bewertet Horkheimer anders, wenn er es auch als widerständiges Element nicht ganz ablehnt. Die »Sehnsucht« sei gerade ein vitales Indiz dafür, dass etwas zu bewegen sei und noch ausstehe:

> Es bleibt die Sehnsucht – nicht nach dem Himmel, aber doch die Sehnsucht, daß diese grauenvolle Welt nicht das einzig Wahre sei, die Sehnsucht nach Gerechtigkeit, nicht das Dogma, daß es einen Gott gibt, der sie vollzieht. Und diese Sehnsucht und alles Kulturelle, was mit ihr zusammenhängt, das würde ich zu den Zügen rechnen, die auch beim Fortschritt zu bewahren sind, damit man sich nicht nur den Tatsachen anpaßt, die den Gang der Geschichte kennzeichnen.[24]

19 Hogrebe, Sehnsucht und Erkenntnis, S. 5.
20 Hegel, Phänomenologie des Geistes, zit. n. Hogrebe, Sehnsucht und Erkenntnis, S. 5.
21 Zit. n. ebd.
22 Zit. n. ebd.
23 Hegel, Ästhetik, zit. n. Hogrebe, Sehnsucht und Erkenntnis, S. 5.
24 Horkheimer, Das Schlimme erwarten und doch das Gute versuchen [Gespräch mit Gerhard Rein] (1972/1976), in: GS 7, S. 442-479, hier S. 466.

Sofern das »Kulturelle« diese »Sehnsucht« aufnehme, bewahre auch sie das Potenzielle. Auch hier wird eine gedankliche Disposition als kognitive Haltung postuliert. In der Notiz »Worauf es im Leben ankommt« von 1969 sei es

> das Andere, das wir nicht mitteilen können, mitteilen im Sinne einer Information. Es kann nur zum Ausdruck kommen durch die Kunst oder begrifflich in einer Weise, die dem Kunstwerk verwandt ist. Wer das Andere nicht erlebt, wer die Erfahrung von ihm nicht selbst gemacht hat, dem hilft es nichts, dieselben Worte zu wiederholen, in denen es begrifflich formuliert ist. Ein solches Erlebnis verbindet Menschen miteinander. Es enthält die Sehnsucht nach dem nicht zu definierenden Anderen. (Das Gute lässt sich nicht definieren.) Das Erlebnis der Verlassenheit und die aus diesem Erlebnis entstehende Solidarität der Menschen in ihrer Verlassenheit verbindet sie miteinander.[25]

»Sehnsucht« erweist sich für Horkheimer in Verbindung mit dem erfahrenen »Anderen«, das ohne Begriff sein mag, jedoch als bedeutsame Erfahrung existiere. Es sei deshalb die »Erfahrung« selbst, die den Menschen geistig und moralisch reicher mache, nicht allein die nüchterne, instrumentelle Rezeption von Wissen. Hier sei die Kunst gefragt oder eine begriffliche Form, die Erfahrung zulasse. Es »muß den Menschen bewegen, wenn er ein Mensch sein will. Aber auch dieser Satz läßt sich nicht ›beweisen‹ und die Zustimmung zu ihm beruht auf einer persönlichen Entscheidung.«[26] Hier gesteht Horkheimer dem Menschen die Fähigkeit zu, das »Andere« zu denken und zu erfahren. Er müsse im Stande seiner freien Entscheidung wollen und dazu befähigt sein. Auch in dieser Aussage finden sich Residuen des deutschen Idealismus: Der Gedanke, dass im Kunstwerk Erfahrung und »Versöhnung« möglich seien, lässt sich u.a. auf Schelling zurückführen.[27] Für den Philosophen ist das Kunstwerk die produzierte und damit konstruierte Identität von Objekt und Subjekt, von Realem und Idealem sinnlich aufgehoben. Hierin ist das Kunstwerk, mehr noch für Adorno als für Horkheimer, die Wahrheit der intellektuellen Anschauung,[28] sofern die Geschichtlichkeit als Erfahrung aufgenommen werde. Für Horkheimer indes ist die Kunst nicht

25 Horkheimer, Worauf es im Leben ankommt (März 1969), in: GS 14, S. 518.

26 Horkheimer, Der Positivismus [IV], S. 520f.

27 Zum Verhältnis von Adorno und Schelling vgl. Joseph Früchtl, Mimesis. Konstellation eines Zentralbegriffs bei Adorno, Würzburg 1986, S. 148f.

28 Adorno schreibt: »Die rücksichtslose Autonomie der Werke, die der Anpassung an den Markt und dem Verschleiß sich entzieht, wird unwillkürlich zum Angriff« (Adorno, Engagement, in: AGS 11, S. 409-430, hier S. 425). Durch die autonome

> das einzige wahre und ewige Organon zugleich und Dokument der Philosophie [...], welches immer und fortwährend aufs neue bekundet, was die Philosophie äußerlich nicht darstellen kann, nämlich das Bewußtsein im Handeln und Produzieren und seine ursprüngliche Identität mit dem Bewußten.[29]

Für Horkheimer zeigt sich eine Verwandtschaft zwischen Philosophie und Kunst, nicht jedoch eine Kongruenz: »Aufgabe des Künstlers ist es, die Wahrheit auszudrücken, aber er kann es nur in einer nicht begrifflichen Sprache«.[30] Die Philosophie vermag für Horkheimer noch »Wahres« zu vermitteln. Das markiert die Differenz zu Adorno, für den in der Kunst vor allem noch eine »positive Praxis« existiert.[31] Sie könne demnach »Wahrheit« über Gesellschaft eingedenk ihrer sublimierten Sinnlichkeit und Sprache vermitteln und Kritik anders formulieren als die Philosophie, die diese im Begriff artikuliere. Damit könne Kunst eine potenzielle Versöhnung und eine Utopie zum Ausdruck bringen. Allerdings, so Adorno, sei Kunst »nicht nur der Statthalter einer besseren Praxis als der bis heute herrschenden, sondern ebenso Kritik von Praxis als der Herrschaft brutaler Selbsterhaltung.«[32] Authentische Kunstwerke seien »die ihrer selbst unbewußte Geschichtsschreibung ihrer Epoche«,[33] wobei ihnen »der kritische Begriff der Gesellschaft [...] inhärent« sei. Nicht im manifesten Inhalt, sondern in der Struktur und im Ausdruck der Werke bildeten sich »gesellschaftliche Kämpfe, Klassenverhältnisse« ab.[34]

Konstitution der Kunstwerke seien sie ein Gegenentwurf zur zweckgebundenen Rationalität. Sie entzögen sich der empirischen Realität und damit der Verdinglichung und Integration.

29 Friedrich Wilhelm Joseph Schelling, zit. n. Manfred Buhr, Vernünftige Geschichte. Zum Denken über Geschichte in der klassischen deutschen Philosophie, Berlin 1986, S. 126.

30 Horkheimer, Wahrheit im Denken (Juni 1968), in: GS 14, S. 487 f., hier S. 488.

31 In dieser kompakten Weise hätte Adorno die Aufgabe von Kunst nicht benannt. Dazu schreibt Hauke Brunkhorst: »Das ist ersichtlich zu wenig, und es unterbietet das Niveau der geschichtlichen Möglichkeiten, die zumindest demokratische Verfassungsregime dem marxistischen Projekt weltverändernder Praxis heute bieten« (Hauke Brunkhorst, Ästhetik als Gesellschaftskritik, in: Widerspruch (2004), 41, S. 12-16, hier S. 14). Vgl. auch Walther Müller-Jentsch, Zum Kunstverständnis der Kritischen Theorie, *w/k – Zwischen Wissenschaft & Kunst*, 2019, online unter: https://wissenschaft-kunst.de/zum-kunstverstaendnis-der-kritischen-theorie/ (1. Juni 2022).

32 Adorno, Ästhetische Theorie, in: AGS 7, S. 26.

33 Ebd., S. 272.

34 Ebd., S. 350 u. 344

Diesen Kunstbegriff überträgt Horkheimer auf die gesellschaftliche Funktion der Religion, jedoch bemerkenswerterweise auch auf die Philosophie der Kritischen Theorie. Er gibt damit Einblicke in sein eigenes Selbstverständnis. 1968 lotet er in der Notiz »Wahrheit im Denken« diesen inneren, nicht formalen, sondern ethischen Konnex von Kunst, Philosophie und Religion wie folgt aus:

> Die kritische Theorie vermag zu sagen, was nicht wahr ist, und damit vielleicht dazu bei[zu]tragen, der Wahrheit näher zu kommen. Anders formuliert: sie bedeutet eine Annäherung an die Wahrheit, insofern sie sich ausdrücken kann, was nicht wahr ist, und damit impliziert, daß es eine Wahrheit gibt. Zu sagen, daß etwas nicht wahr ist, auch wenn wir es nicht zu erkennen oder gar zu formulieren vermögen. Wird diese Voraussetzung bestritten, dann wird die Aussage, daß etwas nicht wahr sei, sinnlos. Bei diesen Gedankengängen zeigt sich die Verwandtschaft der Philosophie mit der Kunst. Aufgabe des Künstlers ist es, die Wahrheit auszudrücken, aber er kann es nur in einer nicht begrifflichen Sprache [...]. Vielleicht läßt sich die Wahrheit auch durch das richtige Leben ausdrücken – begrifflich läßt sie sich nicht fassen. Was dem Menschen zugänglich ist, ist alles relativ, vergänglich wie er selbst, aber in den Begriffen des [Relativen, des] Vergänglichen sind die Begriffe ihres Gegenteils, des Absoluten und Unvergänglichen, enthalten.[35]

Horkheimer argumentiert dialektisch, wenn er das Relative dem »Absoluten« gegenüberstellt. In dieser Bewegung als Bewegung sind Erfahrung und der Gedanke von »Wahrheit« möglich. Die Kritische Theorie habe eine Idee von »Wahrheit«, die jedoch allein in der Negation zum Ausdruck kommen könne. Selbst der »Begriff« könne »Wahrheit« nicht einfangen, weil er die Potenzialität in seiner identifikatorischen Absicht nivelliere. Darin also können sich Kunst und Philosophie gleichen.[36]

Die »Sehnsucht«, die Horkheimer thematisiert, ist an das »Bilderverbot« gekoppelt und nicht an einen soteriologischen Erlösungsgedanken. Er rezipiert, übersetzt und überschreibt damit den christlichen Gehalt der Philosophie. »Sehnsucht« erfasst er nicht im Telos von Identität, nicht als

35 Horkheimer, Wahrheit im Denken, S. 488.

36 Adorno referiert dabei vornehmlich auf Musik und Literatur, so u.a. in seinem Essay »Sakrales Fragment«. Darin greift er das Diktum Arnold Schönbergs auf, das bereits Heine forderte: Kunst solle nicht schmücken, sondern ›wahr‹ sein. Es sei die »vertrackte« Aufgabe der Musik aber, »Bild« des »Bilderlosen« zu sein (Adorno, Sakrales Fragment. Über Schönbergs Moses und Aron, in: AGS 16, S. 454-475, hier S. 458).

Streben nach der mimetischen Verschmelzung mit dem projizierten Erlöser, nicht als Einswerden von Subjekt und Objekt. Sie geht also nicht in dem philosophischen Begriff Hegels auf. Vielmehr impliziere sie, dass »Identität« Gewalt innewohne, das Besondere demnach nicht im Allgemeinen aufgehe und aufzugehen habe. Aus dieser Spannung erwachse ihre progressive Potenzialität. Sie rekurriere und insistiere auf dem »ganz Anderen«, dem »Absoluten«, und halte die Idee von »Wahrheit« wach. Letztere ist für Horkheimer wiederum »der höchste Grad an Erkenntnis, der in einer gegebenen gesellschaftlichen Situation erreicht werden kann«,[37] und an Immanenz, also an das Dasein, gebunden.

Auf den Vorwurf, diese philosophische Wendung, d. h. die Rede von »Sehnsucht«, sei »konservativ«, reagierte Horkheimer in einem Gespräch 1970, dass eine »wahre konservative Haltung« ebenso »kritisch« sei wie die »ihr entgegengesetzte revolutionär-marxistische«:

> [E]s schien mir, dass die Marxsche Lehre eigentlich der Protest dagegen war, dass die Losungen der bürgerlichen Revolution – ›liberté, égalité, fraternité‹ – in der Welt, die sich zu ihnen bekannte, nur für eine relative Gruppe verwirklicht wurde.[38]

Horkheimer bekräftigt seine politische und progressive Position im Rekurs auf Marx. Wie dieser beharre er auf dem uneingelösten Versprechen der bürgerlichen Postulate, die nur wenigen zuteil wurden. Zwar erkannte er den Materialismus als Bedingung des Denkens an, vollzog jedoch gleichzeitig die gedankliche Gegenbewegung dazu, die sich auch in »Sehnsucht« artikuliere. Angesichts der historischen Ereignisse, d. h. angesichts von »Auschwitz«, bleibe allein die unbestimmte »Sehnsucht« als ein Eingeständnis des verloren gegangenen Praxisbezugs. Diese erweise sich so auch als korrelatives Movens der Kritischen Theorie: als ein zwar »praktisch«, jedoch nicht theoretisch ohnmächtiger Einwurf, der der Verwaltung, Entfremdung und Verdinglichung widerspreche, als ein »Funken, dessen Bewahrung in einer sich verfinsternden Welt die Erinnerung wachhält an das ganz Andere, dessen Einbrechen Gegenstand einer durchs Begreifen zugleich gelehrten und verzweifelten Hoffnung geworden ist«.[39]

»Konservativ« ist Horkheimers Kritik insofern, als dass die »Sehnsucht« Einspruch gegen die ›verwaltete Welt‹ erhebt, die sich im Geist umfassenden Fortschritts wähnt, sich jedoch sowohl totalitär als auch als

37 Horkheimer, Wahrheit und Richtigkeit, in: GS 14, S. 321.
38 Horkheimer, Verwaltete Welt, S. 364.
39 Wellmer, Kritische Gesellschaftstheorie und Positivismus, S. 54.

Betrug am Menschen, der diesen selbst erzeugt, konkretisiere. Angesichts dieser Wirklichkeit tritt die Rede vom »Absoluten« als Kritik an Welt auf.[40] Als Abwendung von der Praxis ist der Begriff der »Sehnsucht« ideengeschichtlich pejorativ besetzt. Als Haltung und Modus indes ist in ihr das Moment der Kritik artikuliert, die Horkheimer zu erhalten versucht – wenn schon nicht als bedeutsam für die politische Praxis, dann zumindest als eine gedankliche Geste, die das »Andere« erinnert.

40 Vgl. Niklaas Machunsky, Dialektik der Resistenzkraft. Über die Ungleichzeitigkeit der Utopie, in: Prodomo (2014), 18, S. 33-39.

Religion

Horkheimer bezieht sich ideell emphatisch auf einen Begriff von »Religion«, den er wie »Sehnsucht« vor dem Hintergrund der historischen und gesellschaftlichen Ereignisse aufwertet und, übersetzt als widerständiges Moment gegen Verdinglichung und Verwaltung, relativ bestimmt. Er ist wie sein Begriff von »Philosophie« am Gegenstand orientiert, entzieht sich also einer konzisen Definition. Diese Verweigerung Horkheimers spiegelt bereits seine Haltung der Kritik. Dennoch muss sich »Religion« als ein Begriff von dem der »Theologie« unterscheiden: Sie erweist sich als Praxis, und das Nachdenken darüber übersetzt diese wiederum in eine intellektuelle wie philosophische Reflexion Horkheimers.

Die im- und expliziten Inklinationen zu »Religion« im späten Werk irritierten seine Zeitgenossen,[1] obgleich Reflexionen zum Begriff schon in frühen Schriften präsent waren und damit die »Ausführungen zur Frage der Religion beim späten Horkheimer den Charakter des Sensationellen [verlieren], den sie zu Unrecht in der Publizistik der siebziger Jahre zugedacht bekommen hatten«.[2] In ihrer Gesamtheit ließen die Schriften erkennen, dass sich die »Wende« hin zur Theologie und zur »Religion« nicht als Bruch vollzog.[3] Vielmehr weise das »Verständnis von Religion in den Grundlinien durchaus Kontinuität« auf.[4] Dieses Interesse entspringe jedoch nicht dem apologetischen, konfessionellen oder gar christlichem Bekenntnis, sondern dem Streben nach Erkenntnis, die die eigene Position bedenkt. Dass Horkheimer im Geist der Aufklärung

1 Vgl. Gespräche (mit Max Horkheimer), in: GS 7, S. 297-488.

2 Matthias Lutz-Bachmann, Humanität und Religion. Zu Max Horkheimers Deutung des Christentums, in: Alfred Schmidt u. Norbert Altwicker (Hg.), Max Horkheimer heute. Werk und Wirkung, Frankfurt am Main 1986, S. 108-128, hier S. 108. Amos Schmidt resümiert: »Der frühe Horkheimer spricht mit Achtung und Wertschätzung von der Religion. Er steht ihr aufgeschlossen und durchaus wohlwollend gegenüber« (Schmidt, Materialismus zwischen Metaphysik und Positivismus, S. 191). Auch Sanchez hebt hervor, dass die Religionskritik Horkheimers nicht darauf abziele, »die Religion abzutun noch sie zu ersetzen, sondern sie will die Religion aus ihrem ideologischen Moment befreien« (Sanchez, Wider die Logik der Geschichte, S. 37). Diese Aussage erfasst keinesfalls die Komplexität, die die Religionskritik Horkheimers enthält. An der historisch katastrophalen Verstrickung der Idee in Herrschaft war das Christentum maßgeblich als politische Institution beteiligt. Horkheimer unterscheidet also scharf zwischen der Potenzialität von Religion und ihrer politischen Konkretion.

3 Sattler, Max Horkheimer als Moralphilosoph, S. 218.

4 Lutz-Bachmann, Humanität und Religion, S. 108. Lutz-Bachmann betrachtet die religiösen Reflexionen Horkheimers jedoch insbesondere hinsichtlich ihrer Ausdeutungen des Christentums und weniger in Bezug auf das Judentum.

schrieb und diese trotz seiner eigenen Kritik gegen ihre Gegner verteidigte – auch darin folgt er Kant, dass nämlich »Gott« ein Postulat der Vernunft sei und sein müsse, da sich die Vernunft sonst ihrer Reflexivität und Korrektur beraube –, ist angesichts seines marxistisch-dialektischen Denkens, das er nicht ideologisch, sondern philosophisch teilt, keineswegs überraschend. Denn neben Kant hält auch Marx an einer Potenzialität der »Religion« fest:

> Das religiöse Elend ist in einem der Ausdruck des wirklichen Elendes und in einem die *Protestation* gegen das wirkliche Elend. Die Religion ist der Seufzer der bedrängten Kreatur, das Gemüt einer herzlosen Welt, wie sie der Geist geistloser Zustände ist. Sie ist das Opium des Volkes.[5]

»Religion« sieht Marx als Ausdrucksmöglichkeit und Widerstand gegen das »wirkliche« Elend. Sie sei auch

> ein verkehrtes Weltbewußtsein [...], die allgemeine Theorie dieser Welt, ihr enzyklopädisches Kompendium, ihre Logik in populärer Form, ihr spiritualistischer Point-d'honneur, ihr Enthusiasmus, ihre moralische Sanktion, ihre feierliche Ergänzung [...,] die phantastische Verwirklichung des menschlichen Wesens.[6]

Insofern sei sie innerhalb einer Ideologie Bestand, Affirmation wie Ausflucht zugleich und erfülle einen gesellschaftlichen Zweck. Deshalb sei es notwendig zu fragen, warum sich »die weltliche Grundlage von sich selbst abhebt und sich ein selbständiges Reich in den Wolken fixiert«. Es gelte – damit geht Marx über Feuerbach hinaus –, den »Widerspruch [zu] begreifen, der diese weltliche Grundlage unterminiert«, und folglich müsse »die irdische Familie [...] praktisch umgewälzt werden«, »die das

5 Karl Marx, Zur Kritik der Hegelschen Rechtsphilosophie. Einleitung (Paris 1844), in: ders. u. Friedrich Engels, Werke, Bd. 1, hg. v. Institut für Marxismus-Leninismus beim ZK der SED, 2. Aufl., Berlin (Ost) 1976, S. 378-391, hier S. 378. Marx' Postulat wurde häufig herangezogen, interpretiert und instrumentalisiert, so stellt Albrecht Wellmer heraus: »Es scheint mir geradezu die Pointe der Marxschen Religionskritik zu sein, dass er den Menschen nicht nur als das wahre und einzige Subjekt der Geschichte erkannte, sondern daß er zugleich in den ideologischen Formen der Versöhnung – Religion und Philosophie – unter dem Protest gegen das wirkliche Elend den menschlichen Entwurf einer wirklichen Versöhnung entdeckte und damit den menschlichen Entwurf eines Sinnes der Geschichte« (Wellmer, Kritische Gesellschaftstheorie und Positivismus, S. 63).

6 Marx, Zur Kritik der Hegelschen Rechtsphilosophie, S. 378.

Geheimnis der heiligen Familie ist«.[7] Auch im *Kapital* thematisiert Marx »Religion«: »Es ist in der Tat viel leichter, durch Analyse den irdischen Kern der religiösen Nebenbildungen zu finden, als umgekehrt, aus den jedesmaligen wirklichen Lebensverhältnissen ihre verhimmelten Formen zu entwickeln« als Weg, der »einzig materialistisch und daher wissenschaftlich« Gültigkeit besäße.[8]

Der junge Marx bezeichnet das Religiöse also nicht allein als symbolische Form, die nur »entzaubert« werden müsse. Vielmehr verweist er auf die anhaltende Potenzialität des Bewusstseins. Insofern erkennt Hartmut Böhme in der Religionskritik Marx' keineswegs die Abschaffung des intelligiblen Potenzials.[9] Dabei bezieht er sich in seinem Urteil auf die berühmten Aussagen von 1844: »Die Religion«, so Marx in *Zur Kritik der Hegelschen Rechtsphilosophie*, ist

> das Selbstbewusstsein und das Selbstgefühl des Menschen, der sich selbst entweder noch nicht erworben oder schon wieder verloren hat [...]. Sie ist die phantastische Verwirklichung des menschlichen Wesens, weil das menschliche Wesen keine wahre Wirklichkeit besitzt.[10]

In dieser fundamentalen Aussage, dass sie Ausdruck des Elends und Widerstand zugleich sei, wird Religion als kulturelle und politische Praxis der Macht und der Ohnmacht beschrieben. Diese zweifache Funktion der »Religion« beurteilt Horkheimer differenziert. In seinen späten Notizen beruft er sich einerseits emphatisch auf »Religion«, nicht als etwas positiv Gegebenes, sondern als ein Bewusstsein, als Möglichkeit der Transzendenz. Andererseits nutzt er einen pejorativen Begriff: Die politische Konkretion als Verzerrung religiöser Inhalte beschreibt er im Essay »Theismus – Atheismus« von 1963. Hier kritisiert er vor allem das christliche Europa und den »Glauben« überhaupt, der sich in der Geschichte verschiedene Objekte und Inhalte gesucht habe. Die daraus resultierende Handlung habe sich verheerend verwirklicht. Die Geschichte des »Glaubens« in der Konkretion der Religion als eine falsche Praxis sei historisch eine der Gewalt, die sich in den jeweiligen politischen Konstellationen gewandelt habe – bis hin zur Rechtfertigung eines bedingungslosen Patriotismus und Nationalismus, der Krieg und Verfolgung begründete. Die in ähnlichem Duktus wie die *Dialektik der Aufklärung* gehaltenen Ausführungen gestalten sich als Abrechnung mit einem Christentum,

7 Zit. n. Georges Labicia, Gérard Bensussan u. Wolfgang Fritz Haug (Hg.), Kritisches Wörterbuch des Marxismus, Bd. 6, Berlin (West) 1985, S. 1127.

8 Zit. n. ebd.

9 Böhme, Fetischismus und Kultur, S. 316.

10 Marx, Zur Kritik der Hegelschen Rechtsphilosophie, S. 378.

dessen ursprüngliche Postulate bereits politischen Opportunismus aufweisen:

> Die Vereinbarkeit von Christentum und Herrschaft, die Herstellung eines befriedigenden Selbstbewußtseins bei den Oberen und Unteren für ihre Arbeit in der bösen Realität, war ihre unerläßliche Leistung. [...] Daß die Truppen im Blut der Bauern waten, die aus Hunger aufbegehrten, mag ebenso christlich sein wie das Opfer des politisch Blinden, der sein letztes Brot mit ihnen teilt. Es kommt darauf an, daß jeder ehrlich glaubt, er halte sich ans Wort. [...] Gottes Wege sind sonderbar. Sein Wort, das Gebot der Feindesliebe, gilt. Ob es bedeutet, den Ketzer und die Hexe zu verbrennen, die Kinder zur Arbeit zu schicken, ehe sie lesen können, Bomben herzustellen und zu segnen oder jeweils das Gegenteil, entscheidet jeder Glaubende, ohne zu ahnen, was der wahre Wille Gottes ist. Einen Leitfaden, wenn auch keinen untrüglichen, bildet das Interesse des Vaterlandes, von dem im Evangelium wenig zu lesen steht. In den letzten Jahrhunderten haben viel mehr Gläubige ihr Leben fürs Vaterland eingesetzt als für die verbotene Liebe zu dessen Feind. Auch an dieser Entwicklung hat der absolute Idealismus von Fichte bis Hegel tatkräftig mitgewirkt. Der Glaube an Gott ist in Europa zum Moment des Glaubens ans eigene Volk geworden, und die Devise ›Right or wrong, my country‹, selbst die mit ihr verbundene Toleranz von anderen Religionen, die es ähnlich halten, weist auf jene Antike zurück, von der die ersten Christen sich abgewandt hatten. Der spezifische Gottesglaube verblasst.[11]

Horkheimer zeichnet damit das Panorama eines instrumentellen und manipulierten religiösen Bewusstseins, das sich, auch säkularisiert im Chauvinismus,[12] politisch Geltung verschafft und sich an Fetische ange-

11 Horkheimer, Theismus – Atheismus, S. 174-178.

12 Norbert Elias formulierte in den 1960er-Jahren ähnliche Gedanken zum »Nationalismus«. Dieser sei ein »säkularer Glaube«: »In latenter oder manifester Form ist der Nationalismus eines der mächtigsten, wenn nicht das mächtigste soziale Glaubenssystem des 19. und 20. Jahrhunderts. [...] Für nationalistische wie für andere Glaubensdoktrinen ist es typisch, daß sie unter bestimmten Umständen durch selbsttätigen Prozeß der wechselseitigen Verstärkung immer mehr Macht über ihre Gläubigen gewinnen. Da das Credo per se den idealen Wert der eigenen Gruppe und die Loyalität zu ihr in die Höhe hebt, kann denen, die ihren Glauben an die absolute Vortrefflichkeit der Gruppe am lautesten betonen, niemand seine Zustimmung öffentlich verweigern [...]. Er [der Nationalismus, Y. K.] ist verwandt mit, und doch klar unterschieden von Glaubensvorstellungen, die Gefühle der individuellen Solidarität und Verbundenheit in Bezug auf Kollektive wie Dörfer, Städte, Fürstentümer oder Königreiche auf früheren Stufen der Gesellschaftsentwicklung

heftet habe. »Religion« regrediere damit zum praktischen Instrument des »falschen Bewusstseins«. Historisch habe sie ihre Aufgabe, das »Andere« als Vorstellung und als Kritik aufrechtzuerhalten, verwirkt und diene nur noch zur Rechtfertigung von Gewalt. Der Begriff vom »Absoluten« wurde korrumpiert und kläglich profanisiert und säkularisiert. Der Glaube an »Gott« sei insofern »verblasst«, als dass er nicht außerdiskursiv geblieben, sondern über die Identifikation mit Herrschaft in die Welt gekommen sei.

Diese Eigenschaft liege dem Christentum zugrunde, denn es habe die Trennung von »Dasein« und »Sein« konzeptionell aufgehoben, indem Gott Mensch wurde. Dadurch verbinde es das Menschliche mit dem Göttlichen, das Relative mit dem »Absoluten«. Allerdings affirmiere diese Vereinigung nicht nur den Verlust des Korrektivs, sondern vor allem Herrschaftsverhältnisse. Auch die »Aufklärung« – hier verstanden im Sinne Horkheimers und Adornos als dialektischer, habitueller und ideeller Prozess – sei davon betroffen. Habe sie zunächst die Befreiung vom Mythos zum Ziel gehabt, so habe sie sich dann historisch und ideell selbst darin verfangen. Sie habe einen Mythos von sich erzeugt – und die »Religion«, die tief in die »Aufklärung« verstrickt gewesen sei, habe ihren Anteil daran gehabt. Sie sei zugleich Bestandteil eines Mythologisierungs- und Rationalisierungsprozesses gewesen. Seinen Sieg, seine Macht in der Welt verdanke das Christentum gerade der selbst erzeugten mythologisierten Rationalität. Indem es in der Welt gesiegt habe, sei es zum Teil des ›Verblendungszusammenhangs‹ geworden.[13] Dadurch werde

repräsentieren. Es handelt sich dabei um einen Glauben von wesentlich säkularer Natur, der also keiner Rechtfertigung durch übermenschliche Instanzen bedarf, ähnlich den Glaubens- oder Ethikformen, die Max Weber ›innerweltlich‹ nannte. […] Das nationalistische Ethos beruht auf einem Gefühl der Solidarität und Verpflichtung, das sich nicht einfach auf bestimmte Personen oder eine Einzelperson in einer Herrschaftsstellung als solche richtet, sondern auf ein souveränes Kollektiv, das die betreffenden Individuen selbst mit Tausenden oder Millionen anderer bilden, das hier und jetzt als Staat organisiert ist – oder nach dem Glauben der Mitglieder in Zukunft organisiert sein wird – und an das sie durch die Vermittlung spezieller Symbole, darunter oft auch Personen, gebunden sind. An diese Symbole und das Kollektiv, für das sie stehen, heften sich starke Emotionen von der Art, die wir gewöhnlich als ›Liebe‹ bezeichnen. Das Kollektiv wird als etwas erlebt, das von den zugehörigen Individuen getrennt, das heiliger und erhabener ist als sie; und entsprechend überhöht werden seine Symbole« (Norbert Elias, Studien über die Deutschen. Machtkämpfe und Habitusentwicklung im 19. und 20. Jahrhundert, Frankfurt am Main 1989, S. 194-197). Vgl. dazu Rosen, Max Horkheimer, S. 100-104.

13 Dies ist eine bedeutsame These Horkheimers und Adornos in der *Dialektik der Aufklärung*, vgl. Hauke Brunkhorst, Die *Dialektik der Aufklärung* nach siebzig

der Wahrheitsanspruch der Religion – und hier ist der Begriff als Kritik an der Welt zu lesen – verkehrt. In der ›total verwalteten‹ Welt, in der die Technik und die Zahl über das Wort triumphierten, in diesem »Atheismus« sei kein »Unterschlupf«[14] zu erwarten. »Religion« sei also beides: Sie sei selbst Mythos und könne dennoch die Wirklichkeit kritisieren, sei zugleich immanent und transzendent. Die Kritik an »Religion« richte sich gegen die Rationalisierung ihrer Inhalte und ihres (mißbrauchten) Modus, die gleichermaßen Irrationalität manifestierten und dem historischen Prozess unterlägen:

> Was im achtzehnten Jahrhundert den überkommenen Ideologien, dem Zwang der Theologie entgegentrat, kennzeichnet im zwanzigsten den Durchschnittsmenschen der Städte. Die dem Bürger und Arbeiter heute angemessene Denkart, die Gleichsetzung von Wissenschaft und Wahrheit schlechthin, resultiert aus der Entwicklung seit jener Epoche, in der die rationalen, szientifischen Beweise noch die Rettung des Gedankens an ein anderes als diese Welt zum Ziele hatten. Wissenschaft, intellektuelle Arbeit, Berechnung von Tatsachen, instrumentelle Vernunft haben das Streben nach emphatischer Wahrheit verdrängt. Was einst Geist hieß, was im nüchternen Verstand nicht aufging, Phantasie und Liebe, weichen der sogenannten Sachlichkeit. Wie zweckmäßig die Resultate des technischen Fortschritts immer sich erweisen mögen, sie sind verbunden mit dem Rückgang des Inneren, mit seelischer Ernüchterung. […] Die Aufklärung schlägt um in Positivismus, die Toleranz in Gleichgültigkeit. Anstelle des mit Grausamkeit verknüpften Zwangs zur Religion ist jene Sachlichkeit getreten, die durch den Mangel eines trostreichen Höheren angesichts der wirtschaftlichen und sonstigen Übel jenen Unmut erzeugt, der mit Hilfe kollektiver Projektionen, vornehmlich des Nationalismus, in Aggression sich zu verwandeln pflegt.[15]

Bedeutsam erscheint die Potenzialität der Religion historisch erneut angesichts des Umschlags in blinde Rationalität, angesichts der Aporie, angesichts des katastrophischen Charakters der »selbstbezüglichen Vernunftkritik«.[16] Die spezifische Bindung an Objekte ersetzte, so ist Horkheimer zu verstehen, eine »Religion«, in der das »Andere« aufbe-

Jahre, in: Gunnar Hindrichs (Hg.),Max Horkheimer/Theodor W. Adorno: Dialektik der Aufklärung, Berlin 2017, S. 179-197, hier S. 182. Vgl. auch Habermas, Die Verschlingung von Mythos und Aufklärung.

14 Horkheimer, Theismus – Atheismus, S. 174-178.

15 Horkheimer, [Lessing und die Aufklärung] (1971), in: GS 7, S. 253-258, hier S. 255.

16 Jürgen Habermas, Max Horkheimer: Zur Entwicklungsgeschichte seines Werkes, in: ders., Texte und Kontexte, Frankfurt am Main 1992, S. 91-109, hier S. 105.

wahrt war. Dessen Aufhebung in der Bindung ans Objekt gelte der Affirmation, nicht der Kritik. Dadurch werde der emphatische Begriff von »Religion« korrumpiert. In einer Notiz mit dem Titel »Was ist Religion?« aus dem Jahre 1959 wird das deutlich:

> Was ist Religion im guten Sinn? Der gegen die Wirklichkeit durchgehaltene, immer noch nicht erstickte Impuls, daß es anders werden soll, daß der Bann gebrochen wird und es sich zum Rechten wendet. Wo das Leben bis hinab zu jeder Geste in diesem Zeichen steht, ist Religion. Was ist Religion im schlechten Sinn? Eben dieser zur Affirmation, zur Verkündigung pervertierte und daher die Wirklichkeit bei aller Geißelung vergoldete Impuls, die eitle Lüge: das Schlechte, das Leiden, das Grauen habe einen Sinn, sei es durch die irdische, sei es durch die himmlische Zukunft. Die Lüge bedarf nicht erst des Kreuzes, sie wohnt schon im ontologischen Begriff der Transzendenz. Wo der Impuls ehrlich ist, bedarf er keiner Apologie, er ist der Begründung nicht fähig.[17]

Deutlich bestimmt Horkheimer hier seine Kritik und seine unterschiedlichen Begriffe von »Religion«. Das Christentum, das sich am Anfang seiner Entstehung als Religion der Unterdrückten und gesellschaftlich Ausgestoßenen verstand, vollzog einen Wandel: Es gerann zur Ideologie der Herrschenden, sanktionierte die Unterdrückung und die Explorationspraxis der gesellschaftlich und wirtschaftlich dominierenden Klasse.[18] Bereits das Kreuz sei eine »Lüge« und, hier gibt sich Horkheimer ganz als Philosoph zu erkennen: Transzendenz suspendiere die ontologische Frage. Hier verdeutlicht sich für Horkheimer der falsche Begriff von ›Gott‹: ›Gott‹ erweise sich eben nicht ontologisch. Das Christentum hebe mithin die Transzendenz auf. Diese Lesart kann als jüdisch gelten, und zwar in ihrer Negativität.

Auch in der Psychologie des Christentums sieht Horkheimer die Affirmation angelegt: Die moralischen Vorstellungen und christlich-kulturellen Dogmen verlangten Triebverzicht und vertrösteten die Gläubigen auf jenseitiges Heil, Erlösung und – anthropologisch gesprochen – Befriedigung. Insofern verhindere die »Religion« durch ihre ideologische und institutionell-kirchliche Ausrichtung progressive Bestrebungen der Leidenden. Das Christentum habe sich von seinem ursprünglichen ge-

17 Horkheimer, Was ist Religion? (1959), in: GS 6, S. 288.

18 Vgl. Rosen, Max Horkheimer, S. 100 f. So formuliert Horkheimer: »Die Untaten, die im Namen Gottes begangen wurden, bilden im christlichen Europa ein Leitmotiv« (Horkheimer, Theismus – Atheismus, S. 173).

sellschaftskritischen Impuls entfernt, so fasst Rosen Horkheimers Kritik zusammen. Statt das bestehende Unrecht anzuprangern – in der Protestation –, sei es zur bürgerlichen Ideologie avanciert und werde »als grobe Verklärung der bestehenden Verhältnisse gebraucht«.[19] Die Kirche, als institutionalisierte Repräsentation, wurde zum »bloßen Träger kapitalistischer Moral«, zu einem »entarteten religiösen Apparat«.[20]

Im Spätwerk reflektiert Horkheimer »Religion« unter dem Eindruck der jüngsten Entwicklungen, des nationalsozialistischen Deutschland, der Vernichtung der europäischen Juden, des Zweiten Weltkriegs, der Gewalt des Stalin-Regimes bis hin zum Einsatz der Atombombe und dem Aufkommen einer ›total verwalteten Welt‹, so Lutz-Bachmann. Bereits in der *Dialektik der Aufklärung* werden diese katastrophischen Ereignisse in einen »engen sachlichen Zusammenhang mit dem Prozess der europäischen Aufklärung« und der Entfaltung des instrumentellen Denkens gebracht.[21] »Geschichte«, so heißt es dort, sofern sie als »Korrelat einheitlicher Theorie« verstanden werde, sei nicht das Gute, sondern eben »das Grauen«.[22] Daran habe auch das Christentum seinen Anteil, das nicht an seinem widerständigen Potenzial als »Religion« festgehalten habe, sondern vielmehr gerade als Institution das Unrecht politisch affirmierte, so das unmissverständliche Verdikt Horkheimers im Spätwerk.[23]

Die Nähe zu Feuerbach und Marx ist offensichtlich. Beide haben »Religion« auch als Ausdruck und Instrument anthropologischer und ökonomischer Entfremdung betrachtet, so Rosen. Es war Marx, der auf die ideologische Verbindung zur herrschenden Klasse hinwies. Als »Geste« jedoch – auch hier scheint Marx' Vokabular bei Horkheimer durch – bestehe die wichtigste Funktion der Religion darin,

> durch ihre Symbolik den gequälten Menschen einen Apparat zur Verfügung zu stellen, mittels dessen sie ihr Leid und ihre Hoffnung ausdrücken. Es wäre die Aufgabe einer anständigen Religionspsychologie, an dieser Funktion das Positive vom Negativen zu unterscheiden, die richtigen menschlichen Gefühle und Vorstellungen von ihrer verfäl-

19 Horkheimer, Verschiedene Kritik, in: GS 2, S. 370-372, hier S. 371. Vgl. Rosen, Max Horkheimer, S. 101.

20 Horkheimer, Verschiedene Kritik, S. 372.

21 Lutz-Bachmann, Humanität und Religion, S. 117 u. zit. n. Lutz-Bachmann, Humanität und Religion, S. 117.

22 Horkheimer u. Adorno, Dialektik der Aufklärung, S. 256.

23 Siehe u. a. Horkheimer, Theismus – Atheismus.

schenden, aber auch durch sie mitbestimmten ideologischen Form zu trennen.[24]

Horkheimer liest Marx nicht nur als einen Denker, der die »Religion« in ihrer historischen Konkretion negiert. Sie sei eben nicht nur »Opium des Volkes«, nicht nur ein Mittel der Betäubung, sondern entwickele »selbst die Energien«, die »die heutige Ablenkung entlarven.«[25] Ihre Leistung bestehe darin, dass sie auch den Protest gegen die irdische Praxis zumindest symbolisiere, weil in ihr die Idee einer »dem Irdischen gegenüber unbedingten Gerechtigkeit im Glauben [...] enthalten ist.«[26] Während Bruno Bauer und Ludwig Feuerbach[27] die affirmativen Aspekte zu Recht akzentuieren, nimmt Horkheimer eine erst im zeithistorischen Kontext nachvollziehbare Position ein. Die Integrität der »Religion« liege in ihrer grundsätzlichen Wahrnehmung des Leidensdrucks, unter dem die Menschen lebten und der kulturell sublimiert würde.

In der Notiz »Sozialismus und Religion« vom November 1967 erklärt Horkheimer, dass die jüdisch-christliche Moral die Fundamente für »Gerechtigkeit, Freiheit und Solidarität« gelegt habe. Darüber wären sich Marx und die Sozialisten nicht im Klaren gewesen.[28] Anders als Marx, so Lutz-Bachmann, lässt er dabei »Religion« nicht als »durchschaute Illusion« hinter sich zurück, um zur »Kritik der Erde«, zur »Kritik des Rechts« und zur »Kritik der Politik« überzugehen.[29] Vielmehr manifestiere sich in ihr jener Moment, der nicht durch »philosophische Anthropologie, Psychologie oder gesellschaftsverändernde Praxis aufgehoben und stillgestellt werden« könne.[30] In »Religion« sei die Bewahrung eines »Absoluten«, einer letzten »Wahrheit« noch möglich – jedoch nicht über Sprache und Erkenntnis:

24 Horkheimer, Verschiedene Kritik, in: GS 2, S. 370-372, hier S. 370, vgl. Rosen, Max Horkheimer, S. 102.

25 Horkheimer, Verschiedene Kritik, S. 371.

26 Ebd. In zwei umfangreicheren Aufsätzen aus jener Zeit, »Gedanken zur Religion« (1935) und »Zu Theodor Haeckers ›Der Christ und die Geschichte‹« (1936), geht Horkheimer auf die gesellschaftliche Funktion der Religion ein, die ihm gleichermaßen als Indikation und als Projektion menschlicher Bedürfnisse nach Gerechtigkeit gilt, vgl. Rosen, Max Horkheimer, S. 102.

27 Ebd, S. 103.

28 Horkheimer, Sozialismus und Religion, in: GS 14, S. 455. Diese Überzeugung teilt Horkheimer mit Hermann Cohen.

29 Lutz-Bachmann, Humanität und Religion, S. 113. Marx, Zur Kritik der Hegelschen Rechtsphilosophie, S. 378, zit. n. ebd.

30 Lutz-Bachmann, Humanität und Religion, S. 114.

> [Da] die letzte Wahrheit, die in der Religion zum Ausdruck kommen soll, nicht in die menschliche Sprache und Begriffswelt eingeht, können wir von Religion nur reden, indem wir feststellen, daß die uns bekannte Wirklichkeit nicht die letzte Wirklichkeit ist.[31]

Diese »Religion« müsse jedoch auf einem spezifischen »Gottesbegriff« bestehen, der sich in einer Notiz Horkheimers von 1945 findet:

> Im Gottesbegriff war lange Zeit die Vorstellung aufbewahrt, dass es noch andere Massstäbe gebe als diejenigen, welche Natur und Gesellschaft in ihrer Wirksamkeit zum Ausdruck bringen. Aus der Unzufriedenheit mit dem irdischen Schicksal schöpft die Anerkennung eines transzendenten Wesens ihre stärkste Kraft. Wenn die Gerechtigkeit bei Gott ist, dann ist sie nicht im selben Grade in der Welt.[32]

Im Bewusstsein eines Gottesbegriffes habe sich Horkheimer zufolge eine bessere Vorstellung von Welt bewahren können. Darin zeige sich die »Affinität« von »jüdischem« und »deutschem Denken«, in »einzelnen Lehren des Idealismus, wie in seiner allgemeinen Struktur, die den Sinn für Realität mit dem unbeirrbaren Festhalten an der Idee, dem Gegensatz zur Realität, vereint«.[33] Damit stellt sich Horkheimer in die Tradition Cohens, wie Joseph Maier hervorhebt: Beide seien »Kantianer und Kant-Kritiker zugleich [gewesen]. Aber in der Art, wie sie beides, und jeder auf seine Weise, zeitgemäß waren, liegt schon ein Mehr, das sie und ihre Zeit weitertrieb.«[34] Als ihre bleibende Leistung würden jedoch ihre »anhaltenden Bemühungen um die Religion der Vernunft aus den Quellen des Judentums« gelten.[35] Die »Essenz« des Judentums ist das »Bilderverbot«, das zugleich als Kern der »Kritischen Theorie« Horkheimers zu gelten hat.

Mit der Rehabilitierung der kritischen Potenz von »Religion« kantisch-jüdischer Prägung – die sich sittlich-ethisch konkretisiere – verknüpft sich das Versprechen, dass der »instrumentellen Vernunft« Grenzen gesetzt werden können. Moralische Empfindungen, für die bislang nur eine angemessene »Artikulationskraft« im Religiösen bestand, bedürften, so Habermas, der bewahrenden Übersetzung in eine säkulare Spra-

31 Horkheimer, Bemerkungen zur Liberalisierung der Religion, S. 238.

32 Horkheimer, Zum Gottesbegriff (New Yorker Notizen, 1945), online unter: http://sammlungen.ub.uni-frankfurt.de/horkheimer/content/titleinfo/6608137 (9. Juni 2022), vgl. auch Lutz-Bachmann, Humanität und Religion, S. 113.

33 Maier, Jüdisches Erbe aus deutschem Geist, S. 148. Maier verweist insgesamt auf die philosophische Kohärenz von Kant, Cohen und Horkheimer, ebd. S. 149 f.

34 Ebd.

35 Ebd., S. 149.

che.[36] Die Moderne zehre, mehr als ihr bewusst sei, von »normativen Gehalten«[37] religiöser Provenienz. Das heißt auch, dass im Prozess der Säkularisierung der religiöse Gehalt nicht verloren gehe, sondern sich in der Geschichte weiterhin artikuliere und zum Prozess der Vernunft selbst gehöre, wie Habermas im Rückgriff auf Hegel schreibt.[38] Diese Aussage deckt sich mit optimistischen, auch an Hegel anklingenden Überlegungen Horkheimers:

> Die Menschheit verliert auf ihrem Weg die Religion, aber dieser Verlust geht nicht spurlos an ihr vorüber. Ein Teil der Triebe und Wünsche, die der religiöse Glaube bewahrt und wachgehalten hat, werden aus ihrer hemmenden Form befreit und gehen als produktive Kräfte in die gesellschaftliche Praxis ein. Und selbst die Maßlosigkeit der zerstörten Illusion gewinnt in diesem Prozeß eine positive Form und wandelt sich in Wahrheit um.[39]

»Religion« könne also auch säkularisiert fortbestehen sowie dadurch eine Ethik begründen und retten, die die verwaltete, »entzauberte« Welt dringend nötig habe. Denn die Dominanz des Positivismus, die »Naturalisierung des Geistes« hätten, so Habermas, dem »Ich« überhaupt jegliche Freiheit genommen und es zur »Illusion« erklärt.[40] Horkheimer bleibt hier der Dialektik treu: Die »Religion« könne das »Andere« weiterhin artikulieren und auf die noch ausstehende Versöhnung hinweisen, sofern sie sich nicht in Verbindung mit der Herrschaft korrumpiere und repräsentativ regrediere.

36 Jürgen Habermas, Glauben und Wissen, Frankfurt am Main 2001, S. 24.

37 Ebd.

38 Jürgen Habermas, Einleitung, in: ders., Zwischen Naturalismus und Religion. Philosophische Aufsätze, Frankfurt am Main 2005, S. 7-14, hier S. 12f.

39 Horkheimer, Zum Gottesbegriff.

40 Jürgen Habermas, Freiheit und Determinismus, in: Deutsche Zeitschrift für Philosophie 52 (2004), 6, S. 871-890, hier S. 890.

Bilderverbot

Während Horkheimer Utopie nicht beschreibt und nicht beschreiben kann, so verweist er in seinen späten Reflexionen emphatisch und wiederkehrend auf das jüdische »Bilderverbot« als zentralem Bezugspunkt. Dessen erkenntnistheoretische Funktion prüft er auf seine gesellschaftliche Bedeutung und aktualisiert es angesichts der zeitgeschichtlichen Entwicklungen.[1] Offensichtlich war die in der projektiven Bemächtigung des Bildes innewohnende Manipulativität am Aufstieg und an der Festigung des Nationalsozialismus maßgeblich beteiligt.[2] Die affektive und sakrale Aneignung des »Bildes«, das in der Visualisierung Gottes angelegt sei, habe daran einen Anteil, weil es die Autonomie des Betrachters nicht fördere, sondern in der Erfahrung am »Bild« seine »Entfremdung« verstärke.[3] Dieser sozialisierte Blick auf das Bild ist für Horkheimer auch und insbesondere theologischen und religiösen Ursprungs.[4]

1 Nicht zuletzt aus diesem Grund ist der Vorwurf an Horkheimer, er habe sich in den späten Jahren dem Christentum zugewandt, als obsolet zurückzuweisen. Siehe Eitler, »Gott ist tot – Gott ist rot«, S. 16. Mit Horkheimers Beschäftigung zum »Bilderverbot« liegt keine theologische, religions- oder kunsthistorische Studie zur christlichen Bildtheologie vor. Deren komplexe Fachdiskurse klammert er aus, weshalb sie auch nicht Gegenstand der vorliegenden Studie sind. Einen hervorragenden Einblick in die Bildtheologie bietet Reinhard Hoeps (Hg.), Handbuch der Bildtheologie, 4 Bde., Paderborn 2007-2021.

2 Siehe dazu u. a. Horkheimer u. Adorno, Kulturindustrie. Aufklärung als Massenbetrug, in: GS 5, S. 144-196; Bernd Heidenreich, Sönke Neitzel (Hg.), Medien im Nationalsozialismus, Paderborn 2010.

3 Die politische Dimension ästhetischer Erfahrung diskutierten u.a. Benjamin, Adorno und Brecht. Benjamin hegte, so Didi-Huberman, ein »epistemisches Vertrauen in Bilder« (Georges Didi-Huberman, Was wir sehen blickt uns an. Zur Metapsychologie des Bildes, München 1999, bes. S. 135-190, hier S. 178). Zugleich habe er die Instrumentalität der technischen Bildreproduktion erkannt. Den Mitgliedern des Instituts f. Sozialforschung galt indes die bildhafte Vermittlung von Welt als regressiv. Vgl. dazu Walter Benjamin, Das Kunstwerk im Zeitalter seiner technischen Reproduzierbarkeit, in: ders., Gesammelte Schriften, Bd. 7,1, hg. v. Rolf Tiedemann u. Hermann Schweppenhäuser, Frankfurt am Main 1989, S. 350-384; Leo Löwenthal: »Mitmachen wollte ich nie«, S. 283 f. Vgl. Yael Kupferberg, »Bild, Bilderverbot und Idolatrie«, in: Kulturelle Standorte jüdischer Existenz, in: 5. Jahrbuch, Selma Stern Zentrum für Jüdische Studien Berlin-Brandenburg, hg. v. Andree Michaelis-König und Kerstin Schoor, Berlin 2021, S. 87-101. Vgl. Gertrud Koch, Bilderpolitik im Ausgang des monotheistischen Bilderverbots und die Begründung einer politischen Ästhetik, in: Babylon (2010), 23, S. 44-54.

4 Die vorliegende Studie kann nicht umfassend auf die Bildtheologie des Christentums und der Philosophie eingehen. Siehe dazu Hans Belting, Das echte Bild. Bildfragen als Glaubensfragen, 2. Aufl., München 2006, u. a. S. 86-100.

Die sich im »fleischgewordene[n] Geist«[5] verkörpernde Rücknahme des Verbots fördere, so die These in Horkheimers Spätwerk, Antisemitismus.[6] Demnach leistete sie einem spezifischen kognitiven Habitus Vorschub, der im identifikatorischen und affirmativen Verhältnis zum Objekt besteht. Dieser habe insbesondere religiöse Wurzeln und, um es philosophisch und ästhetisch zu formulieren, sei durch die Aneignung von Welt, jene spezifische Beziehung von Subjekt und Objekt, charakterisiert. Die Identifikation des Göttlichen und »Absoluten« im »Bild« lasse mimetisches Verhalten am Schein, am »Fetisch« zu. Die Differenz zwischen Judentum und Christentum bestehe also in jenem »Anthropomorphismus«, der mit Jesus vollzogen wurde und damit ein mimetisches Verhalten zu einem bestimmten, vermenschlichten Gott anerkannte, wenn nicht sogar forderte.

Für das Judentum kantischer Prägung bilde jedoch gerade »die Entmaterialisierung Gottes«[7] die unhintergehbare Scheidung zum Christentum.[8] Die Aussage des Verbots »Du sollst dir kein Bild machen«[9] betrifft nicht allein das theologische, also jüdische Postulat der Gestaltlosigkeit Gottes. Horkheimer erweitert es vielmehr und fügt es in eine grundsätzliche, kritische Haltung gegenüber »Welt« ein. Das biblische »Bilderverbot« ist ihm ein kognitiver Habitus, dessen Aufweichung prominent in Jesus Christus, also jener »Verwandlung des Abstraktums in die Person«,[10] fatale Konsequenzen zeitigte. Denn mit der Aufwertung jener Ikone werde das magische Denken gestärkt und das Diesseitige, das »Dasein«, so wie es ist, nicht wie es sein »könnte«, bestätigt. Das Korrektiv und die Potenzialität des »Anderen« entfielen: Wenn das Göttliche nicht mehr »absolut«, sondern ästhetisch erfahrbar sei, so könne es auf alle Ideologien und Beziehungen übertragen werden. Es sei also austauschbar,

5 Horkheimer u. Adorno, Elemente des Antisemitismus, S. 207.

6 Damit befasst sich die vorliegende Arbeit im Kapitel »Idolatrie«.

7 Sigmund Freud, Der Mann Moses und die monotheistische Religion (1939), in: ders., Studienausgabe, Bd. 9: Fragen der Gesellschaft. Ursprünge der Religion, hg. v. Alexander Mitscherlich et al., Frankfurt am Main 1994, S. 455-567, hier S. 561.

8 Siehe dazu Michael Deneken, Theophanie, Christophanie und Epiphanie des Gekreuzigten – Elemente theologischer Reflexion, in: Reinhard Hoeps (Hg.), Handbuch der Bildtheologie, Bd. 3, Paderborn 2014, S. 80-100. Die Affinität Kants zum »Bilderverbot« arbeitet René Buchholz heraus. Er weist nach, dass Adorno die Philosophie Kants auch unter dem Aspekt des »Bilderverbots« interpretiert hat. Siehe Buchholz, Zwischen Mythos und Bilderverbot, S. 190-199. Dies kann vorbehaltlos für Horkheimer gelten. Interessanterweise erwähnt Buchholz Hermann Cohen nicht, der Kants Philosophie mit dem Judentum zu verbinden suchte.

9 Horkheimer, Die Herkunft der kritischen Theorie, S. 491.

10 Cohen, Religion der Vernunft, S. 48.

ubiquitär. Das Judentum hingegen bewahre den »Geist«. Horkheimer orientiert sich hier am Verdikt Freuds:[11] »Durch das mosaische Verbot wurde Gott auf eine höhere Stufe der Geistigkeit gehoben«.[12] Während Freud die geistige Fähigkeit zur Abstraktion durch das »Bilderverbot« anthropologisch konzediert, argumentiert Horkheimer idealistisch: Er betont dessen geistige Notwendigkeit und stellt es in einem Gespräch

11 Anmerkungen zu Freud sind in den späten Schriften Horkheimers teils apologetischen, teils kritischen Inhalts. Durch die Aufnahme der Psychoanalyse um 1930 sei aus der »Sozialphilosophie eine Sozialforschung« geworden, so Ruggieri Alfred Schmidt. Es sei Erich Fromm wie auch Horkheimer dabei »um eine tragfähige Verbindung der Marxschen Analyse der ökonomischen Struktur der Gesellschaft mit der von Freud vorangetriebenen Analyse der Struktur der Subjektivität« (Davide Ruggieri, Ein unveröffentlichter Brief von Max Horkheimer an Sigmund Freud, in: Soziologie 41 (2012), 3, S. 289-292, hier S. 289 f.). Die Kritische Theorie wäre ohne die Psychoanalyse auch ihres analytischen und gewissermaßen ihres anthroplogischen bzw. auch materialistischen Potenzials beraubt. Fromm und Horkheimer waren nachweislich die ersten, die die Psychoanalyse Freuds in ihre Theoriearbeit aufnahmen. Horkheimer selbst unterzog sich einer Psychoanalyse; in seiner privaten Bibliothek aus den Jahren um 1943 finden sich zudem zahlreiche Bände psychoanalytischer Autoren. Obwohl die Psychoanalyse für die Gesellschaftstheorie der Kritischen Theorie bedeutsam war, boten der Positivismus Freuds, sein Psychologismus und seine Apologie sozialer Herrschaft Anstoß zu Kritik. Siehe dazu Hans-Ernst Schiller, Freud-Kritik von links. Bloch, Fromm, Adorno, Horkheimer, Marcuse, Springe 2017. Zum Verhältnis von Psychoanalyse und Kritischer Theorie vgl. u. a. Christine Kirchhoff u. Falko Schmieder (Hg.), Freud und Adorno. Zur Urgeschichte der Moderne, Berlin 2014. Ein Zeugnis der Wertschätzung der Psychoanalyse Freuds legen auch die von Horkheimer und Alexander Mitscherlich organisierten Sigmund-Freud-Vorlesungen ab, die anlässlich von dessen 100. Geburtstag in Frankfurt am Main stattfanden. Das kann auch als Versuch gelten, Freud, die Psychoanalyse und auch jüdisches Bewusstsein akademisch zu rehabilitieren. Habermas schreibt dazu rückblickend: »[D]er Nebel unscharfer, bildungshumanistisch aufgeladener geisteswissenschaftlicher Kategorien hätte sich nicht so schnell gelichtet, wenn ich mich nicht vom wissenschaftlichen Charakter des neuen Blicks auf die Tatsachen überzeugt hätte. Dazu verhalfen mir die inzwischen legendären Freud-Vorlesungen. Damals befand sich die Psychoanalyse in den USA, in England, Holland und der Schweiz auf dem Höhepunkt ihrer Reputation. Die bahnbrechenden Werke von Erik Erikson, René Spitz, Ludwig Binswanger, Franz Alexander, Michael Balint, Gustav Bally und vielen anderen (zu denen natürlich auch Anna Freud gehörte) genossen internationale Anerkennung. Kaum mehr als ein Jahrzehnt nach Kriegsende trat diese Elite von Wissenschaftlern vor ein deutsches Publikum, um über die Fortschritte der 1933 schmählich vertriebenen Disziplin zu berichten. Ich weiß nicht, was mich, dem Freud während seines Psychologiestudiums nur in abschätzigen Zusammenhängen begegnet war, mehr fasziniert hat: die eindrucksvollen Personen oder die glanzvollen Vorträge« (Habermas, Die Zeit hatte einen doppelten Boden, o. S.).

12 Freud, Der Mann Moses und die monotheistische Religion, S. 561.

mit Gerhard Rein im Jahr 1967 in einen Zusammenhang mit dem Begriff der »Grenze«:

> Ich habe den Begriff der Grenze immer so verstanden, daß der Denkende, der philosophisch Denkende, die Wirklichkeit als eine relative sehen soll, das heißt, daß alle unsere Urteile, die wir über die Wirklichkeit fällen, nicht absolut sind, und daß die Welt, die relativ ist, ihrem Sinne nach ein Absolutes voraussetzt, das wir jedoch nicht zu erkennen vermögen. So habe ich den Begriff der Grenze verstanden.[13]

Dieser »Grenzbegriff«, auf dem auch Hermann Cohen insistiert und diesen mit dem »Ding an sich« verknüpft,[14] referiert auf die Trennung von »Glauben« und »Wissen« und setzt das »Absolute« voraus. Durch diese »Grenze« ist die korrektive Orientierung des Denkens gegeben, das nicht auf seine positive Aufhebung abzielt, sondern sich das »Intelligible« bewahren könne. Das Judentum, das Horkheimer idealistisch bzw. kantisch liest, beharrt auf dem »Bilderverbot«[15] als dieser Grenze. Diese unterbinde das (unwahre) Einswerden mit dem Objekt und fordere eine gedankliche wie existenzielle Distanz zum Objekt ein, das in seiner philosophischen Erweiterung nach Horkheimer als die potenzielle Freiheit und Autonomie am Objekt zu verstehen ist. Diese Denkhaltung könne den instrumentellen Zugriff auf »Welt« und Subjekt verhindern. Durch das »Bilderverbot« forciert, unterbinde sie das mimetische, identifikatorische und instrumentelle Streben des Subjekts. Gerade darin erweise sich die Unverfügbarkeit des Objektes sowie des Subjektes.

Das Verbot beinhalte überdies einen Begriff von »Wahrheit« gerade darin, dass diese nicht konkret werden könne, weil sie gerade nicht zu verwirklichen sei. Sie könne allein negativ formuliert werden, insofern darauf beharrt werde, dass das »Gute« eben noch nicht sei, wie Horkheimer im Gespräch mit Rein betont. Er rekurriert auf diese »Grenze« als Negation: »Ich meine, die Wahrheit läßt sich überhaupt nicht positiv

13 Horkheimer, Erinnerung an Paul Tillich, Gespräch mit Gerhard Rein (1967), in: GS 7, S. 276-283, hier S. 279.

14 Cohen rekurrierte in seinem Hauptwerk zur kantischen Philosophie darauf, dass das »Ding an sich« als intelligible Ursache der Erscheinungen ein »Grenzbegriff« sei. Siehe Hermann Cohen, Kants Theorie der Erfahrung, Berlin 1885, S. 507. Vgl. dazu Astrid Deuber-Mankowsky, Der frühe Walter Benjamin und Hermann Cohen: Jüdische Werte, Kritische Philosophie und vergängliche Erfahrung, Berlin 2000, S. 62.

15 Die Vorstellungen von dem »Einen«, von »Gott« etc. haben sich historisch und kulturell entwickelt. Zu einer historisch-kritischen wie philologischen Analyse siehe Christoph Dohmen, Das Bilderverbot. Seine Entstehung und seine Entwicklung im Alten Testament, Bonn 1985.

darstellen, vielmehr erscheint die Wahrheit, indem wir kritisch uns zur Wirklichkeit, zu dem Bestehenden verhalten, in dem wir leben.«[16] Die Praxis, die mit »verhalten« angesprochen ist, begreift er doppelt: als Verhalten und als geistige Tätigkeit der Kritik. Das »Absolute« befähige zur Kritik des Relativen, das im Jüdischen Denken für Horkheimer eben darin bestehe,

> das Absolute nicht darzustellen oder abzubilden [...]. Ja, es ist im Jüdischen üblich, selbst den Namen ›Gott‹ nicht einfach auszuschreiben. [...] Daher das kritische Verhalten in der Realität, denn in diesem kritischen Verhalten, in dem wir das bezeichnen, was nicht sein soll, was Gott entgegen ist, erscheint das Absolute, das Andere, das Gute.[17]

Horkheimer übersetzt die geistige, literarische und literale Fundierung der Enthaltung als Bedingung für ein Kritikbewusstsein und für ein kritisches Verhalten gegenüber der Welt. Darin eingeschlossen ist Repräsentationskritik als Herrschaftskritik.[18] Wer sich einem Bild von »Gott« enthalte, ihn also nicht verdingliche oder anthropomorphisiere, entziehe sich auch einem Verfügungsanspruch, also dem instrumentellen Verhältnis zu sich und zur Welt.

In seinen Überlegungen orientiert sich Horkheimer am rationalistischen Judentum, das maßgeblich von dem bedeutenden Philosophen Maimonides (Moses ben Maimon) geprägt wurde.[19] Dieser verknüpft mit dem Verbot des Bildes einen negativen Gottesbegriff, den er, angelehnt an die aristotelischen Paradigmen, wie folgt charakterisiert:

16 Horkheimer, Erinnerung an Paul Tillich, S. 279.

17 Ebd.

18 Vgl. Jacob Taubes, 1948-1978: Dreissig Jahre Verweigerung, in: ders., Ad Carl Schmitt. Gegenstrebige Fügung, Berlin 1987, S. 65-78, hier S. 73. Taubes schreibt, dass die »Gewaltentrennung zwischen weltlich und geistlich absolut notwendig ist, diese Grenzziehung, wenn die nicht gemacht wird, geht uns der Atem aus« (ebd.). Auf diesen Konnex verweist auch Astrid Deuber-Mankowsky, Repräsentationskritik und Bilderverbot, in: Textual Reasoning (2000), [Mai], online unter: http://www.bu.edu/mzank/tr-deutsch/archiv/Bilderverbot.html (6. Juni 2022). Deuber-Mankowsky bietet einen kursorischen Überblick über den Zusammenhang von Repräsentations- und Herrschaftskritik, die sie auch mit dem »Bilderverbot« verknüpft, ohne jedoch die Vertreter der Kritischen Theorie zu erwähnen, sondern auf Jacob Taubes' Standpunkt eingeht.

19 Karl Erich Grözinger, Jüdisches Denken: Theologie, Philosophie, Mystik, Bd. 1, Frankfurt am Main 2004, S. 431. Moses ben Maimons *Führer der Unschlüssigen* (Mainz 1923) steht ebenfalls in der Privatbibliothek Horkheimers im kalifornischen Exil.

> [Du] wirst erkennen müssen, dass Gott in keiner Weise und in keinem Sinn ein Wesensattribut zukommt, und das es ebenso unmöglich ist, dass er ein Wesensattribut besitze, wie es unmöglich ist, dass er ein Körper sei. Wer aber glaubt, dass er Einer sei, desungeachtet aber zahlreiche Eigenschaften besitze, der nennt ihn zwar mit seinen Worten Einen, hält ihn aber in seinem Denken für eine Vielheit. [...] Somit kommt Gott auf keinerlei Weise ein positives Attribut zu. In der Tat sind es die verneinenden Aussagen, deren wir uns bedienen müssen, um das Denken zu dem hinzuleiten, was wir in bezug auf Gott glauben müssen.[20]

Diese Aussage wird in der jüdischen Religionsphilosophie als »getreue[r] Indikator« des modernen, d. h. aufgeklärten jüdischen Selbstverständnisses gelesen.[21] In der hebräischen Bibel heißt es:

> Du sollst dir kein Bild machen, kein Abbild deß, was im Himmel droben und was auf Erden hierunten und was im Wasser unter der Erde; Du sollst dich nicht niederwerfen vor ihnen und ihnen nicht dienen [...].[22]

Dieses, auch an zwei weiteren Stellen variiert wiederholte Verbot[23] zielt nicht auf das Bild im Allgemeinen, sondern richtet sich dezidiert gegen eine Darstellung von Gott bzw. dem Göttlichen. Es untersagt insbesondere das sakrale, fetischisierende Verhältnis zum Bild, an dem

20 Moses ben Maimons *Führer der Unschlüssigen,* zit. n. Erich Fromm, Ihr werdet sein wie Gott, Hamburg 1980, S. 30). Fromm widmet dem »Bilderverbot« eine umfangreiche Studie im genannten Band, der 1966 in den USA unter dem Titel »You shall be as God« erschien und dann ins Deutsche übersetzt wurde. Siehe das Kapitel »Das Gottesbild« in: ebd., S. 18-53.

21 Micha Brumlik, Bilderverbot, in: Dan Diner (Hg.), Enzyklopädie jüdischer Geschichte und Kultur, Bd. 1, Stuttgart u. Weimar 2011, S. 338-342, hier S. 338. Dabei könne man noch weiter im biblischen Text zurückgehen: In einem Midrasch habe Abraham der Überlieferung nach die Undarstellbarkeit Gottes eingefordert und die Anbetung von Götzen angeklagt. Siehe Midrasch Bereschit Rabba 38,13 zu Genesis 11,18. Seit Moses Mendelssohn wurde das Bilderverbot u. a. von Salomon Maimon, Salomon Ludwig Steinheim, Hermann Cohen und Franz Rosenzweig thematisiert, die sich laut Brumlik philosophisch eher an Kant als an Moses Mendelssohn orientierten. Siehe Brumlik, Bilderverbot, S. 338.

22 Schemot, 20:4,5.

23 Das »Bilderverbot« erscheint in der Thora an drei Stellen. Als Teil des ersten Gebots unterstreiche es nach Assmann die Exklusivität der Jahweh-Verehrung. Siehe Jan Assmann, »Was ist so schlimm an den Bildern?«, in: Hans Joas (Hg.), Die zehn Gebote – ein widersprüchliches Erbe?, Köln 2006, S. 17-32.

Handlungen vollzogen werden,[24] die sich in ihrer Projektivität dem Bild unterwerfen.[25] Das Verbot beinhaltet sowohl die Produktion als auch die Rezeption eines falschen Bildes. Dabei setzt es voraus, dass eine Kausalität zwischen der ästhetischen Erfahrung und einer Ethik besteht – mehr noch: es postuliert diese. Zudem opponiert es kulturhistorisch gegen die umgebenden Kulturen, deren religiöse Praxis von einer anthropologischen und ikonischen Vermittlung des Göttlichen geprägt seien, also, so Hermann Cohen, gegen den »Pantheismus.«[26] Damit unterbindet es – das ist seine gesellschaftliche und kulturelle Dimension – die Akkulturation und die mimetische Aneignung der Umwelt. Über die religiöse Praxis und theologische Ausformulierung reagiert es auf das affektiv bindende Potenzial des Bildes pejorativ und prohibitiv. Cohen, durchaus im apologetischen Duktus, erfasst es so: »Der Götterdienst ist Bilderdienst. Der Gottesdienst aber ist die Verehrung des wahrhaften Seins. Der Kampf gegen Götter ist daher der Kampf des Seins gegen den Schein, der Kampf des Urseins gegen Abbilder, die kein Urbild haben.«[27] Für Cohen befreie das »Bilderverbot« unter anderem den Geist vom Naturzwang,[28] weil es eine Abstraktionsfähigkeit einfordere, die sich über Naturhaftigkeit erheben könne. Im theologischen Kontext unterbindet das Verbot vornehmlich die Verehrung anderer Götter. Deutlich zeigt sich dies im Kontrast zum vorangehenden Verbot: »Du sollst keine fremden Götter haben vor mir«.[29] Dieses fordert Loyalität ein und enthält eine »moralische Verpflichtung zur Treue zu dem einen und unteil-

24 Jan Assmann schreibt: »Beim Bilderverbot geht es also sowohl um das Verbot der Verehrung anderer Götter als auch um das Verbot, den wahren Gott im Bild darzustellen. In unseren Augen sind das zwei ganz verschiedene Dinge. Im ersten Fall handelt es sich um Treue und Apostasie, im zweiten um die richtige und die falsche Form der Gottesverehrung. Das erste ist eine politische, das zweite eine Medienfrage. Beide Aspekte gehen im Bilderverbot von Anfang an zusammen« (Assmann, Was ist so schlimm an den Bildern?, S. 18f.).

25 Auch dem Begriff der »Entfremdung« ist dieser Prozess noch eingeschrieben. Er unterliegt der theologischen und christlichen Prämisse, dass Gott sich in Jesus verdinglicht habe. Marx überträgt das dialektische Modell Hegels auf die ökonomische Konstellation und auch als anthropologische Wendung. Siehe Röd, Dialektische Philosophie in der Neuzeit, S. 212.

26 Cohen, Religion der Vernunft, S. 63. Vgl. dazu insgesamt Deuber-Mankowsky, Der frühe Walter Benjamin und Hermann Cohen, bes. S. 48-50 und 90-105. Die Studie enthält ähnliche Bezüge zur Philosophie Cohens, die auch für Horkheimer gelten und relevant sind, der jedoch in der Studie keine Erwähnung findet.

27 Cohen, Religion der Vernunft, S. 63.

28 Ebd., S. 64.

29 Schemot, 20:3.

baren Gott«,[30] wie Gertrud Koch ausführt. Jenen moralisch-sittlichen Imperativ erkenne Kant in seiner *Kritik der Urtheilskraft* (1790) an, in der er das »Bilderverbot« zum »Inbegriff des Erhabenen« erklärt, zu dem, »was schlechthin groß ist«:

> Vielleicht gibt es keine erhabenere Stelle im Gesetzbuche der Juden als das Gebot: Du sollst dir kein Bildnis machen noch irgendein Gleichnis, weder dessen was im Himmel noch auf der Erden noch unter der Erden ist usw. Dieses Gebot allein kann den Enthusiasmus erklären, den das jüdische Volk in seiner gesitteten Epoche für seine Religion fühlte, wenn es sich mit den anderen Völkern verglich, oder denjenigen Stolz, den der Mohammedanismus einflößt. Eben dasselbe gilt auch von der Vorstellung des moralischen Gesetzes und der Anlage zur Moralität in uns. Es ist eine ganz irrige Besorgnis, daß, wenn man sie alles dessen beraubt, was sie den Sinnen empfehlen kann, sie alsdann keine andere, als kalte, leblose Billigung und keine bewegende Kraft oder Rührung bei sich führen würde. Es ist gerade umgekehrt; denn da, wo nun die Sinne nichts mehr vor sich sehen, und die unverkennliche und unauslöschliche Idee der Sittlichkeit übrigbleibt, würde es eher nötig sein, den Schwung einer unbegrenzten Einbildungskraft zu mäßigen, um nicht bis zum Enthusiasmus steigen zu lassen, als, aus Furcht vor Kraftlosigkeit dieser Ideen, für sie in Bildern und kindischem Apparat Hülfe zu suchen. Daher haben auch Regierungen gerne erlaubt, die Religion mit dem letztern Zubehör reichlich versorgen zu lassen, und so dem Untertan die Mühe, zugleich aber auch das Vermögen zu benehmen gesucht, seine Seelenkräfte über die Schranken auszudehnen, die man ihm willkürlich setzen, und wodurch man ihn, als bloß passiv, leichter behandeln kann.[31]

Die ästhetische Dimension[32] des »Bilderverbots« als Erfahrung der Entgrenzung des Geistes verbindet Kant mit dem sittlichen Ethos. Hingegen verweist er auf das instrumentelle und manipulative »Vermögen« der

30 Koch, Bilderpolitik im Ausgang des monotheistischen Bilderverbots, S. 44.

31 Zit. n. ebd., S. 44 f., siehe auch Kant, Kritik der Urtheilskraft, S. 274 f.

32 Diese Ästhetik ›ohne Bild‹ schlage sich auch in der modernen und postmodernen Kunst, insbesondere in der Konzeptkunst, nieder. Vgl. Andreas Mertin, Zeitgenössische Kunst und Bilderverbot. Das Beispiel der documenta, in: Bernd Schröder, Harry Harun Behr u. Daniel Krochmalnik (Hg.), »Du sollst dir kein Bildnis machen …« Bildverbot und Bilddidaktik im jüdischen, christlichen und islamischen Religionsunterricht, Berlin 2013, S. 151-163; Kurt Lüthi, Moderne Malerei, in: ders., Kurt Marti u. Kurt von Fischer (Hg.), Moderne Literatur, Malerei und Musik. Drei Entwürfe zu einer Begegnung zwischen Glaube und Kunst, Zürich 1963, S. 169-332.

Bilder, politische Unmündigkeit zu manifestieren bzw. zu fördern. Diese Engführung von »Bilderverbot« und Normativität bzw. die Ethik, die durch das Verbot der Bildverehrung gesetzt ist, bilden auch das paradigmatische Argument Horkheimers,[33] das er wiederholt in den späten Notizen und Gesprächen bekräftigt. Diese Überlagerung von ästhetischer Erfahrung und ethischer Ausstrahlung findet sich auch bei dem Theologen Erich Zenger bezeugt:

> Die Mosaische Unterscheidung zwischen wahr und falsch im Bereich der Religion proklamiert [...] eine qualitative Differenz mit zweifacher Zielsetzung: Sie zielt auf die Unterscheidung ›zwischen dem transzendenten Schöpfer der Welt, der mit nichts in der Welt identisch ist, und den Göttern, in denen Aspekte der Welt verklärt werden‹. Diese Differenz ist damit ein Gegensatz zu allen Formen von Pantheismus und Kosmotheismus. Zugleich aber bietet diese Mosaische Unterscheidung einen Modus der Vermittlung zwischen dem transzendenten Gott und seiner Welt an – nämlich die Selbsterschließung des transzendenten Gottes und zwar in der Gestalt der Tora, sei es in deren halachischer Konkretion im Judentum [...]. Aber das Wahrheitskriterium der biblischen Religion ist die Ethik und insbesondere die Option des biblischen Gottes für Freiheit und Gerechtigkeit für alle Völker, für jeden einzelnen Menschen [...]. Der biblische Monotheismus war m. E. sogar die entscheidende Weichenstellung für die Erkenntnis und Formulierung der jedem Menschen zukommenden Menschenwürde und Menschenrechte. Insofern war er in der Tat eine menschheitsgeschichtliche Wende.[34]

Das unverfügbare »Absolute« vermittelt sich nicht sinnlich und ästhetisch, sondern entfalte sich vielmehr allein unmittelbar in der jüdischen Praxis des Gesetzes. Die Anerkennung des »Absoluten« erfolge, so Hermann Cohen, durch die Einhaltung der Ver- und Gebote, über die ethische Praxis der »Sittlichkeit«.[35] Es habe seine Grundlagen in der Ethik, werde darin vermittelt und bestärke den Menschen in sei-

33 Siehe zum Verhältnis Adornos zum »Bilderverbot« Buchholz, Zwischen Mythos und Bilderverbot; Yael Kupferberg, Moses und Aron – Gedanke und Wort in der musikalischen Rezeption Arnold Schönbergs, in: Ulrike Schneider, Helga Völkening u. Daniel Vorpahl (Hg.), Zwischen Ideal und Ambivalenz. Geschwisterbeziehungen in ihren soziokulturellen Kontexten, Frankfurt am Main 2015, S. 239-252.

34 Erich Zenger, Mose und die Entstehung des Monotheismus, in: Stefan Stiegler (Hg.), Der Monotheismus als theologisches und politisches Problem, Leipzig 2006, S. 15-38, hier S. 38.

35 Cohen, Religion der Vernunft, u. a. S. 111 u. 114f.

ner Urteilsfähigkeit bzw. seinem sittlichen und insofern gesellschaftlich dienlichem Handeln. Damit strebe er in der Welt zur Errichtung »des Himmelreichs«,[36] indem er auf sich und seine Taten zurückgeworfen und für diese verantwortlich sei.

Das Verhältnis zum »Absoluten« indes überträgt sich auf das idealerweise nicht-instrumentelle Verhältnis zwischen den Menschen. Im Vortrag »Zum Begriff des Menschen« (1957) stellt Horkheimer nochmals diese philosophische Verbindung zu Kant her:

> Das Postulat der transzendenten Welt ist in seiner Philosophie identisch mit dem Urteil über die immanente. Die Vermittlung aber ist nicht der Glaube allein, nicht die Innerlichkeit, sondern das menschliche Leben. […] Kants Versicherung, daß die Verwirklichung der richtigen Ordnung, die Aufhebung der Gegensätze im Unendlichen, im Intelligiblen liege, steht im Dienst der Veränderung des Endlichen.[37]

Die Zivilisationsgeschichte indes, die Horkheimer und Adorno u. a. in ihrer *Dialektik der Aufklärung* als Katastrophe beschreiben, weil die Aufklärung sich in der Herrschaft über die Natur konkretisiert habe, kann und muss auch im Kontext der bildhaften, d. h. instrumentellen, projektiv-mimetischen und affirmativen Aneignung von Welt gelesen werden. Diese suspendiere in ihrer Fixierung an das verabsolutierte Naturhafte die Veränderbarkeit von Welt. Der Aufweichung des Verbots durch die sakrale Überhöhung des »Bildes« als Dokument der sinnlichen Vermittlung des »Absoluten«, von dessen Wirkung und Begehren das Judentum gleichermaßen wisse sowie von der Projektion der Gläubigen eben darauf und diese insofern tabuisierte, hält Horkheimer die philosophische Forderung nach der »Grenze« entgegen, die das »Absolute« vor einer Konkretion bewahrt. Mit dieser »Grenze« beharrt er darauf, dass das Endliche veränderbar sei und bleibe. Entsprechend formulierten Horkheimer und Adorno in der *Dialektik der Aufklärung*: »Erst die durch das Bilderverbot erzielte Entmächtigung der Magie […] garantiert Befreiung.«[38] »Entmächtigung der Magie« ist hierbei jene Aufklärungsarbeit, die angesichts der wirkmächtigen Bildtheologie des Christentums zu leisten sei.[39] Das Bild könne dann als Dokument seiner Bedingungen

36 Heinrich Heine, Deutschland. Ein Wintermärchen, in: ders., Historisch-kritische Gesamtausgabe der Werke, Bd. 4, hg. v. Manfred Windfuhr, Hamburg 1985, S. 89-159, hier S. 92.

37 Horkheimer, Zum Begriff des Menschen, S. 56.

38 Horkheimer u. Adorno, Elemente des Antisemitismus, S. 216.

39 Vgl. Knut Wenzel, Die Wucht des Undarstellbaren. Bildkulturen des Christentums, Freiburg im Breisgau 2019. Siehe zur »Brisanz der Bilder im Christentum«

und seines Kontextes zu lesen sein, nämlich als ein von Geschichte, Wirklichkeit und Idee durchwirktes Dokument, dessen Scheinhaftigkeit der alphabetisierte Blick, d.h. der den eigenen projektiven Anteil und Modus wahrzunehmen befähigt ist.[40] Das Bild könne insofern etwas über die Welt aussagen und sei dann ein ästhetischer Anlass für Reflexion und Erfahrung, also erkenntnistheoretisch von Interesse. So heißt es im Essay »Begriff der Aufklärung«: »Gerettet wird das Recht des Bildes in der treuen Durchführung seines Verbots«.[41] Hier wird das »Recht« des Bildes als ein »freies« eingeklagt und seine Würde gegen politische wie ideologische Vereinnahmung verteidigt. Das Bild sei zu ›retten‹, wenn es als sublimiertes Abbild von Erfahrungen erkannt und weder überhöht noch instrumentalisiert werde. Der christliche Bildgebrauch sei jedoch weder »liberal« noch »interessenlos«,[42] sondern begehre gerade den projizierten Zugriff auf den Gläubigen.[43] Insofern werde das Bild in seiner scheinbar affektiven Bindungsfähigkeit der Gläubigen missbraucht. Dieser manipulative und instrumentelle Bildgebrauch, der sich im gläubigen Blick auf die überhöhte bildhafte Konkretion erweise, müsse und könne als ›Schein‹ erkannt und somit »aufgeklärt« werden. Daraus erwachse die Mündigkeit am Bild.

Im »Verbot, das Falsche anzurufen, das Endliche als das Unendliche, die Lüge als Wahrheit«, liege »das Unterpfand der Rettung«[44] eben dadurch, dass der Mensch sich der scheinhaften und selbst produzierten Bindung an den »Fetisch«[45] bewusst werde und sich in der Suspension

außerdem Reinhard Hoeps, Einleitung, in: ders. (Hg.), Handbuch der Bildtheologie, Bd. 1, Paderborn 2007, S. 7-23.

40 Dies heißt, dass das »Bild« als »Abbild« der »Natur« und seiner geistigen wie ästhetischen Übersetzung zu lesen ist. Dafür benötigte es nach Adorno erkenntnistheoretische Arbeit, die sich kritisch, analytisch und begrifflich mit dem »Bild« auseinandersetze, jedoch nicht affirmativ darauf beziehe. Siehe Adorno, Beitrag zur Ideologienlehre, in: AGS 8, S. 457-477, hier S. 474 u. 477. Vgl. auch Kracauers Ausführungen zum ›Ornament‹, an dem Gesellschaft und historische Wirklichkeit abgelesen werden könnten. Siehe Siegfried Kracauer, Das Ornament der Masse. Essays, Frankfurt am Main 1977, S. 50-64. Vgl. auch Kupferberg, »Bild, Bilderverbot und Idolatrie«, S. 87-101.

41 Adorno u. Horkheimer, Begriff der Aufklärung, S. 46.

42 Hoeps, Einleitung, S. 8. Dies bezieht sich auf Kant, der im Wissen um die affektive Anziehung des Objektes das Ideal des »interessenlosen Wohlgefallens« favorisiert (Kant, Kritik der Urteilskraft § 2, S. 204.)

43 Hier ist auch eine grundsätzliche Bestimmung des Verhältnisses von Subjekt und Objekt postuliert.

44 Adorno u. Horkheimer, Begriff der Aufklärung, S. 46.

45 Siehe dazu Karl Marx, Der Fetischcharakter der Ware und sein Geheimnis, in: ders. u. Friedrich Engels, Werke, Bd. 23, hg. v. Institut für Marxismus-Leninismus beim ZK der SED, 2. Aufl., Berlin (Ost) 1968, S. 85-98. In diesem Kontext sind der

die eigene Unverfügbarkeit bewahren könne. Damit übersetzt sich das besondere Verhältnis zum Bild ins Allgemeine: Das »Bilderverbot« befähige dazu, dass vergötzte Bestehende als »das Wahre« und »Wirkliche« anzuzweifeln. Es bestehe auf der Freiheit am Objekt. In diesem geistigen Überschuss der Kritikfähigkeit, die das »Bilderverbot« fundiere, offenbare sich die bedeutsame zivilisatorische Leistung des Judentums: »Gott als Geist tritt der Natur als das andere Prinzip entgegen, das nicht bloß für ihren blinden Kreislauf einsteht wie alle mythischen Götter, sondern aus ihm befreien kann«[46] und damit, so Horkheimer und Adorno, die Potenzialität des Menschen bewahre. Gerade weil das Verbot das mimetische Begehren auf das magisch Überhöhte begrenze und den Geist dazu befähige, beinhalte es die Aufforderung, sich aus dem Zwang der Beherrschung und der Konkretion zu befreien. Der »Geist« triumphiere über Körper und Natur. Damit sei Geschichte veränderbar: Der Mensch unterliege eben nicht dem »Naturzwang« – das ist das Postulat des »Bilderverbots«, das Horkheimer entschieden verteidigt.

Dem liegt auch ein emphatischer, auf das Judentum zurückgehender Begriff vom Menschen zugrunde. Das Leiden in der Welt wird nicht als das zu erduldende affirmiert, sondern zeige auf, dass die Welt in der Konfrontation mit dem »ganz Anderen«, dem »Absoluten«, verändert werden kann. Das »Bilderverbot« erweist sich damit als kognitiver Garant der Emanzipation, als Erkenntniskritik: Als die »Grenze« zwischen »Glauben« und »Wissen«.

Dies postuliert neben Freud auch Hermann Cohen: »Von Gott aber kann es kein Abbild geben; er ist schlechthin nur Urbild für den Geist, für die Vernunftliebe, aber nicht Gegenstand der Nachbildung.«[47] Damit liegt auch ein emphatischer Begriff von Aufklärung vor: Im Verbot, sich von Gott ein Bild zu machen, offenbart sich die spezifische Leistung des Judentums, die mit einer aufklärerischen Haltung und mit dem Primat des Geistes korrespondiert. Die Potenzialität des Menschen besteht damit in seiner Kritikfähigkeit, die im undarstellbaren und gestaltlosen »Absoluten« gründe, nicht jedoch in der Menschwerdung »Gottes«. Das

Schabbat und im Christentum der Sonntag progressive Einrichtungen, weil sie als Ruhetage auf der Differenz bestehen, dass Menschen »mehr« als ihre Arbeitskraft sind. Diese Ruhetage verweisen implizit auf die metaphysische Existenz des Menschen.

46 Horkheimer u. Adorno, Elemente des Antisemitismus, S. 206. Den Begriff »Natur« verwenden beide vieldeutig. Er gilt ihnen einerseits als ein Totalitätsbegriff und Gegenbegriff zur Aufklärung, unterliege andererseits aber auch als noch nicht beherrschte Natur einem mythischen Prinzip. Siehe zum Begriff Liedke, Naturgeschichte und Religion, S. 79.

47 Cohen, Religion der Vernunft, S. 63.

»Bilderverbot« unterbinde die Identifikation des Konkreten mit dem »Absoluten«. Es beharre darauf, dass »Dasein« und »Sein« nicht gleich sind, so Cohen: Die »Lüge des Götzendienstes gilt es zu erkennen, die Selbsttäuschung.«[48] Diese Aufdeckung der »Selbsttäuschung« gilt der Emanzipation, d. h. der Mündigkeit des Menschen. Die Leistung, die das Verbot vom Menschen fordert, appelliert an seinen Geist und sein Abstraktionsvermögen. Sie bestätigt darüber hinaus seine Unverfügbarkeit am Objekt. Die unterbundene Identifikation von Subjekt und Objekt entlässt, philosophisch übersetzt, das Subjekt in die Freiheit. Diese wird durch die geforderte Sittlichkeit vergesellschaftet und rekurriert darauf, dass sie nicht absolut sein, sondern nur in Relation bestehen kann, also im Gesetz begriffen ist.

Während diese Argumentation besonders die ästhetischen und philosophischen Momente anspricht, ist das Verbot des Bildes in die biblisch konflikthafte und für das Judentum bedeutsame Befreiungs- und Freiheitserzählung eingebunden: »Ich bin der Ewige, dein Gott, der dich geführt aus dem Lande Mizrajim, aus dem Knechthause.«[49] Diese narrative und von Gott bezeugte Geschichte und Rahmung betont die existenzielle Bedeutung des Verbots: Die Freiheit liegt in dem Tabu des affirmativen Blicks auf das Bild begriffen. Die Anerkennung desselben als sakral und »wahr« binde den Menschen hingegen. Die ›Regressivität‹ der Bildlichkeit, die u. a. Cohen, Freud, Horkheimer und Adorno konstatieren, liegt in der »Anthropomorphisierung« Gottes begründet, die die affirmative Bilderfahrung gegen die »reflexive Kraft der artikulierten Sprache, wie sie durch die Schrift institutionalisiert worden war, ausspielt.«[50]

Die Intention Horkheimers ist nicht ikonoklastisch, sondern aufklärerisch, erkennt das »Recht« des Bildes als sinnliches Dokument der menschlichen und ideellen Ausdrucksmöglichkeit an, sperrt sich jedoch gegen dessen, die eigene Autonomie suspendierende Überhöhung; und greift damit ein bedeutsames Thema der jüdischen Philosophie und der jüdischen Existenz in der Moderne auf.

Denn das »Bilderverbot« ist auch und insbesondere Gegenstand der jüdischen Religionsphilosophie. Martin Buber thematisiert es in der 1941 in Tel Aviv erschienen Schrift *Die Götter der Völker und Gott*. Darin setzt sich Buber mit der Voraussetzung der »Erwählung« des jüdischen Volkes auseinander, darauf verweist Hans Erler. Gleichzeitig jedoch spiegelt und

48 Ebd., S. 65.

49 Schemot, 20:2.

50 Carsten Müller, Gesten des Erinnerns. Die sprachtheoretischen Motive Adornos, Frankfurt am Main 2004, S. 14.

analysiert der Text die zeithistorische und prekäre Existenz der Juden. An die Reflexionen des Geschichtsphilosophen Nachman Krochmal (1785-1840) anknüpfend, der von einer Zweiteilung der Weltgeschichte »in die Geschichte der Völker und die Geschichte Israels« ausgeht, fasst er zusammen: »Die Völker erheben jedes sein Selbst zum Absoluten und beten es als solches an: Israel erfährt das Absolute als das, was es selber nicht ist und wozu es selber nicht werden kann und verehrt es als solches.«[51] Dies sei eine qualitative und fundamentale Differenz zur Geschichte der »Völker«. Israel verdanke, so Buber, seine tausendjährige Geschichte diesem Prinzip der »unmittelbaren Verehrung des Absoluten.« Die Geschichte aller anderen Völker sei endlich. Sie stürben, nachdem sie »ihre höchsten Fähigkeiten sich zu Götzen«[52] gemacht und darin geendet hätten, »das Nichts« anzubeten. Insofern bedeute die Geschichte Israels für die anderen ein »nicht bloß ergänzendes, sondern berichtigendes Element«.[53] Buber, in einem lebensphilosophischen Kontext argumentierend, erscheint das Fragen nach dem Auftrag und der Existenz des Judentums innerhalb der Welt als elementare Frage der jüdischen Religionsphilosophie.[54] Auch Leo Baeck[55] begreift die Juden als »metaphysisches Volk«, »geworden kraft einer Offenbarung Gottes und für eine Offenbarung Gottes.«[56] Und Freud postuliert als säkularer Jude die drei Grundprinzipien der »monotheistischen Religion«: »die Idee eines einzigen Gottes, sowie die Verwerfung des magischen Zeremoniells und die Betonung der ethischen Forderung«.[57] In dieser Spannung kann auch Horkheimers Begriff vom Judentum verortet werden. Über Gott

51 Martin Buber, in: ders., Werke, Bd. 2, München 1964, S. 1069-1083, hier S. 1069, zit. n. Hans Erler, Statt eines Nachwortes: »Dieses Volk«. Die Erwählung Israels und die zentrale Paradoxie des Judentums, in: Hans Erler (Hg.), Erinnern und Verzeihen. Der Völkermord an den Juden im politischen Gedächtnis der Deutschen, Frankfurt am Main 2003, S. 329-340, hier S. 330.

52 Ebd., zit. n. Erler, Statt eines Nachwortes, S. 330.

53 Ebd., S. 1070, zit. n. Erler, Statt eines Nachwortes, S. 330.

54 Ausführlich zum »Bilderdienst« auch Cohen, Religion der Vernunft, S. 58-67.

55 Leo Baeck, Werke, Bd. 2: Dieses Volk – Jüdische Existenz, hg. v. Albert H. Friedländer u. Berthold Klappert, Gütersloh 1996, S. 35.

56 Vgl. Erler, Statt eines Nachwortes, S. 335 f. Martin Buber »individualisiert und entpolitisiert – gegen Historisierung und Geschichtsphilosophie – das Judesein zu einem existenziellen, geschichtsunabhängigen Ich-Du-Verhältnis mit Gott.« In späteren Jahren optiert er für eine philosophisch »gar nicht mehr begründbare biblizistische Frömmigkeit mit Distanz zur rabbinischen Tradition« (Schulte, Jüdische Philosophie, S. 332).

57 Freud, Der Mann Moses und die monotheistische Religion, S. 515.

kann nichts gewusst werden – für Cohen ist es geradezu die »Probe des wahren Gottes, daß es kein Bild von ihm geben kann.«[58]

Horkheimer entwickelt also am »Bilderverbot« seinen philosophischen Begriff von Judentum und jüdischer Existenz. Die Welt, so wie sie eingerichtet sei, verlange die affirmative Aneignung, die bereits in der christlichen Bildtheologie als zwar komplexes und kontroverses, jedoch grundsätzliches theologisches, religiöses und mimetisches Angebot bestehe und als habituelle wie kognitive Beziehung zum »Bild« eingeübt worden sei.[59] Diese Haltung könne auch säkularisiert fortbestehen, allerdings mit fatalen Konsequenzen, wie es Horkheimer und Adorno u. a. in ihrer *Dialektik der Aufklärung* ausführen. Horkheimer indes erhebt mit seinem Beharren auf dem Bilderverbot, auf der Trennung von »Glauben« und »Wissen«, »Gott« und »Natur«, »Sein« und »Dasein« der affirmativen Aneignung von Welt Einspruch: in der Sprache der Philosophie und eingedenk der jüdischen Paradigmen. Dabei erweitert er das theologische »Bilderverbot«. Es avanciert zum analytischen Begriff seines Denkens und seiner philosophischen Arbeit. Für ihn ist das Verbot erkenntnistheoretisch bedeutsam: Es kennzeichne das Verhältnis von Welt, die Beziehung zwischen Subjekt und Objekt überhaupt. Das jüdische Verbot, das insbesondere dem »Kultbild« galt, markiert die Differenz, die »Grenze« zwischen Affirmation und Kritik, »Verehrung und Erkenntnis«[60], Schein und Sein, Konkretion und Abstraktion. Es unterbinde sowohl die repräsentative Verabsolutierung des Menschen als auch das mimetische Verhalten am überhöhten Bild, es bewahre zugleich die kritische Haltung und stehe der Resignation entgegen.[61]

58 Cohen, Religion der Vernunft, S. 66.
59 Hoeps, Einleitung, S. 7-23.
60 Ebd., S. 17.
61 Vgl. Horkheimer, Zum Begriff des Menschen, S. 57.

Idolatrie

Der Begriff »Idolatrie« ist bereits pejorativ und verweist auf die zu überwindende Praxis: »Bilder« im Sinne von »Eidola« erscheinen als suspekt. In der hebräischen Bibel wird als »Bild« das »Kultbild« der verschiedenen Kulturen verstanden, das aus »totem Stoff« und von Menschen hergestellt war.[1] Diese verkörperten Götter, die im Judentum eben deshalb als »Götzen« galten, weil sie darstellbar waren und dargestellt wurden. Während das antike Judentum Götzen und Götzendienst verwarf, so wurde mit der Anerkennung Jesu als Erlöser die bildhafte Darstellung und Konkretion der körperlichen Gestalt des Göttlichen und des Glaubens grundsätzlich möglich. Jesus als vergötterter Mensch und als Gestalt wurde zum Bild, zur Ikone, zum sakralen Objekt erhoben, dem sich der Gläubige unterwerfe. Horkheimer erkannte darin einen maßgeblichen habituellen, kognitiven und philosophischen Bruch zwischen Judentum und Christentum.[2] Eben jene »Idolatrie« stellt er in einen kognitiven Zusammenhang mit Antisemitismus – über die Aneignung des Objekts: Wenn Menschliches und Bildhaftes als »absolut« gelten, dann würden ideologisiertes und hermetisches Denken, der »Glaube« daran und nachahmendes Verhalten begünstigt. Damit sei das »Absolute« austauschbar, weil der kognitive Modus der »Idolatrie« keine Kritik und kein Korrektiv kenne. Die Übersetzung des affirmativen Bildgebrauchs im Christentum kann insofern als kognitiver Modus zu verstehen sein, der eine bestimmte Haltung, eine bestimmte Aneignung von Welt auf andere Objekte und Ideologien zu übertragen fähig ist, weil sich das »Absolute« in der Welt als Täuschung und Selbsttäuschung konkretisieren könne, wie es die Anthropomorphisierung des Göttlichen zeigt. Wenn das »Ab-

1 Vgl. Belting, Das echte Bild, S. 14. Zum »Götzendienst« siehe bes. Jesaja 44,9: »Die Götzenbildner sind alle eitel, und ihre Herrlichen, sie nützen nichts, und ihre Zeugen sind sie selbst; sie sehen nicht und merken nicht, auf daß sie beschämt werden.« Siehe auch Andrea De Santis, Götterbilder und Theorie des Bildes in der Antike, in: Reinhard Hoeps (Hg.), Handbuch der Bildtheologie, Bd. 1, Paderborn 2007, S. 53-80.

2 In der vorliegenden Argumentation wird das Christentum vor allem im Hinblick auf seine Bedeutung für die Kritische Theorie hin fokussiert, d. h. im Bezug zum »Bilderverbot« gedeutet und damit seine kulturelle und theologische Komplexität zwangsläufig reduziert. Siehe zur »Göttlichkeit Jesu« Peter Schäfer, Kurze Geschichte des Antisemitismus, Bonn 2021, S. 77 f. Auch Rabinbach verweist kursorisch auf den Zusammenhang von Antisemitismus und Bilderverbot im Kontext der *Dialektik der Aufklärung*, vgl. Anson Rabinbach, Why Were the Jews Sacrificed?: The Place of Anti-Semitism in Dialectic of Enlightenment, in: New German Critique, (81), 2000, S. 49-64.

solute« konkretisiert sei, dann erwiesen sich auch säkulare Ideologien im wörtlichen Sinne als scheinbar »wahr« und quasi-religiös. Der affirmativ-gläubige Überschuss, der kein Korrektiv kenne, gelte für den »Glauben« an die »Nation«, an das »Volk«, an die »Vernunft« als Objekte und Subjekte der Idolatrie. Ihre Anschauung und sie selbst seien ›idolatrisch‹ und damit »Götzendienst«.[3]

In der Konkretion des »Absoluten« im »Bild« drücke sich der »Naturzwang« aus, das »Daseiende« (Hermann Cohen) zu beherrschen und damit den ›Geist‹ zu begrenzen. Die scheinbare, d.h. bildhaft gewonnene Sicherheit korrespondiere mit dem Verlust des Potenzials und den Möglichkeiten eines Lebens, das ohne eine beherrschende Form auskommen könnte.[4] Durch die Integration des »Absoluten« ins Irdische suspendiere also der Mensch das Potenzial der Freiheit, das im »Absoluten« zumindest als Bewusstsein bewahrt sei. Die Negation dieses Potenzials und Korrektivs erweist sich für Horkheimer als eine wesentliche kontinuierlich-kognitive Bedingung des Antisemitismus, die bis in die jüngere Zeitgeschichte hinein bestehe. Dessen Ursprung liege, und dies ist die partikulare Denkperspektive Horkheimers zum Gegenstand, in der falschen und fatalen Integration des »Absoluten« ins Endliche.

Der christliche »Anti-Judaismus«, so führt es auch der Historiker David Nirenberg aus, bilde einen maßgeblichen Bestandteil des westlichen Denkens[5] und sei gerade dadurch wirkmächtig, dass – hier bezieht er sich auf Horkheimers und Adornos Aussagen in »Elemente des Antisemitismus« – »antisemitische Ideen ihre Macht weniger aus ihrer Beziehung zur Realität bezogen, als aus ihrer Immunität gegenüber Realitätsprüfungen – daß heißt der kritischen Überprüfung«.[6]

Dieser Ausfall der Kritikfähigkeit ist für Horkheimer ein Resultat der falschen Identifikation des Menschlichen und Göttlichen. Damit stehe der Antisemitismus auch in einem dialektischen Verhältnis zur Aufklärung. Er sei, so Adorno,

> ein Massenmedium; in dem Sinn, daß er anknüpft an unbewußte Triebregungen, Konflikte, Neigungen, Tendenzen, die er verstärkt

3 Horkheimer, [Vom Mythos des Volkes] [1959/60], in: GS 14, S. 154. Der Begriff »Idolatrie« wird von Horkheimer und Adorno in der IV. These der *Dialektik der Aufklärung* aufgenommen.

4 Siehe dazu Alfons Reckermann, Die ›Schuld‹ der Form und Möglichkeiten zu ihrer Kompensation. Überlegungen zur Kritik der Rationalität bei Horkheimer und Adorno, in: Zeitschrift für philosophische Forschung 42 (1988), 3, S. 417-432.

5 David Nirenberg, Anti-Judaismus. Eine andere Geschichte des westlichen Denkens, München 2015.

6 Ebd., S. 465.

> und manipuliert, anstatt sie zum Bewußtsein zu erheben und aufzuklären. Er ist eine durch und durch antiaufklärerische Macht, trotz seines Naturalismus, und hat trotz seines Naturalismus auch von jeher im schroffsten Gegensatz zu der in Deutschland immer wieder beschimpften Aufklärung sich verstanden.[7]

Antisemitismus[8] als ein vermittelndes Element halte sich durch die Jahrtausende bei allen Modifikationen gesellschaftlich und kognitiv durchgängig. Als ästhetisches Moment berge er eine bestimmte Wahrnehmung und Erfahrung am Bild und habe sich als Modus sozialisieren und säkularisieren können. Er sei insofern »naturalistisch«, weil er den »Geist« in der Konkretion negiere, jedoch den Interessen des Menschen, nämlich der Befreiung vom »Naturzwang«, entgegenstehe und stattdessen den »instrumentellen« Zugriff auf den Menschen fördere.

Die Zusammenhänge von Christentum und Antisemitismus sind in der prominenten Analyse Horkheimers und Adornos in den »Elementen des Antisemitismus« insbesondere in der IV. These komplex ausgeführt.[9] Beide betrachteten »Antisemitismus« als ein Mal westlicher Kultur- und Zivilisationsgeschichte. Das Leiden an der »Zivilisation« werde an den »Minderheiten gerächt, die der Mehrheit als Protagonisten oder Nutznießer ihrer Entfremdung erscheinen«,[10] so ihr psychologisches bzw. psychoanalytisches Argument. Ein psychohistorisches Fundament des

7 Adorno, Zur Bekämpfung des Antisemitismus heute (1962), in: AGS 20/1, S. 360-383, hier S. 366.

8 Innerhalb der umfangreichen Forschungsliteratur zu Antijudaismus und Antisemitismus ist v. a. Nirenbergs Überblick zu erwähnen, der den Antijudaismus als integralen Bestandteil der westlichen Kultur- und Ideengeschichte mit dessen Narrativen nachzeichnet. Er greift hierfür auf Quellen aus Geschichte, Literatur, Philosophie und Historiografie für eine These zurück, die Adorno und Horkheimer bereits um 1944 formuliert haben: Die Pathologie des Antisemitismus zeige sich im Ausfall der Reflexion. Er fungiere als kognitiver Trost, als Kompensation des menschlichen Verstandes, der an der Komplexität der Welt zu scheitern drohe. Siehe Nirenberg, Anti-Judaismus, S. 465.

9 Die *Dialektik der Aufklärung. Philosophische Fragmente* entstand im amerikanischen Exil zwischen 1939 und 1944. (Vgl. Schmid Noerr, Die Stellung der ›Dialektik der Aufklärung‹, S. 423.) Darin entwickeln Horkheimer und Adorno einen umfassenden Begriff von Antisemitismus, der sowohl die gesellschaftlichen Strukturen als auch die historischen, religiösen, kulturellen und psychologischen Dimensionen und, dies wird in der Forschung kaum zur Kenntnis genommen, die ästhetische Erfahrung des Menschen einbezieht. Zur Antisemitismustheorie der Kritischen Theorie vgl. u.a. Lars Rensmann, Kritische Theorie über den Antisemitismus: Studien zu Struktur, Erklärungspotential und Aktualität, Berlin 1998.

10 Helmut Dahmer, Pseudonatur und Kritik. Freud, Marx und die Gegenwart, Frankfurt am Main 1994, S. 232.

Antisemitismus erkennen sie in den religiösen und kulturhistorischen Konstellationen des Christentums:

> Schwerlich aber ist die religiöse Feindschaft, die für zweitausend Jahre zur Judenverfolgung antrieb, ganz erloschen. Eher bezeugt der Eifer, mit dem der Antisemitismus seine religiöse Tradition verleugnet, daß sie ihm insgeheim nicht weniger tief innewohnt als dem Glaubenseifer früher einmal die profane Idiosynkrasie. Religion ward als Kulturgut eingegliedert, nicht aufgehoben.[11]

Zwei problematische »Elemente« des Antisemitismus, die das Christentum der »Kultur« eingeschrieben habe, seien besonders herauszugreifen:[12] erstens die Abkehr vom »Bilderverbot«, die Horkheimer und Adorno als »geistigen Rückfall« hinter das Judentum deuten, sowie zweitens die auch psychologisch wirksame Schwächung des »Gesetzes«, das zu Gunsten des »Glaubens« abgewertet bzw. aufgehoben werde. In beiden Fällen werde die »Grenze« aufgehoben bzw. nivelliert, welche der gestaltlose jüdische »Gott« setzte und damit ein Bewusstsein schuf, das Horkheimer philosophisch auf das »Bilderverbot« zurückführte und das ihm im Begriff der »Intelligibilität« Kants gleichermaßen artikuliert erscheint wie im »Ding an sich«. Wie bereits gezeigt, werden in der Konkretion des Göttlichen »Sein« und »Dasein« identifiziert. In der Aufhebung des »Bilderverbots« durch die Anthropomorphisierung »Gottes«[13] werde auch aus der Sicht Jashajahu Leibowitz'[14] das Judentum durch das Christentum misshandelt, was »eine Vergewaltigung

11 Horkheimer u. Adorno, Elemente des Antisemitismus, S. 206. Reik merkt an, dass über dem Tor des christlichen Paradieses bei Dante geschrieben stehe: »Auch mich schuf die ewige Liebe.« Die Geschichte des Dogmas, das zur ewigen Seligkeit führe, lehre, »daß die Inschrift mit besserem Rechte heißen könnte: ›Auch mich schuf der ewige Haß‹.« (Theodor Reik, Dogma und Zwangsidee. Eine psychoanalytische Studie zur Entwicklung der Religion (1927), Stuttgart 1973, S. 91).

12 »Kultur« vermittle und dokumentiere den psychischen Innen- und den politischen Außenraum, wie Helmut Dubiel Löwenthals Thesen resümierend zusammenfasst und 1979 betonte: Sie sei Abbild des Sozialisierungsmusters. Siehe Löwenthal, »Mitmachen wollte ich nie«, S. 281 f.

13 Michael Shashar (Hg.), Jeshajahu Leibowitz. Gespräche über Gott und die Welt, Frankfurt am Main 1990, S. 81.

14 Jeshajahu Leibowitz (1903-1994) gehörte der gleichen Generation wie Horkheimer an und orientierte sich in seinem Denken maßgeblich an Maimonides und Kant. Dezidiert kritisierte er auch das Christentum, obgleich er für den Dialog eintrat, siehe Shashar (Hg.), Jeshajahu Leibowitz, bes. S. 70-86. Vgl. auch Karl Erich Grözinger, Jüdisches Denken. Theologie, Philosophie, Mystik, Bd. 5, Frankfurt am Main 2019, S. 525-582.

in terminologischer und ideologischer Hinsicht«[15] sei. Auch Hermann Cohen ist deutlich, der das »Bild« mit dem (jüdischen) Monotheismus für unvereinbar hält:

> Das Problem Christi hängt aber schon in seiner Bedeutung als Gottessohn mit der Frage des Bildes zusammen [...]. Und was bei Christus nur eine gedankliche Konsequenz ist, das ist bei jedem plastischen Bilde von Gott ein Widerspruch gegen den Monotheismus, den die Propheten an der Wurzel des Bildmachens ergreifen.[16]

Die »gedankliche Konsequenz« all dessen erweist sich für Horkheimer und Adorno angesichts des Zeitgeschehens nicht nur philosophisch als problematisch, sondern sie erweitern »das Problem Christi« auf den Antisemitismus und seine Konkretion. Für sie ist mit der Wiederaufnahme des überhöhten Bildes idolatrisches Denken religiös und kognitiv abgesichert. Dieser Modus könne säkularisiert und übertragen werden, wie die Geschichte gezeigt habe. Der »Glaube« an das »Falsche«, an die »Täuschung« liege in der Identifikation des vorgestellten Objektes,[17] in den rezenten Ideologien begriffen, und zwar in den Ausdrücken »Rasse«, »Nation« und »Volk«. Diese dienten nicht nur der politischen Agitation. Sie seien selbst Ausdruck eines ›falschen Bewusstseins‹, der Entfremdung, der falschen »Mimesis«,[18] die in der gläubigen Affirmation des Bildes an das bereits Verdinglichte, an das Ding, an das Tote sich nicht einsichtig und kritisch verhalte, sondern diese gegen das eigene Selbstgefühl in fataler Weise noch bestätige und hypostasiere. Nach außen und nach innen, d. h. gesellschaftlich und individuell seien Aggression und Regression die Folge. Die Aufweichung bzw. die Rücknahme des Verbots sei die kognitive Bedingung des Antisemitismus, weil dadurch eine falsche Bindung an das Objekt als denkerischer Habitus eingeübt worden sei. Durch diesen religiös sozialisierten Blick auf das vergötterte Selbst im Bild, fundamental in Jesus, mache sich der Mensch selbst zum Götzen und verhindere den

15 Ebd., S. 81. Er folgt darin dem Urteil Maimonides'. Vgl. ebd., S. 82.

16 Cohen, Religion der Vernunft, S. 63.

17 Freud hält die »Identifizierung« für die »ursprünglichste Form der Gefühlsbindung an ein Objekt«. Er schreibt: »Wir ahnen bereits, daß die gegenseitige Bindung der Massenindividuen von der Natur einer solchen Identifizierung durch eine wichtige affektive Gemeinsamkeit ist, und können vermuten, diese Gemeinsamkeit liege in der Art der Bindung an den Führer« (Freud, Massenpsychologie und Ich-Analyse, S. 100 f.).

18 Zur Theorie der Mimesis bei Adorno und Horkheimer siehe u. a. Gunter Gebauer u. Christoph Wulf, Mimesis. Kultur – Kunst – Gesellschaft, 2. Aufl., Hamburg 1998, S. 389-406.

reflektierenden Blick auf die Welt, knüpfe sich vielmehr an das falsch Verabsolutierte. Obgleich Jesus als Mensch und Gott menschliche Nähe suggeriere, erzeuge er Entfremdung, also Frustration, weil die mit ihm vorgeblich und scheinbar verknüpfte Erlösung nicht erfüllt werde.[19] Die Täuschung werde zur Selbsttäuschung, und der Mensch veräußere sich identifikatorisch an das Falsche.

Auch in der Philosophie erscheint der Bruch mit dem »Bilderverbot« durch die christliche Trinitätslehre verankert, sie ist konkret und gesellschaftlich übersetzt. Als theologisch-philosophisches Moment ist die Dreifaltigkeit genauso »aufgehoben« wie in der Übersetzung in die ökonomisch-philosophische Dialektik von Marx.[20] Letzterer übernimmt die Subjekt-Objekt-Dialektik der idealistischen Philosophie,

> allerdings nicht mehr als eine Beziehung zwischen einem rein spirituellen Subjekt und dessen gegenständlichen Setzungen, sondern als Beziehung eines Subjekts, das insofern materiell ist, als es sich durch die Bearbeitung einer vorgefundenen materiellen Umwelt, auf die es angewiesen ist, selbst bestimmt. [...] Marx war 1844 von der Möglichkeit, diese Umdeutung ohne Schaden für den dialektischen Charakter der analysierten Beziehungen vornehmen zu können, überzeugt, d. h. er hielt es für möglich, diese Dialektik als Dialektik der Entäußerung bzw. Entfremdung des Subjekts in der gegenständlichen Wirklichkeit mit gleichzeitiger Ablehnung derselben als einer Logik des Begriffs zu entwickeln.[21]

Obgleich Marx diese spezifische Dialektik von der theologischen Vorgabe Hegels als Theorie und Methode übernimmt, wird sie bei ihm auf eine andere Weise zentral: Er übersetzt die Subjekt-Objekt-Beziehung als eine innerhalb der materiellen Beziehung. Es sei nun die Beziehung zur Arbeit, in der sich Entfremdung, die »falsche Entäußerung«, darstelle. Als »falsch« erweise sich der Arbeitsprozess, weil er fragmentiere und den Menschen nicht als »sinnlich«,[22] sondern allein als Gegenstand wahrnehme. Das Objekt bestimme so das Subjekt. Hier vollziehe sich die »Entäußerung« des Subjekts zu einer Wirklichkeit, die ihm fremd sei,

19 Das Bild, und dies ist die anthropologische Komponente, ist »stumm«. Es könne nicht auf den Betrachter reagieren und täusche einen Resonanzraum vor, habe jedoch keine reziproke Qualität. Siehe dazu François Boespflug, Wort und Bild, in: Reinhard Hoeps (Hg.), Handbuch der Bildtheologie. Zwischen Zeichen und Präsenz, Bd. 3, Paderborn 2014, S. 263-284, hier S. 264.

20 Vgl. Röd, Dialektische Philosophie der Neuzeit, S. 200-212.

21 Ebd., 200.

22 Ebd., 200 f.

die es sich jedoch als die richtige vorstelle, durch die es sich selbst mittelbar bestimme und mit der es sich identifizieren müsse, um in der Welt existieren zu können. Dieser Prozess, so ist zu pointieren, begründet eine falsche definite Identifikation und gerinnt zur »Ideologie«.[23] Letztere begreifen Marx und Engels doppelt, erstens als Inbegriff der Ideen,

> in denen sich nach der Grundvoraussetzung des historischen Materialismus materielle Verhältnisse widerspiegeln; zweitens bedeutet er den Inbegriff der *falschen Vorstellungen von der geschichtlichen Wirklichkeit.* [...] Ideologie im zweiten Sinn ist falsches Bewußtsein, sofern die materielle, namentlich die soziale Wirklichkeit in Abhängigkeit von Ideen gesehen wird, so daß die Menschen und ihre Verhältnisse wie in einer Camera obscura auf den Kopf gestellt erscheinen.[24]

Die Abhängigkeit des Bewusstseins von der materiellen Tätigkeit wird von Marx betont, der sie auf die prägnante Formel bringt: »Das Bewußtsein kann nie etwas anderes sein als das bewußte Sein, und das Sein des Menschen ist ihr wirklicher Lebensprozeß.«[25] Die Aufhebung der Entfremdung wäre deshalb Marx' politische Konsequenz. Die philosophische Anstrengung hingegen bestehe darin, und dies korrespondiert mit Horkheimers theoretischem Nachdenken, »Formen der Selbstentfremdung« zu analysieren.[26] Dies könne gelingen, wenn sich der Mensch seiner ›bewusst‹, d. h. befähigt sei, von sich abzusehen. Das ›falsche‹ Bewusstsein sah Horkheimer wie Hermann Cohen bereits im konkretisierten Gottesbegriff angelegt. Die »Selbstentfremdung« drücke sich in der »Idolatrie«[27] aus, weil sich der Mensch affirmativ an das überhöhte Objekt binde und dem mimetischen Begehren des Bildes, das er selbst produziere, anhänge und sich darin in seiner Naturhaftigkeit bestätige. Er entwickele mithin kein bzw. ein »falsches Bewusstsein« von sich selbst.

Überdies, und dies sei der säkulare Wandel, erscheine das Endliche, das mit der Verkörperung Gottes in die Welt gekommen sei, austauschbar. Gott sei nicht mehr das »ganz Andere«, sondern durch Jesus Christus *in* der Welt. Indem in Jesus »Gott« und Mensch zusammenfallen, finde sich dieser in der Gottheit wieder und diese ist nun allein das projektiv gespiegelte Dasein. Beide seien identisch geworden und somit erzeuge

23 Der Zweifel daran entfache Aggressionen gegen jene, die als Nutznießer, Verursacher oder aber als Kritiker dieser Entfremdung erscheinen, wie bereits erwähnt.

24 Röd, Dialektische Philosophie der Neuzeit, S. 206.

25 Karl Marx u. Friedrich Engels, Die deutsche Ideologie, zit. n. Röd, Dialektische Phantasie, S. 206.

26 Vgl. ebd., S. 208.

27 Zum Begriff der »Idolatrie« siehe Belting, Das echte Bild, S. 14-26.

sich eine Totalität, die das »Andere« nicht denken könne. Zudem erscheine »Christus« als »der fleischgewordene Geist«, »der vergottete Magier«.[28] Dieser bedeute einen kognitiven Rückfall, weil das Christentum damit magisches Denken mobilisiere, den »Glauben« an das Objekt stärke und damit das Irrationale aufwerte.[29] Die »Erscheinung« werde als »wahr« gegen das eigene Selbstgefühl gewürdigt, die »Lüge« anerkannt und die Kritikfähigkeit nivelliert, weil das »Andere« in der Konkretion des Göttlichen aufgehoben erscheine. Da das Göttliche von dieser Welt sei und als solches in Erscheinung trete, könne das Diesseitige verabsolutiert werden: »Um soviel wie das Absolute dem Endlichen genähert wird, wird das Endliche verabsolutiert. [...] Die menschliche Selbstreflexion im Absoluten, die Vermenschlichung Gottes durch Christus ist das proton pseudos.«[30] Dies beinhalte nicht nur Täuschung und Selbsttäuschung. Vielmehr sei im christlichen Gottesbild, so Horkheimer und Adorno, noch der Zug des »Naturdämons« enthalten.[31] Dadurch bleibe ein »naturhafter Schrecken« in Gott verankert und verhindere die Überwindung des Mythos. Das Festhalten an diesem verunmögliche jedoch die Emanzipation: Der Mythos binde den Menschen an das Falsche. Statt einen kritischen Weltbezug einzuüben, verbleibe der Mensch in

28 Horkheimer u. Adorno, Elemente des Antisemitismus, S. 207. Vgl. dazu auch König, Elemente des Antisemitismus, S. 110-117.

29 »Glauben«, wie bereits hinreichend erläutert, ist ein kognitiver Habitus (Jürgen Habermas), der über die Empirie hinausreicht. Einerseits lässt er hoffen und schafft überhaupt ein Bewusstsein von dem, was »wir hoffen dürfen« (Kant), andererseits schwächt er jedoch die Instanz der Vernunft. In dieser Dialektik ist die Aufklärung begriffen.

30 Horkheimer u. Adorno, Elemente des Antisemitismus, S. 207. Walter Benjamin überträgt den Fetischcharakter der Warenwelt auf den der Kultur. Siehe dazu Peter Krumme, Zur Konzeption der dialektischen Bilder, in: Text + Kritik (1971), Walter Benjamin, 31/32, S. 72-80, hier S. 73.

31 Georges Bataille analysiert 1933 in *Die psychologische Struktur des Faschismus. Die Souveränität* das Verhältnis der Menschen zum »Führer«. Er schenkt insbesondere den soziopsychologischen Erscheinungsformen des Faschismus Aufmerksamkeit. Habermas fasst das so zusammen: »Vor allem interessiert ihn die Bindung plebiszitär mobilisierter Massen an charismatischen Führerfiguren, [...] die kultische Verehrung der Führer als sakraler Person, die kunstvoll inszenierten Massenrituale, auch das manifest Gewaltsame, Hypnotische, die Durchbrechung der Legalität, der Verzicht selbst auf den Schein von Demokratie und Brüderlichkeit« (Habermas, Der philosophische Diskurs der Moderne, S. 254). Habermas lässt Bataille an gleicher Stelle zu Wort kommen: »Der affektive Strom, der den Führer mit seiner Gefolgschaft verbindet in der Form der moralischen Identifizierung [...] ist Funktion eines gemeinsamen Bewußtseins von sich steigernden, gewaltsam ins Maßlose anwachsenden Energien, die sich in der Person des Führers akkumulieren und ihr unbegrenzt verfügbar werden« (Georges Bataille, Die psychologische Struktur des Faschismus. Die Souveränität, München 1978, S. 19, zit. n. ebd.).

dem Bann seiner eigenen bildhaften Projektion, ohne sich diesem entziehen zu können.

Diese Bindung habe sich historisch wie kognitiv halten können und finde sich im Nationalsozialismus:

> Der fanatische Glaube, dessen Führer und Gefolgschaft sie sich rühmen, ist kein anderer als der verbissene, der früher die Verzweifelten bei der Stange hielt, nur sein Inhalt ist abhanden gekommen. Von diesem lebt einzig noch der Haß gegen die, welche den Glauben nicht teilen. Bei den deutschen Christen blieb von der Religion der Liebe nichts übrig als der Antisemitismus.[32]

Damit übersetzen und aktualisieren Horkheimer und Adorno jene christlich geprägte kognitive Disposition zwischen Subjekt und überhöhtem Objekt. Die gläubige Besetzung und fanatische Beziehung zum Objekt seien mit der Verkörperung Gottes in die Welt gekommen. Insofern sei das »Absolute«, da es irdisch geworden sei, fungibel. Den ursprünglich christlichen Impuls habe die Säkularisierung suspendiert. Der »Glaube« als Modus ohne Inhalt verkehre sich und befördere die subjektive Zuwendung an den Ersatz des Glaubensinhalts. Dieser Modus, den Kant für die Vernunft gefordert hat, schlägt in äußerste Regression um. Denn so könne auch »der Führer« als Heilsbringer und Inhalt des Glaubens fungieren. Das gelte ebenso für ideologisch und absolut gesetzte Vorstellungen, die die »Gefolgschaft« gläubig besetzen und verabsolutieren konnte, so z. B. »Volk«, »Rasse« und »Heimat«. Die postulierte Identität auch als eine ästhetische Erfahrung und Wahrnehmung von Gott und Mensch[33] sei insofern adaptiert worden.

Die Anmerkung also, dass bei den »deutschen Christen« nichts als der »Antisemitismus« »übrig« geblieben sei, beziehen Adorno und Horkheimer sowohl auf die Mitglieder der »Deutschen Christen«, die sich 1932 zum Nationalsozialismus bekannten, wie auf die Kirchen insgesamt, die an der Stabilisierung der Diktatur beteiligt waren,[34] als auch, so ist anzunehmen, auf die deutschen gläubigen Christen im Allgemeinen – weil

32 Horkheimer u. Adorno, Elemente des Antisemitismus, S. 206. Bei Theodor Reik heißt es ganz ähnlich: »Die Liebe, in deren Namen das Christentum gegründet wurde, hat dem Haß, der ausschließenden Feindseligkeit Platz gemacht« (Reik, Dogma und Zwangsidee, S. 104).

33 Vgl. Deneken, Theophanie, Christophanie und Epiphanie des Gekreuzigten, S. 93.

34 Vgl. Georg Denzler u. Volker Fabricius, Christen und Nationalsozialisten. Darstellung und Dokumente, Frankfurt am Main 1993, S. 15 u. S. 40-56. So hieß es in einem Grundsatz der »Deutschen Christen« 1933/43: »Adolf Hitler ist gesandt vom lieben Gott« (ebd., S. 56).

der Modus der idolatrischen Aneignung von Welt dem Christentum bereits eingeschrieben sei.

Dennoch scheint bei Horkheimer mehrfach auch ein positiver Begriff von Christentum dialektisch auf: Die »Religion der Liebe« habe in ihrer »Vereinbarkeit von Herrschaft« ihr Potenzial historisch verwirkt und diese Vereinbarkeit nochmals kognitiv und historisch konkretisiert.[35] Das »Bilderverbot« befähige dagegen, diese Dynamik – die Vergötterung des Falschen – zu unterbrechen bzw. zu verhindern und gegen das ›falsche‹ Bild – »den Führer« oder die Ideologien – eine widerständige Haltung einzunehmen. Es bewahre und postuliere den Modus der Kritikfähigkeit und bedürfe damit einer zeithistorischen Aktualisierung.

Die Identifikation von »Gott« und Mensch sei auch als innerpsychische Dynamik folgenreich, werde doch hier das mimetische Verhältnis zum Idol offenbar: Die gläubigen Christen orientierten sich am anthropomorphen Gott. Jesus Christus erscheint als Ikone, als Leidender, als ein Opfer der Folter, als ›Patient‹. In ihrer Studie zu *Narzissmus, Christentum, Antisemitismus* anthropologisieren Béla Grunberger und Pierre Dessuant die philosophischen Reflexionen zum »Problem Christi« sowohl auf Grundlage der narrativen Überlieferung als auch seiner Ikonisierung. Jesus erweise sich insofern als problematisch, als dass er seine »Adoleszenz« nicht überwunden habe und im »Narzissmus«[36] verharre. Er sei, so die Autoren, depressiv gewesen und habe sich vor der Durcharbeitung des ödipalen Konflikts gescheut, der jedoch, so die orthodoxe Psychoanalyse,[37] maßgeblich zur persönlichen Reife beitrage. Dies impliziere insbesondere, das »Gesetz« zu akzeptieren und das »Über-Ich« als moralische Instanz und Orientierung zu internalisieren und reflexiv zu integrieren. Für die Psychoanalytiker hat dieser Prozess eine ödipale Dimension: jene Disposition, die im Judentum als Evidenz anerkannt sowie kulturell und praktisch in der Autorität des »Absoluten« übersetzt ist, während das Christentum sie zu überwinden, d. h. zu transzendieren versuche. Letzteres könne jedoch nicht gelingen. Stattdessen müsse der ödipale Konflikt anerkannt und durchgearbeitet werden, so Freud, der darin die Grundlage der Zivilisation (und des Judentums) erkannte. Die dauerhafte Rebellion gegen das ödipale Gesetz untergrabe hingegen die

35 Horkheimer, Theismus – Atheismus, S. 174.

36 Der Begriff »Narzissmus« ist in der Psychoanalyse umstritten. Ich beziehe mich auf Béla Grunberger u. Pierre Dessuant, die dem »Narzissmus« im Kontext von Judentum, Christentum und Antisemitismus eine konflikthafte Funktion zuweisen.

37 Béla Grunberger u. Pierre Dessuant, Narzissmus, Christentum, Antisemitismus. Eine psychoanalytische Studie, Stuttgart 2000, S. 117.

Ausbildung eines Gewissens und festige das narzisstische Ich,[38] das sich in Allmachtfantasien verstricke und an der komplexen Wirklichkeit scheitere.[39] Diese Disposition gelte auch für Antisemiten. Die Nivellierung der Abstraktion in der Konkretion des »Absoluten« münde in die infantil-regressive Verweigerung, die Komplexität der Welt anzuerkennen und die für eine Gesellschaft notwendigen Auflagen der Zivilisation produktiv zu sublimieren. Empfundene Angst und Lust würden nicht in einer einsichtigen Selbstreflexion bewältigt, sondern aggressiv und darin regressiv nach außen getragen.[40]

Neben den philosophischen Inklinationen Horkheimers in seinen späten Notizen erweisen sich damit auch psychoanalytische Modelle zum Antisemitismus als relevant und spiegeln sich hierin anthropologisch. In der Aufhebung des »Bilderverbots« durch den »Glauben« an Jesus gebe sich die psychosoziale Konstitution des ›Narzissmus‹ zu erkennen, der in der Rebellion verharre und die »Grenze« und damit das »Andere« nicht anerkenne. Die trotzig-adoleszenten Aggressionen richteten sich gegen die Instanzen des Gesetzes, weil sie in der narzisstischen Wahrnehmung eine Begrenzung und Kränkung darstellten:

> Die Religion Christi ist die Religion des Glaubens an seine Göttlichkeit. Für den Christen wird das narzißtische Ideal zur Wirklichkeit. Wer am Glauben des Christen zweifelt, dem antwortet der Christ entweder mit Verärgerung (bis zum Haß) oder mit Mitleid (was angesichts der Ambivalenz auf dasselbe hinausläuft), und er wird für ihn beten. Der Gläubige kann den Atheismus kaum ertragen, da die Ungläubigkeit wohl seine tiefe Überzeugung zu erschüttern droht.[41]

Kritik an der bestehenden Ordnung und die Hoffnung, dass der ödipale Konflikt und der Narzissmus zu bewältigen, jene »Selbstvergötzung«,[42] zu überwinden seien, bewahrten sich hingegen im jüdischen »Verbot, das Falsche anzurufen, das Endliche als das Unendliche, die Lüge als Wahrheit«.[43] Das Judentum halte dem Christentum seinen trügerischen Schein vor und verweise durch seine religiöse Praxis darauf, dass die

38 Ebd., S. 116.

39 Ebd., S. 120. Vgl. dazu auch Samuel Salzborn, Zur Politischen Psychologie des Antisemitismus, in: Journal für Psychologie 18 (2010), 1, S. 1-21, online unter: https://journal-fuer-psychologie.de/article/view/169/167 (9. Juni 2022).

40 Yael Kupferberg, Antisemitismus in Deutschland – Kontinuität oder Zeitenwende?, in: Zentralrat der Juden in Deutschland (Hg.), »Du Jude« – Antisemitismus-Studien und ihre Konsequenzen, Leipzig 2020, S. 35-46, hier S. 43 f.

41 Grunberger u. Dessuant, Narzissmus, Christentum, Antisemitismus, S. 120.

42 Keul, Kritik der emanzipatorischen Vernunft, S. 219.

43 Horkheimer u. Adorno, Begriff der Aufklärung, S. 46.

Ahnung des Betrugs zu Recht bestehe, denn weder Mensch noch Welt fänden sich von Leid und Elend erlöst: »Das Christentum«, so urteilt auch Leibowitz apodiktisch, »konnte sich mit der Tatsache der Existenz des Judentums nicht abfinden [...]. Ein Christ aber muß, solange das Judentum noch existiert, merken, daß das Christentum Lüge ist. Damit aber darf er sich nicht abfinden.«[44]

Dem antijüdischen und antisemitischen Impuls liegt die narzisstische Illusion, der »Glaube« zugrunde, es bedürfe keiner Realitätsprüfung, keines Gesetzes. Mehr noch: Der Gläubige bekämpfe das Judentum, da er es nicht anerkennen dürfe, um sich des Irrtums nicht bewusst zu werden, dem er verfallen sei. Der ›Narzissmus‹ erfülle somit eine bestimmte Funktion: Er sei eine Strategie, um der realitätsprüfenden Introspektion und den kulturellen Auflagen der Gesellschaft auszuweichen:

> Um den Antagonismus zu vermeiden, vollzieht der Gläubige, der ja trotzdem die Realität in Kauf nehmen muß, wenn er nicht dem Wahn verfallen will, eine Spaltung in seinem ›Ich‹: Damit steht der Bereich der Illusion nicht in Verbindung mit dem Bereich der Realität. Normalerweise und im besten Fall wird das Gesetz selbst – wie die nach-ödipale Position, deren Ausdruck es ist – narzißtisch besetzt: Die narzißtisch-ödipale Synthese ist nämlich die Bedingung für die Entwicklung zur völligen Reife. Das Gesetz ist im Grunde die ödipale Instanz, die den ganzen Reifungsprozeß enthält: Das Gesetz ist dessen endgültige Quintessenz.[45]

Dieser, hier psychoanalytisch nachgezeichnete Vorgang ist in seiner auch durch Freuds Analysen politisch-psychologischen Modifizierung von Horkheimer und Adorno bereits bekannt. Die christliche Abwehr gegen das Judentum vermittle sich gerade im Antisemitismus gegen das Judentum, weil es psychoanalytisch gedeutet das Gesetz des Vaters verkörpere und in der Praxis den Narzissmus zu überwinden versuche.[46] Die angenommene narzisstische Konstitution des Christentums, die in der Kongruenz von »Gott« und Mensch bestehe, verwische die Grenze zwischen dem Immanenten und dem Transzendenten. Das jüdische Tabu, welches durch die gläubige Besetzung Jesu gebrochen wurde, erscheint somit als religiöses Fundament einer den Narzissmus stärkenden Struktur. »Gott« erhält eine Identität. Das »Absolute« wird aufgehoben und damit seiner potenziellen Autorität und Alterität beraubt: »Gott« wird Mensch. Darin

44 Shashar, Jeshajahu Leibowitz, S. 84.
45 Grunberger u. Dessuant, Narzissmus, Christentum, Antisemitismus, S. 120.
46 Ebd.

sind die narzisstischen Allmachtfantasien gesetzt, obgleich der Zweifel fortbesteht.[47]

Für Horkheimer hingegen sind die Juden die Renegaten, die jene Mimesis am falsch Vergötterten verweigerten und sich den Begriff der Autonomie wie die Freiheit von der Lüge bewahrt hätten. Das Judentum weise das Christentum auf die ›Lüge‹ hin, die ihm, so Horkheimer, innewohne, nämlich, dass Gott mit Jesus erlösend in die Welt kam. Der »Glaube« an Jesus halte der Realitätsprüfung indes nicht stand. Ein Gespür dafür bestehe im Fanatismus. Dies erkennt auch Theodor Reik. In seiner Studie *Dogma und Zwangsidee* (1927), die Horkheimer kannte,[48] verweist er auf das Tabu der Kritik am Glauben. Dies beweise, »wie stark die unbewußte Feindseligkeit gegenüber den geheiligten Glaubensgütern ist.«[49] Im Fanatismus verberge sich die Einsicht in die Haltlosigkeit des eigenen Glaubens. Diese Instabilität des eigenen Glaubens evoziere ein Strafbedürfnis, weil die Unsicherheit in der autoritären Bewertung als Schwäche gilt und diese im Dogma nicht zu existieren habe.[50] Insofern werde derjenige zum Antagonisten, der nicht »glaube«. Für Horkheimer lag die »tiefste Wurzel des Antisemitismus in Deutschland« in dem

> unbewußte[n] Neid und Haß gegen diejenigen, die für ihren Glauben unermeßliche Opfer gebracht und überlebt haben und die sich

47 Zum »Zweifel« schreibt Theodor Reik: »Die Fähigkeit zu zweifeln, und insbesondere die, den Zweifel längere Zeit zu ertragen, gehört zu den seltensten auf diesen Planeten. In Wahrheit ist der Mensch jenes Säugetier, das die Ungewissheit sehr schlecht verträgt und eine tiefe Sehnsucht nach festen Überzeugungen hat. Das Bedürfnis nach sofortiger und unumstößlicher Sicherheit und Gewißheit zeigt, wie wenig sich der Mensch seit Jahrtausenden entwickelt hat. So wird sich der vielleicht imaginäre Fortschritt der Menschheit höchstens darin äußern, daß das Objekt des Dogmas durch ein anderes ersetzt wird. Die Menschheit ist nicht kapabel, das Dasein ohne Illusion zu ertragen« (Reik, Dogma und Zwangsidee, S. 130).

48 Der Titel findet sich in der Auflistung des Bestands der privaten Bibliothek Horkheimers von 1942.

49 Reik, Dogma und Zwangsidee.

50 Ausführlich beschäftigt sich Reik mit dieser Frage: »Der Glaube macht selig, aber der Unglaube verdammt zu ewiger Höllenpein. […] Die analytische Einsicht in das Wesen des Dogmas ergibt, daß es unantastbar und tabu ist, weil jeder Angriff auf die in ihm enthaltenen Glaubensinhalte eine Attacke auf Gott und seine Vertreter in sich schließt. Gerade die strenge Tabuierung, das Verbot, die Dogmen der Kritik zu unterziehen, den ›Mysteria divina‹ mit dem menschlichen Verstand zu nahen, zeigt, wie intensiv jene unbewußten feindseligen Strömungen sind. Das Tabu des Dogmas erwächst aus der ambivalenten Gefühlseinstellung der Gläubigen gegenüber Gott und den mit ihm verknüpften Glaubensvorstellungen; seine Existenz selbst ist ein Beweis für die unbewußte Angriffslust von seiten seiner Bekenner« (Reik, Dogma und Zwangsidee, 99-101 f.). Auch König, Elemente des Antisemitismus, S. 116 f., weist darauf hin.

> obendrein nicht zu Dogmen bekennen müssen, die mit Ergebnissen der Wissenschaft und der täglichen Erfahrung […] unvereinbar sind. […] Eine psychologische Erklärung für den Fanatismus, der für viele antisemitische Bewegungen charakteristisch ist, liegt in dem Umstand, daß hier wie in vielen anderen Fällen […] der Fanatiker weiß, daß der andere, zum mindesten in weitem Maß, recht hat und er selbst unrecht.[51]

Antisemiten wüssten um die falsche Identifikation. Im gläubigen Fanatismus bleibe ihnen der Weg zur Umkehr jedoch versperrt, weil sie darin einsichtig werden müssten, dass sie sich mit der Bindung ans Falsche verraten bzw. entfremdet haben. Sie müssten ein Korrektiv haben, das jedoch religiös und säkularisiert aufgehoben und nivelliert sei. Die Idolatrie, und dies ist die von Horkheimer thematisierte psychosoziale Dynamik, könne nicht das halten, was sie verspräche, nämlich Versöhnung. Der Betrug durch das Objekt werde wahrgenommen und im Antisemitismus an jenen gewaltvoll agiert, die auf die ›Lüge des Bildes‹ hinwiesen und in ihrer Existenz Zeugnis darüber ablegten.[52] »Die Juden«, so Horkheimer, erschienen deswegen »als der Feind, weil sie das, was sich als absolut aufspreizt, den Götzendienst, die Nation, dem Führer, durch ihre Zeugenschaft für den geistigen Gott relativieren.«[53] Die affirmative Aneignung der selbst produzierten, »verdinglichten« Welt, die dem Menschen entfremdet und feindlich erscheint, weil sie das Versprochene nicht hält, kann für den Antisemitismus als konstitutiv gelten. Letzterer übernehme den sakralen Blick auf das Bild und säkularisiere ihn ebenso, wie das Objekt der Anbetung – die Führerfigur[54] –, aktualisiere jedoch auch den dabei übertragenen Hass. Insofern habe sich die Idolatrie als kognitiv-säkularer Modus erhalten. Das Eingeständnis, betrogen worden zu sein – dies ist die gesellschaftliche Dimension –, bleibe aus, weil das Festhalten an der »Lüge« sozialen und lustvollen Mehrwert verspreche: Die »Lüge« vergemeinschaftet.[55]

51 Horkheimer, Die tiefste Wurzel des Antisemitismus in Deutschland, in: GS 14, S. 362.

52 König, Elemente des Antisemitismus, S. 11.

53 Horkheimer, Zum Antisemitismus, in: GS 6, S. 214f., hier S. 214.

54 Die Bedeutung, die die Führerfigur für die Mobilisierung der »Masse« hat, führt Freud aus: Die »Masse« sei »libidinös« sowohl an den »Führer (Christus, Feldherrn)« als auch an die anderen »Massenindividuen« gebunden. Diese Führerfiguren seien eine »Vorspiegelung (Illusion)« (Freud, Massenpsychologie und Ich-Analyse, S. 88 u. 90.

55 Ebd.

Die Umkehr bleibe aus, weil sie das ›Ich‹ selbstreflexiv auf sich zurückwürfe. Das entfremdete Bewusstsein, dass die »Idolatrie« fördere und einfordere, erscheine so verhängnisvoll, weil es sich gegen das eigene Selbstgefühl wende. Das sich selbst verratende Ich schlägt auf diejenigen ein, die auf den Selbstverrat, jene Illoyalität zu sich selbst, hinweisen. Es entfacht die Wut des Korrumpierten, so ist zu verdeutlichen, der sich seiner Korrumpierung halb bewusst ist.[56]

Diese Vorstellung, dass der sich selbst Betrügende einen Begriff vom »Selbst« habe, ist idealistisch begründet. Es verweist darauf, dass Horkheimer davon ausgeht, dass dieses »Selbst« existiere und sich insofern seiner Bindung bewusst sein könne. Im Antisemitismus verwirklicht sich mithin die uneingestandene Ahnung vom Betrug, der der Angleichung ans Ding innewohne. Philosophisch und theologisch sei er in der Identifikation von Mensch und Gott begründet. Idolatrie erweise sich im darin erzeugten kognitiven Modus als höchst problematisch. Denn in der Verehrung des Bildes halte sich der Mensch gefangen und verweigert sich der auch konfliktbehafteten Entwicklung. Im »Götzen« sei die »entfremdete Form der Selbsterfahrung des Menschen«[57] konkretisiert, schreibt Erich Fromm und verbindet Idolatrie so mit dem philosophischen Begriff der Entfremdung: »Götzendienst ist die Verehrung der entfremdeten, beschränkten Eigenschaften des Menschen«.[58] Die religiöse Referenz des Götzendienstes als Form der Entfremdung erscheint in Jesus. Dessen Verehrung erweist sich jedoch nicht konfliktfrei – sondern als ambivalent. 1938 verweist, erweitert und anthroplogisiert Freud diese Ambivalenz gegenüber der »Grenze« auf das kultur- und psychohistorische Verhältnis von Judentum und Christentum:

> Die tieferen Motive des Judenhasses wurzeln in längst vergangenen Zeiten, sie wirken aus dem Unbewußten der Völker […]. Ich wage die Behauptung, daß die Eifersucht auf das Volk, welches sich für das erstgeborene, bevorzugte Kind Gottvaters ausgab, bei den anderen heute noch nicht überwunden ist, so als ob sie dem Anspruch Glauben geschenkt hätten. Ferner hat unter den Sitten, durch die sich die Juden absonderten, die der Beschneidung einen unliebsamen, unheimlichen Eindruck gemacht, der sich wohl durch die Mahnung an die gefürchtete Kastration erklärt und damit an ein gern vergessenes

56 Kupferberg, Antisemitismus in Deutschland, S. 43 f.

57 Fromm, Ihr werdet sein wie Gott, S. 37.

58 Ebd., S. 195. Diese Aussage korrespondiert mit dem Fragment »Kulturindustrie. Aufklärung als Massenbetrug«. Siehe Horkheimer u. Adorno, Dialektik der Aufklärung, S. 144-196.

> Stück der urzeitlichen Vergangenheit rührt. Und [...] man sollte nicht vergessen, daß alle diese Völker, die sich heute im Judenhaß hervortun, erst in späthistorischen Zeiten Christen geworden sind, oft durch blutigen Zwang dazu getrieben. Man könnte sagen, sie sind alle ›schlecht getauft‹, unter einer dünnen Tünche von Christentum sind sie geblieben, was ihre Ahnen waren, die einem barbarischen Polytheismus huldigten. Sie haben ihren Groll gegen die neue, ihnen aufgedrängte Religion nicht überwunden, aber sie haben ihn auf die Quelle verschoben, von der das Christentum zu ihnen kam.[59]

Freud verdeutlicht, dass der Antisemitismus seinen Ursprung insbesondere im Verhältnis zum »Gesetz« und damit zur »Grenze« habe. Diese entfache Abwehr, weil es »Triebverzicht« fordere. Das Judentum, das als »Religion der Triebverzichte«[60] gelte, evoziere Widerstand, der sich in der Auflehnung gegen das nicht oder falsch sublimierte »Über-Ich«, d. h. gegen gesellschaftliche Auflagen richte. Es ist das »Unbehagen in der Kultur«.[61] Der Widerstand gegen das »Gesetz«, das der relativen Freiheit des Einzelnen diene, richte sich repressiv gegen die angenommenen Verursacher. An ihnen könnten die Affekte legitimiert im und am Bild vom »Juden« entladen werden: Im Bild des »Gekreuzigten« erscheint den Gläubigen der Jude, an den sie nicht glauben könnten, sich dazu jedoch – trotz Widerstand und Zweifel – gezwungen sehen: »Den Juden, [...] als Herrscher verhöhnt, schlagen sie ans Kreuz, endlos das Opfer wiederholend, an dessen Kraft sie nicht glauben können.«[62] Die antisemitische Tat werde als Rebellion gegen das mächtig-ohnmächtige und hoch bedeutsame Bild der christlichen Theologie und Kultur, das Gott in Jesus und als Gekreuzigten veranschaulicht, antizipiert. Damit wurde den Juden, und dies ist narrativ in den Evangelien und bildhaft in der christlichen Ikonologie angelegt, innerhalb der Kultur und Gesellschaft ihre säkularisierte Rolle und ihre Funktion zugewiesen. An ihnen lasse sich die verdrängte »Lust« aus, weil die antisemitische Gewalttat durch das Opfer Jesu vorgebildet und legitimiert erscheine. Damit ›glaube‹ sich das Begehren des Menschen erfüllt, ein Objekt gefunden zu haben, das ihm jedoch zugleich als mächtig, als Erlöser und »Vorbild«, und ohnmächtig, nämlich als Opfer, erscheint. Diese Ambivalenz ist ein ent-

59 Freud, Der Mann Moses und die monotheistische Religion, S. 539.

60 Ebd., S. 564.

61 Sigmund Freud, Das Unbehagen in der Kultur, in: ders., Studienausgabe, Bd. 9: Fragen der Gesellschaft. Ursprünge der Religion, hg. v. Alexander Mitscherlich et al., Frankfurt am Main 1994, S. 191-270.

62 Horkheimer u. Adorno, Elemente des Antisemitismus, S. 198.

scheidendes Element des Antisemitismus[63] und findet in der ästhetischen Dimension der Ikone seine bildhafte Quelle.

In der Anthropomorphisierung des »Absoluten« wird auch die Wiedereinsetzung des Körpers vollzogen, also das »Recht« des Körpers tätig eingeklagt. Gerade der Antisemitismus wirkt dann wie ein regressiv-aggressives, scheinbar legitimes Angebot, körperliches Begehren und Nähe auszuleben und zu empfinden – allerdings in verzerrter Gestalt: als Gewalt. Der Körper triumphiert im aggressiven Antisemitismus über den Geist. Das sei sein fataler Reiz und habe seinen religiösen Ursprung für Horkheimer darin, dass sich das Christentum »statt für die Wahrheit für die Lüge entschieden« habe.[64] Der Antisemitismus erweise sich dann auch als Versuch, dieser Entfremdung, dieser Bindung ans Falsche zu entkommen.[65] Zugrunde liege der »Entfremdung« der vom Menschen selbst erzeugte »Fetisch-Charakter«.[66] Der Antisemitismus also kann als fatales und religiös legitimiertes Begehren verstanden werden, Identität zwischen Subjekt und Objekt herzustellen; dieses ist in der Idolatrie selbst angelegt.

63 Vgl. Claussen, Grenzen der Aufklärung, S. 172 f. und König, Elemente des Antisemitismus, S. 60 f. Siehe auch Yael Kupferberg, Erfahrungen am Bild. Essayistische Überlegungen zur bildhaften Aneignung im sakralen Raum, in: Evangelische Akademie zu Berlin, Christian Staffa (Hg.), Bilderverbot? Zum Umgang mit antisemitischen Bildern an und in Kirchen, epd-Dokumentation, Nr. 27-28, Frankfurt am Main 2022, S. 49-51, hier S. 49.

64 Horkheimer, Wahrheit und Zivilisation (1958), in: GS 14, S. 283. Bei aller Kritik, die Horkheimer am Christentum äußert, konstatiert er jedoch: »Das meiste was im Zeichen des Kreuzes geschehen ist, seit Konstantin das Christentum zur Staatsreligion gemacht hat, steht im krassesten Widerspruch zu den Lehren des Stifters. Im Unbewußten oder Halbbewußten liegt die Einsicht, daß die Christenheit in ihrer langen Geschichte das Christentum verraten hat. Eine psychologische Erklärung für den Fanatismus, der für viele antisemitische Bewegungen charakteristisch ist, liegt in dem Umstand, daß hier wie in vielen anderen Fällen (Hexenverfolgung, Religionskriege) der Fanatiker weiß, daß der andere, zum mindesten in weitem Maße, recht hat und er selbst unrecht« (Horkheimer, Die tiefste Wurzel des Antisemitismus in Deutschland, S. 362). Dieses Argument ist bereits in der *Dialektik der Aufklärung* enthalten.

65 Darin erweist sich Antisemitismus auch als »Schiefheilung« im Sinne Freuds. Vgl. Freud, Massenpsychologie und Ich-Analyse, S. 132.

66 Horkheimer, Zur Marxschen Theorie [I], in: GS 14, S. 240 f., hier S. 240.

Idee und Existenz – Diaspora und Israel

Die Frage nach jüdischer Existenz angesichts ihrer Partikularität in der Welt, die sowohl philosophisch und existenziell besteht, ist im jüdischen Denken, d. h. seiner umfangreichen Literatur und Philosophie, selbst inbegriffen: in der Spannung von »Gesetz« und »Geschichte«.[1] Diese Spannung veranlasst Horkheimer, über die Aufgabe des Judentums in der Welt nachzudenken.

Bis zum heutigen Tag ist das Verhältnis von »Israel« und »Diaspora« insbesondere als innerjüdische Auseinandersetzung existent.[2] Ästhetisch hat dies Arnold Schönberg in seiner Oper *Moses und Aron* formuliert, jenem ›sakralen Fragment‹,[3] das nach Adorno den Konflikt der Brüder auch als Streit um die jüdische Existenz erfasse.[4] In diesem brüderlichen Streit liegt die im Judentum angelegte Dynamik zwischen ›diasporischer‹ Existenz und nationaler Konkretion auch als Konflikt der ästhetischen Vermittlung ethisch-politischer Dimension begründet. Ihr Zentrum bildet die jeweilige Konstellation von Normativität und Pragmatismus. Die politische Not und Notwendigkeit, das Judentum in Zwänge politischer Ordnungen einzufügen auf der einen und die Aufrechterhaltung des jüdischen »Fortschritts in der Geistigkeit«[5] auf der anderen Seite stellen auch für Horkheimer eine konflikthafte Herausforderung dar. 1961/62 stellt er die historisch-politische Notwendigkeit und das Prinzip des Judentums gegenüber:

> Durch Jahrtausende haben die Juden in den Verfolgungen um der Gerechtigkeit willen zusammengehalten. Ihre Riten, die Ehe und Beschneidung, Speisegesetze und Feste waren Momente des Zusammen-

1 Diner, Einleitung, S. 6-8.

2 Der Begriff »Diaspora« existierte vor der Übersetzung der *Septuaginta* im Altgriechischen nicht, so Feierstein, und »stellt eine (vielleicht die interessanteste) Neuprägung der [jüdischen, Y. K.] Übersetzer dar: die Substantivierung des Verbes ›diaspeíro‹ (›zerstreuen‹, ›säen‹)« (Liliana Ruth Feierstein, Diaspora, in: Christina von Braun u. Micha Brumlik (Hg.), Handbuch Jüdische Studien, Wien 2018, S. 99-109, hier S. 102).

3 Adorno, Sakrales Fragment, S. 454-475.

4 Siehe dazu Kupferberg, Moses und Aron.

5 Freud schreibt: »Unter den Vorschriften der Mosesreligion findet sich [...] das Verbot, sich ein Bild von Gott zu machen, also der Zwang, einen Gott zu verehren, den man nicht sehen kann. [...] [Es] bedeutete [...] einen Triumph der Geistigkeit über die Sinnlichkeit, strenggenommen einen Triebverzicht mit seinen psychologisch notwendigen Folgen« (Freud, Der Mann Moses und die monotheistische Religion, S. 559). Das »Bilderverbot« galt Freud als Proklamation und zugleich als Signum der jüdischen Besonderheit.

halts, der Kontinuität. Kein Machtstaat, sondern die Hoffnung auf Gerechtigkeit am Ende der Welt hieß Judentum. Sie waren Volk und das Gegenteil, der Vorwurf aller Völker. Jetzt beansprucht ein Staat, fürs Judentum zu sprechen, das Judentum zu sein. Das jüdische Volk, an dem das Unrecht aller Völker zur Anklage geworden ist, die Individuen, an deren Worten und Gebärden das Negative des Bestehenden sich selbst reflektierte, sind nun selber politisch geworden. [...] Nation unter Nationen, Soldaten, Führer, *money-raisers* für sich selbst. [...] Es bezahlt sein Fortbestehen mit dem Tribut ans Gesetz der Welt, wie sie ist. Wenn es auch Hebräisch zur Sprache hat, es ist die des Erfolgs, nicht die der Propheten. Es hat sich dem Zustand der Welt assimiliert. [...] Das Gute ist gut, nicht indem es siegt, sondern indem es dem Sieg widersteht. Möge die nationale Unterordnung unter das Gesetz des Bestehens kein so drastisches Ende nehmen wie die der Individuen im Europa Hitlers, Stalins, Francos und ihrer überfälligen Nachfolger.[6]

6 Horkheimer, [Staat Israel] (1961-1962), in: GS 6, S. 369. Seine Kritik am »Machtstaat« Israel korrespondiert intellektuell jedoch nicht in der politischen Schärfe mit der Position Erich Fromms in den 1950er-Jahren. Siehe dazu Jack Jacobs, The Frankfurt School, Jewish Lives and Antisemitism, New York 2015, S. 123-132. Anzumerken ist, dass sich die Notiz auch auf den Eichmann-Prozess in Jerusalem (1961) beziehen könnte, den Horkheimer kritisiert: »Der Gründe, warum der Eichmannprozeß nur Unheil wirken kann, sind viele. Allmählich sprechen sie sich herum. [...]« Horkheimer, »Zu Eichmann« (18. Juli 1961; GS 6, S. 364). Ausführlicher äußerte er sich 1960/1967. Er lehnt den Prozess aus moralischen und rechtlichen Gründen ab. Auch führt er insbesondere die jüdische Erfahrung als Gegenargument an. Der Prozess gegen Eichmann stelle eine Angleichung an die Logik der Nichtjuden dar. Hier wiederhole sich, ähnlich wie im Zionismus selbst, die jüdische Akkulturation am Falschen: »Die Weigerung, Gewalt als Argument der Wahrheit anzuerkennen, bildet in seiner Geschichte den durchgehenden Zug. Aus dem Leid, das ihm daraus entstand, hat es ein Moment der Dauer und Einheit gemacht. Anstatt die Auflösung zu bewirken, oder besondere Bosheit und Gemeinheit zu erzeugen, an denen es bei den Juden so wenig wie in anderen Kollektiven fehlt, hat sich Unrecht in eine Art Erfahrung umgesetzt. Leid und Hoffnung sind im Judentum untrennbar geworden. [...] Nach dem jüdischen Gesetz können Menschen durch das Leiden nicht zu Heiligen werden wie im Christentum [...]. Der Jude, dem angesichts des gefangenen Eichmann der Gedanke kommt, ihn leiden zu sehen, hat sich nicht ernst genug besonnen. ›Auge um Auge‹ lautet ein Rechtsprinzip in der Bibel. Selbst wenn beim Versuch, es im Fall Eichmann anzuwenden, die Phantasie nicht versagte, die Geschichte hat der Religion Erfahrungen hinzugefügt. Das Unternehmen, Eichmann ohne Not zu strafen, läuft darauf hinaus, ihm etwas von dem anzutun, um dessentwillen den Toten die Liebe ihres Volkes gehört. [...] Der Philosoph ist kein Praktiker, er plädiert auf Unzuständigkeit des Gerichts und Rückgabe Eichmanns an das Land, aus dem man ihn entwendet hat. Er meint, von dem Prozeß wird nichts Gutes kommen, weder für die Sicherheit und Stellung der Juden in der Welt noch gar für ihr Selbstbewußtsein. Der Prozeß ist eine Wiederholung: Eichmann wird zum zweiten Mal Unheil stiften« (Horkheimer,

Diese Notiz ist angesichts des Massenmords an den europäischen Juden bemerkenswert: Sie enthält eine Kritik an der Konkretion des Zionismus. Die Potenzialität des Judentums, seine moralische und ethische Integrität sieht Horkheimer angesichts der staatlichen und nationalen Souveränität gefährdet. Die jahrtausendewährende Verweigerung der eigenen Überhöhung im Nationalen, die jüdische Insistenz auf der Negation kippe. Das Judentum habe sich »assimiliert« und sich der weltlichen Ordnung unterworfen, d. h. sich dem »Sieg« und der »Macht« verschrieben. Dies gelte auch für die Sprache, die nicht mehr das beherberge, was Horkheimer philosophisch verteidigt – die Resilienz gegenüber der Identifikation, das jüdische Ethos des Unbedingten. Es bleibe allein die Hoffnung, dass die »nationale Unterordnung« die die Juden in Israel nicht in dem Maß korrumpiere, dass sie überhaupt als »Individuen« verschwänden, wie dies unter den Totalitarismen und Diktatoren wie Hitler, Stalin und Franco geschehen sei. Damit setzt Horkheimer das »Verschwinden« der Juden aus der Welt ins Verhältnis mit dem Verlust des Individuums in der »verwalteten« Welt, in der ihm die »instrumentelle Vernunft« obliege.

Die Frage nach der ›richtigen‹ jüdischen Existenz ist nicht nur politisch, sondern für Horkheimer insbesondere philosophisch und identifikatorisch. Sie wird von ihm insofern im Hinblick auf das Gesetz diskutiert, weniger auf die biblischen Erzählungen.[7] In dieser dialektischen Konstellation und vor dem Hintergrund der Shoah ist sein Spätwerk zu Judentum, jüdischer Existenz und Israel zu lesen. Es bezeugt sein emphatisches und kritisches Verhältnis.[8] Dabei begreift er die Juden der Diaspora als Bewahrer des jüdischen Ethos, nicht aber den Staat Israel, obgleich dessen legitime Existenz und die Aufgabe, Juden vor Entrechtung, Verfolgung und Ermordung zu retten, für Horkheimer politisch und pragmatisch unbestritten sind. Dies formuliert er wiederholt: »Man kann der Gründung des Staates nicht entgegen sein, weil allzu viele Men-

Zur Ergreifung Eichmanns [1960/1967], in: GS 8, S. 156-159, hier S. 158 f.). Zu den unterschiedlichen Positionen zum Eichmann-Prozess, zu denen prominent auch Hannah Arendts Bericht gehört, siehe Peter Krause, Der Eichmann-Prozeß in der deutschen Presse, Frankfurt am Main 2002. Krause zeigt auf, dass der Prozess gegen den ehemaligen SS-Obersturmbannführer Adolf Eichmann, anders als es Horkheimer einschätzte, maßgeblich zur Durchbrechung des öffentlichen Beschweigens des Nationalsozialismus und seiner Verbrechen beitrug (ebd., S. 19).

7 Die biblische Literatur (»Haggada«) ist, so Hermann Cohen, auch »nationale Literatur«, in der die Erzählungen der Juden formuliert sind. Vgl. Cohen, Religion der Vernunft, S. 84.

8 Siehe dazu die Studie von Jacobs, The Frankfurt School, Jewish Lives and Antisemitism, bes. S. 132-142.

schen sonst nicht wüßten, wohin sie fliehen sollten. Das ist für mich das Entscheidende. Israel als Asyl für viele Menschen.«[9] Und im Gespräch mit Helmut Gumnior bestätigt er 1970 nochmals explizit: »Israel ist heute ein bedrängtes Land, wie die Juden immer bedrängt waren. Man hat daher Israel zu bejahen.«[10] Zugleich verwahrt er sich gegen die ideologische Überhöhung und religiöse Rechtfertigung des Staates: »Aber es scheint mir trotzdem nicht leicht, es mit den Voraussagen des Alten Testaments schlicht in Einklang zu bringen.«[11]

Die Entscheidung für die »Diaspora« indes als adäquate Übersetzung des jüdischen Ethos leitet sich als philosophische Konsequenz aus Horkheimers Interpretation des für das Judentum gleichbleibend bedeutsamen »Bilderverbots« ab: als Negation der nationalen Konkretion. Das Verbot, das zur Kritik befähigt, gilt hier der zeitgenössischen jüdischen Existenz. Damit bewegt sich Horkheimer eher im »intérieur«, d.h. im innerjüdischen Diskurs.

»Diaspora« sei ein griechisches Wort für eine »jüdische Kondition«, so Dan Diner.[12] Ursprünglich habe sich der Begriff auf die Zerstreuung von Materie bezogen. Die semantische Umdeutung, die sich auf die Situation einer sozialen Gruppe bezog, so der Ethnologe Matthias Krings, hätten Gelehrte im 3. Jahrhundert v.d. Z. in Alexandria geleistet, als sie die hebräischen Schriften ins Griechische übersetzten. Das Ergebnis ist die Septuaginta.[13] Darin wird die Existenz der Juden außerhalb von Eretz Is-

9 Horkheimer, »Was wir Sinn nennen wird verschwinden«, S. 353.

10 Horkheimer, Die Sehnsucht nach dem ganz Anderen, S. 398.

11 Ebd.

12 Dan Diner, Vorwort, in: Doron Mendels u. Arye Edrei, Zweierlei Diaspora. Zur Spaltung der antiken jüdischen Welt, Göttingen 2010, S. 7f., hier S. 7. Vgl. auch die kompakte Handreichung v. Yael Kupferberg, Zum Naturverständnis des Judentums, hg. v. Grünberlin GmbH, Berlin 2018, bes. S. 12f.

13 Einen Überblick zur Bedeutsamkeit bietet Feierstein: »Die Septuaginta zählt zu den größten kulturellen Leistungen des hellenistischen Judentums. Im Rahmen dieser bemerkenswerten Übersetzung übertrugen jüdische Gelehrte den gesamten Tenach in die damalige Weltsprache. Sie ist zugleich als eine Transgression, eine Überschreitung des damaligen jüdischen Horizonts zu verstehen, als ein Umdenken und Umformulieren in eine andere Vorstellungswelt. Mit ihr fand das hellenistische Judentum seine Heimat in der hellenistischen Diaspora. Die Septuaginta leistete einen enormen Beitrag zur Verbreitung des Monotheismus, des Judentums und der Bibel […], als diese zusammen mit Jerusalem unterzugehen drohte. Das monumentale Werk ist selbst ein Diaspora-Phänomen – von Diaspora-Juden in Ägypten vollbracht. Der heilige Text wird nicht nur in eine andere Sprache, sondern auch in eine andere Zeit und Kultur übertragen: Er bleibt gleich und gleichzeitig verschieden« (Feierstein, Diaspora, S. 101f.).

rael, des »Gelobten Landes«, als »Diaspora« bezeichnet.[14] Die Zerstörung des Ersten Tempels in Jerusalem im Jahr 587 v. d. Z. und die darauffolgende Verschleppung der jüdischen Eliten in die Gefangenschaft nach Babylon wurden von späteren jüdischen Gelehrten als »Strafe Gottes« für den Bruch mit dem Gesetz gedeutet. Nach der Eroberung Babylons durch den persischen König Kyros im Jahr 539 v. d. Z. konnten die Juden wieder nach Palästina zurückkehren. Die Situation des Exils hatte jedoch eine existenzielle Wende eingeleitet: ein jüdisches, d. h. ein diasporisches Leben außerhalb Eretz Israel. Nicht alle Juden kehrten nach Palästina zurück. Viele blieben auch nach dessen politischen Fall in Babylon.[15] Nach der Zerstörung des Zweiten Tempels durch die römische Armee und Besatzung setzte sich ihre »Zerstreuung« im Mittelmeerraum fort.[16] Bindend waren fortan – neben der ›Geschichte‹ – die ›Lehre‹, das ›Gesetz‹, die Traditionsliteratur,[17] die jüdische Existenz und Judentum im Bezug zur Welt sowie in Bezug zu Gott bestimmt haben.[18]

»Diaspora« ist insofern eine historische Erfahrung und zugleich ein bedeutsames Thema jüdischen Denkens. Darin ist die Hoffnung auf Rückkehr aller »Zerstreuten« nach »Zion« sowohl wirklich als auch als gedanklich-religiöser Modus weiterhin aufbewahrt.[19] Im religiösen Kontext ist diese Vereinigung in »Zion« allein Gott vorbehalten bzw. werde mit der erwarteten Ankunft des Messias das Ende des Exils eingeläutet.[20] Diese Verheißung wurde philosophisch und politisch, partikular und

14 Matthias Krings, Diaspora: historische Erfahrung oder wissenschaftliches Konzept? Zur Konjunktur eines Begriffs in den Sozialwissenschaften, in: Paideuma 49 (2003), S. 137-156, hier S. 139.

15 Martin Baumann, Diaspora: Genealogies of Semantics and Transcultural Comparison, in: Numen 47 (2000), 3, S. 313-337, hier S. 317; Robin Cohen, Global Diasporas. An Introduction, Seattle 1997, S. 4 f., hier zit. n. Krings, Diaspora, S. 139.

16 Krings, Diaspora, S. 139.

17 Vgl. dazu Manès Sperber, Mein Judesein, in: Joachim Schlör (Hg.), Wenn ich dein vergesse, Jerusalem. Bilder jüdischen Stadtlebens, Leipzig 1995, S. 8-19, hier S. 11.

18 Heinrich Heine schreibt vom »portative[n] Vaterland«, in: Heinrich Heine, Geständnisse, in: ders., Historisch-kritische Gesamtausgabe der Werke, Bd. 15, hg. v. Manfred Windfuhr, Hamburg 1982, S. 9-58, hier S. 43.

19 Der für das Judentum bedeutende Psalm 137 verweist insbesondere auf diesen messianischen Gedanken als Bewegung: »Wenn ich dein vergesse, Jerusalem,/ so verdorre meine Rechte./ Meine Zunge soll an meinem Gaumen kleben,/ wo ich dein nicht gedenke,/ wo ich nicht lasse Jerusalem meine höchste Freude sein.« Vgl. auch zur Diaspora Shemaryahu Talmon, Exil und Rückkehr, in: Franz J. Bautz (Hg.), Geschichte der Juden. Von der biblischen Zeit bis zur Gegenwart, München 1983, S. 27-53: »Die Diaspora lebte in der Abgeschlossenheit eines messianischen Ghettos.« (Ebd., 40).

20 Vgl. Krings, Diaspora, S. 140.

universal übersetzt.[21] Das nationale Narrativ hingegen ist als Traditionstext[22] in der »Nationalliteratur«[23] verankert, jedoch auch hier in seiner Konkretion nicht eindeutig affirmiert. So heißt es im Thora-Abschnitt »lech lecha« (»Gehe hinweg!«):

> Und der Ewige sprach zu Abram: Gehe aus deinem Geburtsorte und aus dem Hause deines Vaters in das Land, das ich dir zeigen werde. Und ich werde dich machen zu einem großen Volke, und dich segnen, und groß machen deinen Ruf; und du sollst ein Segen sein.[24]

Gott verheißt »Abram« (später »Abraham«, hebr., »Vater der Völker«) und seiner Familie sowie damit dem gesamten Volk Israel Land. Abram wird nicht im Land Israel geboren, sondern erst von Gott aufgefordert, seine ursprüngliche Heimat zu verlassen, um in jenes, seinen Nachfahren verheißene Land zu gehen. Hier jedoch konnte er seine Familie nicht ernähren und ging ins Exil nach Ägypten, wo er fremd blieb.[25] Es heißt: »Gehe aus deinem Geburtsorte, in das Land, das ich dir zeigen werde«. Die Aufforderung Gottes beinhaltet nicht die Übertragung oder selbstermächtigende Einnahme von territorialem Besitz. Dies wiederholt sich: Auch Generationen später, bei der Ankunft in Israel, eröffnet Gott seinem Volk, dass es hier Gast sei, »denn mein ist das Land; denn Fremdlinge und Beisassen seid ihr bei mir.«[26] In der forcierten Mobilität Abrahams wird die Idee von heimatlichem Landbesitz selbst in Frage gestellt. In der Erfahrung von erhoffter Sicherheit und erzwungener Wanderschaft zeigt sich, dass das »Land« kein Gegenstand des Besitzes oder der Identifikation zu sein habe und vice versa: das Land dürfe Abraham nicht besitzen, nicht binden.[27] Gleichwohl artikuliert sich in der Erzäh-

21 Darauf bezieht sich auch Horkheimer: »In der Bibel heißt es doch, der Messias werde die Gerechten aller Völker nach Zion führen« (Horkheimer, Die Sehnsucht nach dem ganz Anderen, S. 398). Vgl. auch Micha Brumlik, Zionismus/Antizionismus/Postzionionsmus, in: Christina von Braun u. Micha Brumlik (Hg.), Handbuch Jüdische Studien, Wien 2018, S. 371-384.

22 Eine umstrittene und scharfe historisch-kritische Auseinandersetzung mit dem jüdisch-nationalen Gründungsmythos findet sich bei Shlomo Sand, Die Erfindung des Landes Israel. Mythos und Wahrheit, Berlin 2012.

23 Cohen, Religion der Vernunft, 28.

24 Bereschit, Lech Lecha, 12:1, 2. Darauf verweist Feierstein, Diaspora, S. 99.

25 Michael Brenner, Jüdische Geschichte lesen. Text der jüdischen Geschichtsschreibung im 19. und 20. Jahrhundert, München 2003, S. 155.

26 Wajikra (Leviticus), 25:23. Hier wiederholt sich im Besonderen, was bereits in Bereshit, 2:15 (Genesis) angelegt ist. Vgl. Feierstein, Diaspora, S. 103.

27 Rosenzweig schreibt 1915: »Adam ist erdgeboren. Der Jude ist zugewandert; von Abraham ab ist der Mythos des Volkes eine Abfolge solcher Einwanderungen in das Land, das nicht ›Land der Geburt‹ ist, sondern das ›ich dir zeigen werde‹. Von

lung zu Abraham die historische und wesentliche Erfahrung jüdischer bzw. menschlich-prekärer Existenz – jedoch auch das potentiell-ideell freie Verhältnis zu Land und Boden.

»Migration, Heimkehr und Heimatlosigkeit bilden die zentralen Motive« des biblischen Texts und der Traditionstexte des Judentums, so der Historiker Michael Brenner.[28] Die Erzählung Abrahams entfalte die Instabilität der existentiellen Verhältnisse und zeigt auf, dass der heimatliche Aufenthalt weder selbstverständlich noch dauerhaft bestehe. Heimat erweist sich in der Bindung an Boden in Permanenz als Illusion. Insofern stellt die Erzählung in Bereshit den Anspruch auf den territorialen Begriff von Heimat selbst in Frage und übersetzt den historischen Zustand der existenziellen Unsicherheit narrativ. Die Spannung zwischen dem nationalen Versprechen und die Sehnsucht nach einer immerwährenden Sicherheit sind der Erzählung eingeschrieben. Der unbestimmte und unvollendete Weg Abrahams liest sich ideell und antizipiert als Erzählung die Sehnsucht nach Zion und die beständige Hoffnung auf Rückkehr. Dies sind bedeutsame Paradigmen jüdischen Denkens, die mehr als Modus und als Bewegung angelegt sind, mehr im Werden als im Dasein und Sein.

Insofern kann diese narrative Vorgabe auch von der jüdischen Religionsphilosophie der Diaspora als Referenz ihrer Kritik an einer national-territorialen Konkretion aufgenommen und darin legitimiert werden: Zion wird vor allem zum metaphysischen, überhistorischen Ort. Das »Gelobte Land«, das in der nationaljüdischen Deutung den konkreten Staat Israel antizipiert, begreift die universalistische Lesart als einen allgemeinen Begriff Zions, der Frieden und Gerechtigkeit – und die Freiheit am und vom Objekt – impliziert.[29]

ihm ab ist – nach dem Ausweis dieses geschichtlich-übergeschichtlichen Selbstbewußtseins – das Verhältnis zum Lande das des Fremden, der es besitzt, ohne je völlig hinwiederum von ihm besessen zu werden; die Gegenseitigkeit des Verhältnisses von Mensch und Land, auf deren Entwicklung das Entstehen der historischen Volkstümer beruht, wird hier von vornherein ausgeschlossen: Abrahams Samen soll von dem Boden den er braucht, nicht besessen werden […]; der Boden darf ihm nie Scholle werden.« Siehe Franz Rosenzweig, »Deutschtum und Judentum«, in: Christoph Schulte (Hg.), Deutschtum und Judentum. Ein Disput unter Juden aus Deutschland, Leipzig 1993, S. 70-78, hier S. 70.

28 Brenner, Jüdische Geschichte lesen, S. 155.

29 So fasst Scholem diese Differenz, die konkrete und die abstrakte Übersetzung »Zions«, 1918 in seinen »95 Thesen über Judentum und Zionismus« anlässlich des 26. Geburtstags von Walter Benjamin pointiert zusammen: »Der nationale Begriff des Judentums führt nach Palästina, der jüdische nach Zion.« In: Gershom Scholem, Zwischen den Disziplinen, hg. v. Peter Schäfer u. Gary Smith, Frankfurt am Main 1995, S. 294. Smith erläutert: »Sie [die 95 Thesen, Y.K.] sind außerdem

Für Horkheimer wurde der »jüdische« Begriff vom Judentum, nicht der nationale, in der diasporischen Existenz übersetzt, die mit einem kognitiven Habitus[30] korrespondiere, der sich Überhöhungen von »Bildern« und »Idolen« qua Gesetz verweigern müsse. Darin stimmt er mit Freud überein, der in *Der Mann Moses und die monotheistische Religion* 1938 psychohistorisch argumentierte, dass »der Fortschritt in der Geistigkeit« historisch gerade im Verbot der »Gottesvorstellung« bestehe und darin liege, dass die Juden ohne Territorium sich um das Buch konzentrierten:

> Die Juden behielten die Richtung auf geistige Interessen bei, das politische Unglück der Nation lehrte sie, den einzigen Besitz, der ihnen geblieben war, ihr Schrifttum, seinem Werte nach einzuschätzen. Unmittelbar nach der Zerstörung des Tempels in Jerusalem durch Titus erbat sich Rabbi Jochanan ben Sakkai die Erlaubnis, die erste Thoraschule in Jabne zu eröffnen. Fortan war es die Heilige Schrift und die geistige Bemühung um sie, die das versprengte Volk zusammenhielt.[31]

Die jüdische Geschichte hingegen bewegt sich zwischen nationaler und religiöser bzw. ideeller Existenz. Auch die Bewertung der jüdischen Existenz innerhalb der jüdischen Historiografie des 19. Jahrhunderts kann als Reaktion auf die zeitgenössischen politischen Entwicklungen betrachtet werden. Das Judentum, das sich nach der Zerstörung des Zweiten Tempels religiös habe begründen müssen, habe die politische und damit repräsentative Ordnung verlassen und eine spezifische Form von »reflexiver Religiosität« entwickelt,[32] so der Historiker Heinrich Graetz. So sei in der »diasporischen« Epoche an die Stelle der politischen Konstitution der »Talmudismus« als Stifter und Bewahrer jüdischer Existenz getreten. Durch diese »talmudischen Umzäunungen« sei »aus jedem jüdischen Hause ein scharf umgrenztes Palästina« geworden, wie Graetz 1864 in seiner *Construction der Geschichte* schrieb.[33] Auch der Reformrabbiner Abraham Geiger deutet die Diaspora religiös und knüpft dabei an die Definition der *Allgemeinen deutschen Real-Encyklopädie für die gebildeten Stände* von 1865 an. Hier wird der Begriff für die jüdische Existenz in der

als eine Herausforderung gedacht, durchaus im Gestus der 95 Thesen, die Luther an der Tür zur Schloßkirche zu Wittenberg anschlug – der 400. Jahrestag dieses Ereignisses war im Vorjahr groß gefeiert worden« (Gary Smith, Annonce auf ein Lebenswerk, in: Gershom Scholem, Zwischen den Disziplinen, hg. v. Peter Schäfer u. Gary Smith, Frankfurt am Main 1995, S. 277-286, hier S. 281).

30 Vgl. Habermas, Die Grenze zwischen Glauben und Wissen, S. 229.

31 Freud, Der Mann Moses und die monotheistische Religion, S. 560 f.

32 Zit. n. Brenner, Jüdische Geschichte lesen, S. 156.

33 Vgl. ebd.

Zeit des babylonischen Exils verwendet.[34] Scharf wird indes zwischen religiöser und nationaler Zugehörigkeit unterschieden. »Diaspora« wird dadurch religiös bewertet, wohl auch vor dem Hintergrund der zeitgenössischen Bemühungen, das Judentum zu konfessionalisieren. Mit der Rücknahme des nationalen Moments auch innerhalb der Liturgie reagierten die sich akkulturierenden Juden auf die zunehmenden nationalen Ressentiments der Mehrheitsgesellschaft. Im Zionismus als politischem Programm hingegen reagierten sie im frühen 20. Jahrhundert auch auf die verheerenden Pogrome sowie auf das sich abzeichnende Scheitern der Emanzipation angesichts des politischen Antisemitismus und griffen auf die biblische Verheißung mit der Absicht der politischen Konkretion zurück.

Hermann Cohen hält am religiösen bzw. philosophischen Gehalt des Judentums fest und führt den Universalismus gegen den politischen Zionismus ins Feld. Entschieden weist er die Argumente eines jüdischen Nationalismus zurück und fordert 1916 so etwa die jüdischen Studenten in *Religion und Zionismus* auf, die »Religion der sittlichen Wahrheit« – also das Judentum kantischer Prägung – nicht national-partikular auszulegen, sondern gerade am Universalismus festzuhalten und sich das Vertrauen ins »Deutschtum« – von ihm insbesondere als Philosophie verstanden – zu bewahren.[35] Das »nationale« Moment habe in der Entwicklung des Judentums seine historische Berechtigung gehabt, um das Judentum zu konstituieren.[36] Allerdings könne »Nation« nur Mittel, jedoch nicht »Zweck« sein.[37] Es gelte sie deshalb zu überwinden, denn »zu allen Zeiten haben die tiefsten jüdischen Geister die Nationalität nicht als Selbstzweck, sondern nur als das unentbehrliche Mittel zur Erhaltung der Religion anerkannt.«[38] Diese Lesart besteht auf der Universalität des Judentums und ist in der Identifikation mit dem deutschen Idealismus deutlich apologetisch gefärbt.

Der historische Bruch im Nachdenken über jüdische Existenz vollzog sich mit dem Holocaust. Nach »Auschwitz« ist die politische Notwendigkeit eines jüdischen Staates evident. Die philosophische Frage jüdischer Existenz wurde deshalb aber keineswegs obsolet, da der Nationalismus

34 Ebd.

35 Hermann Cohen, Religion und Zionismus. Ein Wort an meine Kommilitonen jüdischen Glaubens, Krefeld 1916, S. 11. Vgl. dazu auch Micha Brumlik, Kritik des Zionismus, Hamburg 2007, bes. S. 71-73.

36 Cohen, Religion der Vernunft, S. 422.

37 Ebd.

38 Ebd.

politisch wie die Idee von Nation[39] überhaupt als historisch gescheitert betrachtet werden mussten.[40] »Nation« und »Nationalismus« konkretisierten sich im Fanatismus und in Gewalt, die aus falscher Mimesis und Identifikation hervorgingen. Auch das Judentum und die Juden selbst seien, da Israel als Nationalstaat agiere, vom »Bilderverbot« abgekommen, so Horkheimer. Sie gäben damit, wenn auch erzwungenermaßen, ihr Potenzial für sich und die Welt auf: ihre Kritik an »Ungerechtigkeit«[41] und Idolatrie. Denn gerade in der Verweigerung der Konkretion – hier politisiert Horkheimer das »Bilderverbot« – existiere eine Alternative zum nationalen Paradigma. Die Juden unterschieden sich historisch von anderen Völkern darin, dass sich in ihrer Geschichte Existenz und Macht gegenseitig ausschlössen – gerade dies sei ihr Verdienst.[42] In der politischen Notwendigkeit des Staates Israel werde diese zwar unsichere und prekäre, aber moralisch überlegene Existenz preisgegeben.[43] Über die »Dialektik des Judentums« schrieb Horkheimer gegen Ende der 1950er-Jahre:

39 Die Idee der »Nation« galt seit der Französischen Revolution als fortschrittliches Prinzip, das gegen Aristokratie und feudale Privilegienordnung gerichtet nationale Volkssouveränität einforderte und gleichberechtigte Verbindungen souveräner Völker verwirklicht wissen wollte. Gleichzeitig gewann der Nationalismus zunehmend ideologischen Charakter, so Wolfgang Kruse: »In der zweiten Hälfte des 19. Jahrhunderts entwickelte sich der Nationalismus dabei von einer links- zu einer rechtsorientierten politischen Ideologie, deren ursprünglich emanzipative Zielsetzungen von legitimatorischen Tendenzen abgelöst wurden und die gegen Ende des Jahrhunderts als ›integraler Nationalismus‹ die absolute Vorrangstellung der eigenen Nation nach Außen mit exklusiven Charakterisierungen des Nationalen nach Innen verband« (Wolfgang Kruse, Das deutsche Kaiserreich, Bonn 2012, online unter: http://www.bpb.de/geschichte/deutsche-geschichte/kaiserreich/138915/nation-und-nationalismus [(9. Juni 2022]).

40 Es geht Horkheimer nicht um die Frage der Akkulturation ans Deutsche, die im 19. und frühen 20. Jahrhundert beispielsweise von Heinrich Graetz, Abraham Geiger, Hermann Cohen, Martin Buber, Franz Rosenzweig, Margarete Susman, Arnold Zweig und Lion Feuchtwanger erörtert wurde. Siehe dazu Brenner, Jüdische Geschichte lesen, S. 155-280; bes. Christoph Schulte (Hg.), Deutschtum und Judentum. Ein Disput unter Juden aus Deutschland, Leipzig 1993, S. 5-27.

41 Rabinbach, Israel, die Diaspora und das Bilderverbot in der Kritischen Theorie, S. 257-259.

42 Vgl. ebd., S. 259. Hier findet sich eine Nähe zu Leibowitz, der für ein streng rationalistisches Judentum im Sinne Moses ben Maimons optierte und den Staat Israel in seiner nationalistischen Form deutlich kritisierte. Vgl. Leibowitz, Gespräche über Gott und die Welt.

43 Auch Leibowitz argumentiert, dass es zur Größe des Judentums gehöre, dass der Staat niemals den obersten Wert darstellte. Zu keiner Zeit wurde er bzw. eine andere politische Konstitution des Judentums kritiklos angenommen, stets gab es Opposition und Kritik. Siehe Shashar, Jeshajahu Leibowitz, S. 40.

> Bei den Juden brachte durch die Jahrtausende das Bekenntnis zu ihrem Gott und ihrem Volk Verfolgungen und Tod. Um sich zu retten, hatten sie die Alternative, ihren Gott zu verleugnen oder sich als Staat zu konstituieren. Beides bedeutet den Untergang des Judentums: das erste das Verschwinden aus der Welt, das zweite den Umschlag in den unvermeidlichen Nationalismus der anderen. Israel.[44]

Mit »Nationalismus« verbindet Horkheimer ein ›falsches Bewusstsein‹:[45] »Daß das Ganze die Nation sei, ist reine Ideologie. Der Nationalismus steht im Gegensatz zum Wohl der Gesellschaft, obwohl er das Wohl des Ganzen als seine Parole ausgibt.«[46] Das gelte auch für den jüdischen Nationalismus. In einer undatierten Notiz unter der Überschrift »Israel oder der Verrat« heißt es: »In Israel wiederholt sich im kleinen, was die Christenheit im großen getan hat: die Juden wurden aus einem Volk ohne Macht und ohne Territorium ein Nationalstaat«.[47]

Dies entspricht einer Repräsentationskritik von Herrschaft,[48] die sich auch für Horkheimer an das »Bilderverbot« knüpft. In der Repräsentation finden eine verbotene bildliche »Vergegenwärtigung und Stellvertretung« des »Absoluten« statt. Dennoch, und darin liegen die ›Dialektik des Judentums‹ und die Dialektik des »Bilderverbots« begriffen, ist das Repräsentierte und damit Sichtbare das erkenntnistheoretische Fundament in der Welt.[49] Das »Bilderverbot« erweist sich jedoch nicht als Verbot von Bildern als solchen, sondern schafft mit der Übersetzung Horkheimers die »Grenze«, d.h. unterbricht das kognitive und mimetische Verhalten am Bild. Diese Grenze sieht Horkheimer im jüdischen Nationalismus überschritten, weil das Judentum und die Juden der politischen Repräsentation in der Welt bedürften, um sich behaupten und schützen zu können. Darin liege die »Assimilation« begründet und würden sie dem »Christentum« gleich, weil die Repräsentation des Göttlichen die

44 Horkheimer, Dialektik des Judentums, in: GS 14, S. 314f., hier S. 314.

45 Siehe dazu Herbert Schnädelbach, Was ist Ideologie? Versuch einer Begriffsklärung, in: Das Argument 50 (1969), 2, S. 71-92.

46 Horkheimer, Herrschende Klasse, die von Rackets beherrschte Klasse und die Rolle der Fachleute, in: GS 14, S. 334f., hier 334.

47 Horkheimer, Israel oder der Verrat, in: GS 14, S. 370.

48 Deuber-Mankowsky, Repräsentationskritik und Bilderverbot.

49 Siehe dazu Astrid Deuber-Mankowsky: »Nun ist Repräsentation kein neuer Begriff; er spielt in der Geschichte der Erkenntnistheorie, der Theologie, der Rechtswissenschaften und der Politik seit Jahrhunderten eine zentrale Rolle. In einem Brief an Marcus Herz hat Kant die Frage, inwiefern ein Bewusstseinsinhalt eine ›Vorstellung‹ (also eine Repräsentation) außerhalb des Bewusstseins sein kann, als das schwierigste Rätsel der Philosophie bezeichnet« (Deuber-Mankowsky, Repräsentationskritik und Bilderverbot, o. S.).

Konkretion von Macht nach sich ziehe. Dies erweist sich für das von Horkheimer favorisierte Judentum als problematisch, weil es damit sein Ethos preisgäbe. Die Diaspora, die in der Welt kaum noch zu halten sei, bewahre das Potenzial einer anderen Ordnung. Sie entziehe sich der konkreten, d. h. nationalen Form der Identischen. Damit enthalte sich die diasporische Existenz der Idolatrie im gleichen Maße, wie sie überhaupt »eingedenkt«, also das Vergangene sowie das theologische und säkulare Versprechen auf »Versöhnung« anerkennt und bedenkt.

In der Notiz »Jüdischer Nationalismus und die von den Assimilierten aufgegebene Kultur« wird Horkheimer deutlich:

> Die modernen Juden haben das Höhere aufgegeben, um das Niedere zu akzeptieren. Das ist das Wesen der Assimilierung. Die Juden waren ein Volk, das zusammengehalten war ohne eigene Macht, durch den Gedanken der Treue zu sich selbst.[50]

»Treue« zu sich selbst erweist sich als ein widerständiger Akt: Das (jüdische) »Selbst« wehre sich gegen nationale Konkretion und Entfremdung, also jene Beziehungslosigkeit zu sich selbst. In der nationalen Verabsolutierung von Land und Boden hingegen sei die »Grenze« von Konkretion und Abstraktum suspendiert, die die Kritikfähigkeit des Judentums absichere. In einer weiteren Notiz heißt es:

> Das jüdische Volk war nicht nationalistisch, es trug die Leiden für die Menschheit. Israel hingegen ist eine Nation geworden, im Grunde strukturiert wie jede andere, und der ursprüngliche messianische Gedanke hat der Selbsterhaltung der eigenen nationalen Existenz weichen müssen.[51]

Das Judentum habe damit dem in der »Nation« umgesetzten »Naturzwang« nachgegeben, d. h. einem Zwang, der der Herrschaft über die Natur diene und gleichzeitig die Bindung an diese festige. Der »Geist«, die Bewegung aus dem »Naturzwang« heraus sei mithin suspendiert worden.

Im nichtnationalen Prinzip dagegen sei die kritische Haltung existenziell bewahrt. Das Subjekt der Kritik werde am Bild bewusst, lehne die projizierte Sakralität ab und verweigere sich somit dem Götzendienst.[52]

50 Horkheimer, Jüdischer Nationalismus und die von den Assimilierten aufgegebene Kultur, in: GS 14, S. 332.

51 Horkheimer, Von der Familie, dem Stamm, dem Volk, der Religionsgemeinschaft, der richtigen Gesellschaft, der Nation und dem Fanatismus, in: GS 14, S. 326 f., hier S. 326.

52 Gegen den Götzendienst stellte sich bereits Abraham in Bereschit (Genesis). Die Aufforderung, Ur-Kashdim zu verlassen, verband sich, so Emmanuel Lévinas, mit

Die Verletzung des »Bilderverbots«, die in der Anbetung des »Goldenen Kalbes« in Schemot thematisiert ist, wiederholt sich insofern zwischen Subjekt und Objekt. Die »Anbetung des eigenen Kollektivs«, das in der »Gestalt des goldenen Kalbes sichtbare Gestalt«[53] angenommen habe, falle dabei hinter die kognitive Leistung des Judentums zurück, die das »Bilderverbot« einfordere. Dieses mimetische Verhalten gehöre in den Bereich des magischen Denkens, das zum »Fanatismus« neige, weil die Gläubigen nie ganz an die »Lüge« glauben könnten.[54]

Angesichts der politischen Notwendigkeit nationaler Konkretion jüdischer Existenz lag der »Verrat« also im Bruch mit dem »Bilderverbot«, das Horkheimer in den späten Gesprächen als das Paradigma der Kritischen Theorie anführt.[55] Es sei durch den Nationalismus suspendiert worden – im »Glaube« an das Falsche: »Der Nationalismus ist ein armseliger Ersatz, der gerade die wichtigste Aufgabe der Religion nicht aufbewahrt: die Befriedigung der Sehnsucht nach dem Absoluten.«[56] In seiner konkreten Form mache er die »Sehnsucht« nach einem Besseren zunichte, nivelliere mithin das Judentum in seinem erkenntnistheoretischen und damit sittlichen Gehalt. In ihm sei die Potenzialität des Denkens sowie des freieren und relativ autonomen Daseins negiert, das potenziell jenseits von Form und damit Herrschaft existiere. Im Grunde sei jeder Nationalismus ›Götzendienst‹, der »Mythos des Volkes« »eine Regression«.[57]

In seiner Notiz »Zum Gottesbegriff« problematisiert Horkheimer die Vereinigung von Religion, Macht und Herrschaft, die das Christentum forciert habe.[58] Die Identifikation des Göttlichen mit dem Diesseitigen verstärke die bestehenden Verhältnisse und beseitige durch ihre Totalität

zwei Prinzipien, die eines seien: dem Götzendienst und dem konkreten Vater-Land. Siehe dazu Feierstein, Diaspora, S. 99.

53 Jan Assmann, Die Mosaische Unterscheidung in Arnold Schönbergs Oper Moses und Aron, in: Musik & Ästhetik 9 (2005), 33. S. 5-29, hier S. 18.

54 Dieser »Fanatismus« wurde, so Horkheimer, durch das Christentum mobilisiert: »Fanatismus kommt da [auf], wo die Menschen in Wut darüber geraten, daß andere an ihre Sache nicht glauben – und sie selbst letztlich auch nicht. Daher die Wut der ›gläubigen‹ Christen gegen die Juden, weil diese ihre frommen Märchen nicht glauben müssen« (Horkheimer, Von der Familie, dem Stamm, dem Volk, S. 326).

55 Vgl. dazu die bereits angeführte Aussage in Horkheimer, Die Herkunft der kritischen Theorie, S. 491. Vgl. dazu auch Feierstein, Diaspora, S. 107-109.

56 Horkheimer, Das Ende der Religion und seine Folgen (September 1968), in: GS 14, S. 498.

57 Horkheimer, [Vom Mythos des Volkes], S. 154. Leibowitz postuliert bezüglich des jüdischen Nationalismus: »Jeder Nationalismus um des Nationalismus selbst willen führt am Ende zu einer mörderischen Mentalität« (Shashar, Jeshajahu Leibowitz, S. 58).

58 Horkheimer, Zum Gottesbegriff.

die Sehnsucht nach dem »ganz Anderen«, anstatt das Potenzial des Daseins und des Seins.

Die Abwehr gegen die Aufhebung der »Grenze«, gegen die Totalität der Identifikation, kennzeichnet Horkheimers Judentum: Sie ist die ausdrückliche Weigerung, die Utopie zu konkretisieren, das »Absolute« zu beschreiben. Das sei es, was die Kritische Theorie dem Bestehenden gegenüberstelle. Sie halte damit am »Bilderverbot« als jüdische Tradition, als jüdisches Bewusstsein fest:

> ›Du sollst dir kein Bild von Gott machen‹ heißt es in der Bibel. Du kannst nicht darstellen, was das absolut Gute ist. Der fromme Jude versucht das Wort ›Gott‹ nach Möglichkeit zu vermeiden, ja er schreibt es nicht aus, sondern macht ein Apostroph. So nennt auch die Kritische Theorie das Absolute vorsichtig ›das Andere‹.[59]

Vom biblischen Tabu der Nennung des Namen Gottes bis zur Kritischen Theorie sieht Horkheimer eine erkenntnistheoretische und existenzielle Beziehung. Dabei verfremdet bzw. übersetzt er selbst noch den Begriff des »Absoluten«, damit dieser nicht selbst zum Fetisch herabsinke. Deshalb steht die Idee des »Absoluten« stets unter Verdacht, »falsche« Konkretion zu sein. Auch der »Geist« und die Korrektur böten nur eine unsichere Gewähr der Kritik. An dieser Verunsicherung hält Horkheimer fest und nutzt sie philosophisch produktiv und progressiv. Dabei suspendiert seine philosophische Adaption des »Bilderverbots« die Form der Positivität.[60]

Dies berührt auch die philosophisch und im jüdischen Gesetz begründete Negation der nationalen Konkretion. Insofern der Mensch keinen possessiven Anspruch auf Land und Boden habe, wie es die Erzählung um Abraham vieldeutig zeigt, so dürfe er auch das versprochene »Land« nicht überhöhen und sakral belegen. Die Provokation des diasporischen Judentums bestehe darin, dem Nationalismus die mögliche Unmöglichkeit einer bilderlosen, nicht-repräsentativen Existenz ohne territoriale Bindung entgegenzusetzen: eine »Heimat ohne Grenzstein.«[61] Das beinhalte auch, dass die diasporischen Juden nicht das »Opfer« der falschen Identifikation, der Entfremdung, erbringen müssten. Sie seien kognitiv

59 Horkheimer, »Was wir ›Sinn‹ nennen, wird verschwinden«, S. 352.
60 Jay u. Frevert, Frankfurter Schule und das Judentum, S. 453.
61 Horkheimer u. Adorno, Dialektik der Aufklärung, S. 229. Vgl. auch Julian Voloj, »Mit dem Gesicht nach vorne gewandt.« Judentum und Schoah im Denken der jüdischen Studenten Europas, in: Hans Erler (Hg.), Erinnern und Verzeihen. Der Völkermord an den Juden im politischen Gedächtnis der Deutschen, Frankfurt am Main 2003, S. 145-154, hier S. 146 148.

frei und müssten sich nicht dem ideologisierten Kollektiv unterordnen. Der Preis dafür sei die prekäre Existenz in der Welt, die auf Repräsentation insistiere. Hier überlagert sich, neben der kognitiven, die politische und mediale Dimension des Bilderverbots.[62] Der Staat Israel könne indes als notwendiger Versuch gelten, eine sichere jüdische Existenz unter den Repräsentations- und damit Herrschaftsbedingungen herzustellen, wie sie in der Welt existieren. Diese habe sich damit der Form des Nationalen assimiliert, vielmehr: es habe sich assimilieren müssen. Mit der scheinbar gewonnenen Sicherheit werde jedoch das sittliche Ethos des Judentums und sein Bewusstsein, so ist Horkheimer zu verstehen, preisgegeben. Tatsächlich sei Israel so »eine Nation geworden, im Grunde strukturiert wie jede andere.«[63]

Jedoch habe auch die jüdische Existenz in der Diaspora ihr Ethos eingebüßt. In »Ausgeträumt« (1961/62) schreibt Horkheimer:

> Der Traum vom Messias, des Ausbruchs der Gerechtigkeit auf Erden, der in der Diaspora die Juden zusammenhält, ist ausgeträumt. Er hat unendlich viele Märtyrer gefunden, unendliches Leid verursacht und Hoffnung gewährt. Jetzt sind die Verfolgten ohne Messias nach Zion gezogen, haben wie andere Völker ihre Nation und ihren Nationalismus etabliert, und das Judentum wurde zur bloßen Religion. Die in der Diaspora verbleiben, können sich entscheiden; sei es für Israel, für die Auflösung in der Nation, in die das Schicksal die Ahnen und sie selbst verschlagen hat, oder sie müssen als Juden provinziell werden, romantische Sektierer ohne geschichtliche Substanz. Die Diaspora ist die Hinterwelt. Die Juden sind die Überbleibsel. […] Das Reich der Freiheit ist eine Hinterwelt. Die zur Theorie halten, sind Überbleibsel wie die Getreuen des Talmud und des messianischen Vertrauens.[64]

Mit dem abschließenden Satz adressierte Horkheimer seine eigene jüdische Existenz. Er, der zur »Theorie« hält, zur »Kritischen Theorie«, und nicht die praktische und politische Konkretion begehrt, sei ein »Überbleibsel« des Ethos, das weder in Israel noch in der Diaspora weiter

62 Assmann, »Was ist so schlimm an den Bildern?,« S. 19.

63 Horkheimer, Von der Familie, dem Stamm, dem Volk, S. 326. Obgleich der Zionismus einen modernen Nationalstaat geschaffen hat, hob er die »Diaspora« nicht auf. Das Judentum ist weiterhin in der Spannung von Nationalismus bzw. Partikularismus und Universalismus begriffen. Jedoch, und das ist die Ambivalenz, die auch die Notizen Horkheimers prägen, ist Israel Teil des jüdischen Selbstverständnisses – politisch notwendig, legitim und narrativ, d. h. auch ideell verankert. Das gilt auch für Horkheimer, der den Staat Israel theoretisch problematisiert, ihn jedoch in seiner politischen Notwendigkeit affirmiert.

64 Horkheimer, Ausgeträumt, S. 392.

existiere. Die Diaspora, die die Autonomie und Freiheit von der falschen Identifikation als Existenz bewahrte, habe sich überlebt bzw. sei durch die historischen und katastrophischen Ereignisse des 20. Jahrhunderts vernichtet worden. Die »Hinterwelt«[65] erweist sich für Horkheimer als Topos der Freiheit und der Idee des »Anderen«. Letztere könne als Gedanke in der Welt nicht mehr existieren, weil in ihr das Gesetz der Immanenz gelte: Die Transzendenz sei suspendiert. Er selbst, so können die Zeilen verstanden werden, halte aber an der Idee fest und erfahre sich deshalb als »Überbleibsel«. Mit der durch die repräsentativ-nationale Konkretion in der Welt erfolgten Suspendierung der »Hinterwelt«, eine pejorative Bezeichnung Nietzsches für die vorgestellte transzendentale Welt, verschwände jedoch nicht nur die Idee der Freiheit, sondern auch das Judentum, das im »Bilderverbot« und im Widerstand der Identifikation sein Ethos gehabt habe. Die politisch und existentiell dringliche Gründung des Staates Israel verfremde indes die Idee und bedeute den Verfall des Judentums. Dies gelte jedoch auch für die diasporische Existenz, weil unter den Bedingungen der »verwalteten Welt« und deren Instrumentalität kein Gedanke an das »Andere« mehr glaubhaft erscheine, da der Zwang bestehe, dass das Besondere im Allgemeinen aufzugehen habe. Die »Dialektik des Judentums« bestehe eben darin, so die bittere Einsicht Horkheimers, dass beide Existenzformen des Judentums, die nationale und die diasporische, in der Totalität der eingeforderten Identifikation der Welt nicht zu retten seien.

65 »Hinterwelt« ist ein Begriff in: Friedrich Nietzsche, Also sprach Zarathustra. Kritische Studienausgabe, Bd. 4, hg. v. Giorgio Colli u. Mazzino Montinari, München 1988, S. 35 38.

Zum Schluss: Das Gleichnis

> Das Erkennen setzt voraus, daß man sich schutzlos macht und sich preisgibt. Das Gleichnis der weichen Birne. Wenn man sich nicht ganz weich macht und sich erniedrigt, dann bleibt einem jede neue Erkenntnis verschlossen.[1]

Horkheimer unterzeichnete seine Briefe an Adorno oftmals mit »W. B.«, der Abkürzung für »Weiche Birne«.[2] Dieses »Weiche« lässt sich als Möglichkeit der Erfahrungsfähigkeit lesen. Für Horkheimer verbinden sich Erkenntnis und Erfahrung aufs Engste miteinander: Die Erfahrung bedürfe der Erkenntnis, die die Erfahrung zu reflektieren vermag. Ansonsten verbliebe sie in sich begriffslos und ohne transzendierende wie reflektierende Bewegung. Die Bedingung der Erkenntnis sei jedoch Erfahrung, auch »des Anderen«, und diese Aporie sei sinnlich vermittelt. In der Notiz »Das Andere« hält Horkheimer daran fest, dass alles »bedingt« sei: »Es ist deshalb sinnlos zu bestreiten, dass alle meine Aussagen relativ sind. Aber wenn es etwas Relatives gibt, dann muß es auch das Andere geben, das nicht relativ ist.«[3]

Erfolge jedoch die Erfahrung über das bildhafte, selbstvergötterte Objekt, so spiegele sich darin die gläubige Projektion des Subjekts. Sie sei dann nicht am »Anderen« dialektisch vollzogen, sondern verweise allein auf das Ich, das sich absolut setze und in der Projektion scheinbar absolut erfahre. Die dabei erzeugte Totalität suspendiere die Potenzialität der Differenzerfahrung. Diese ist jedoch für Horkheimer die Bedingung von Erkenntnis. Das »Problem Christi« (Hermann Cohen) bestehe also darin, dass über das Bild als sakralem Abbild des Selbst keine Erkenntnis gewonnen werden könne. Auch die »Sehnsucht« sei darin allein selbstbezüglich auf das eigene, gespiegelte Heil gerichtet. Die durch das Bild erzeugte Bestätigung des Endlichen münde in Resignation.

Horkheimers Gleichnis der »Weichen Birne« ist deshalb mehr als nur eine selbstironische Übersetzung des eingeforderten mimetischen Verhaltens in der Welt. Es bildet die Voraussetzung für Vergesellschaftung. Denn der »Weg zur gemeinsamen Erkenntnis« heiße, »[d]ie gedankliche Gestik nachzuvollziehen. Jede wirkliche Aufnahme einer Mitteilung beruht auf Mimetik. Daher die Forderung sich weich zu machen.«[4] Damit

1 Horkheimer, Erkenntnis, in: GS 14, S. 254 f., hier S. 254.
2 Siehe Anmerkung, in: ebd.
3 Horkheimer, Das Andere, in: GS 14, S. 370.
4 Horkheimer, Motive der Philosophie, in: GS 14, S. 255.

ist gedankliche Alterität bedeutsam. Zudem scheint hier ein positiver Begriff von Mimesis durch, der sich im Judentum im Verbot des Bildes zumindest ideell durchgesetzt habe. Die Beziehung zum gestaltlosen »Gott« manifestiere sich nicht in der gläubigen Anschauung, sondern als geistige Herausforderung einerseits und im sittlichen Handeln andererseits, so wie es bei Hermann Cohen im Rückgriff auf Maimonides heißt: »An die Stelle des Seins tritt sonach die Handlung.«[5]

Damit ist die ethische Dimension des Bilderverbots bewahrt und definiert für Horkheimer den Begriff des Judentums. Dieser enthalte das Postulat des »ganz Anderen« und spiegele das Ideal menschlicher Unverfügbarkeit wider. Er besteht auf der Denkanstrengung, trotz der Bedingtheit von Erkenntnis, auf das Gegenüber als »das Andere«. Die Aporie des »Absoluten«, gedacht und damit bedingt zu sein, könne diesen Anspruch nicht dementieren, sondern müsse sie aushalten. Dass etwas über die »Erkenntnis hinausgeht, ist ein Widerspruch in sich selbst.«[6] Es bleibe »nichts übrig als ein Glaube« daran,

> daß Aussagen, die von Menschen gemacht werden, deren Gültigkeit durch geschichtliche Faktoren und durch ihr Erkenntnisvermögen beschränkt sind, nicht als das Letzte hingenommen werden müssen. Vielleicht läßt sich dieses Letzte nicht formulieren. Jedenfalls hat dieser Glaube so viel und so wenig Beweiskraft wie sein Gegenteil.[7]

Am »Glauben« hält Horkheimer fest, obgleich er dessen Grenze, seine Bedingtheit, anerkennt und noch mehr einfordert. Er ist also nicht »gläubig« im religiösen Sinne, sondern als Apologet der philosophischen Anstrengung. Denn trotz ihrer Bedingtheit müsse die geistige Anstrengung getan werden, um über die Evidenz in dem Wissen hinausgehen zu können, dass sie in sinnlicher Erfahrung gründe. Letztere solle jedoch empfänglich, invers und nicht aggressiv nach außen gerichtet sein.

Auf seine spezifische Wirklichkeit in der Welt wies Horkheimer nach seiner Rückkehr in die Bundesrepublik immer wieder hin: Er begann seine Vorträge oft mit dem Satz: »Ich bin ein Jude.«[8] Er bezeugte damit

5 Cohen, Religion der Vernunft, S. 109.

6 Horkheimer, Der Relativismus des Relativen, in: GS 14, S. 370 f., hier S. 370.

7 Ebd., S. 371.

8 [o. A.], Der Unversehrte. Siehe dazu auch Gershom Scholem, Juden und Deutsche, in: Christoph Schulte (Hg.), Deutschtum und Judentum. Ein Disput unter Juden aus Deutschland, Leipzig 1993, S. 177-201, hier S. 178 f. Scholem verweist im Jahr 1966 noch auf die von Alfred Döblin 1948 geäußerte Vorsicht, das Wort »Jude« gegenüber Deutschen auszusprechen. Scholem selbst bestehe indes gerade darauf, weil es der historischen Wirklichkeit entspreche.

nicht allein seine relative Existenz in der Welt. Darin ist sein jüdisches Bewusstsein, dass sich insbesondere am »Bilderverbot« orientiert, sowohl als Erfahrung und als Erkenntnismöglichkeit ausgedrückt. Hier ist aber auch sein Begriff der Philosophie aufgehoben: zwischen der Erfahrung und der Möglichkeit, die Erfahrung zu begreifen. Nicht die Spiegelung der Erfahrung, sondern der Versuch, in der geistigen Differenz von Erfahrung Erkenntnis zu erlangen, sei in der Bewegung des Begriffs selbst angelegt.[9] Damit müsse aber das »Andere«, d. h. eine Alterität und Differenz zur Erfahrung, existieren. Der Mensch müsse sich, obwohl er als »Naturgeschöpf«[10] an die Natur gebunden sei, obgleich das Denken keine andere »Legitimation als die eigene Erfahrung« habe,[11] in der Praxis des Denkens von diesen Zwängen zu lösen versuchen. Damit dieses Denken selbst nicht der Instrumentalität, sondern zumindest potenziell dem »Besseren«[12] diene, müsse es nach »Wahrheit« streben wollen:

> Auch wenn über die absolute Wahrheit grundsätzlich keine positiven Aussagen gemacht werden können (das Bilderverbot!), läßt sich doch einsichtig machen, was unwahr ist. Das Fehlen der Legitimation durch höhere Instanz ist das Argument, das von den Gegnern immer wieder vorgebracht wird. Es ist nicht zu widerlegen, aber es läßt sich zeigen, daß die gegnerische Argumentation schließlich zu Sätzen führt, für die es ebenso wenig eine Legitimation gibt.[13]

Die Ungewissheit der Legitimation sei der Grund des »nicht-instrumentelle[n] Denken[s]«. Sie komme, darauf besteht Horkheimer, aus der »Sehnsucht nach dem Anderen, nach dem, was durch das Dogma, die religiöse Tradition aufbewahrt worden ist.«[14] An diesem Dogma hält er fest – jedoch auch hier nicht im affirmativ-gläubigen Denkakt, sondern in der Unsicherheit:

9 Hier orientiert sich Horkheimer an Hegels Begriff vom »Begriff«. Siehe zum Begriff Hegels kompakt Jendris Alwast, Die Anstrengung des Begriffs: Zur programmatischen Humanitäts-Offensive im Diskurshandeln Hegels, in: Hegel-Jahrbuch 1 (2001), S. 20-26, bes. S. 20 f.

10 Horkheimer, Denken [IV] (Flims, August 1969), in: GS 14, S. 530.

11 Ebd.

12 Horkheimer, Das Judentum und der Gedanke der Solidarität (29. August 1969), in: GS 14, S. 533.

13 Horkheimer, Denken [IV], S. 530.

14 Horkheimer, Wissenschaft, Denken und Dogma (Flims, August 1969), in: GS 14, S. 532.

> Beweisen läßt sich nicht, daß das von der Sehnsucht nach dem Anderen getriebene Denken einen sicheren Weg zur Wahrheit darstellt. Das ist der Ausgangspunkt der kritischen Theorie.[15]

Mit dieser Orientierung des Geistes steht die mit jüdischem Denken identifizierte Kritische Theorie Horkheimers. Sie ist insofern in Philosophie übersetztes Judentum.

Die späten Arbeiten, Notizen und Gespräche Horkheimers, der vornehmliche Gegenstand der vorliegenden Studie, zeugen von der Adaption jüdischer Paradigmen in die deutsche Philosophie. Sein Spätwerk muss deshalb als programmatischer Ausdruck eines säkularen Judentums begriffen werden, dessen zentrale Thesen in der monotheistischen jüdischen Ethik wurzeln. Deren Gehalt gründet im Verbot des Bildes und in der Gestaltlosigkeit Gottes. Das Verbot fordert die Leistung des sich selbst bewußten Geistes der Aufklärung ein, der sich rückhaltlos, frei und in Unsicherheit selbstkritisch verhalten müsse, da er sonst, so Horkheimer, zur Totalität und zur Instrumentalität, zum Mittel der Herrschaft, regrediere.

In der prominenten Aufnahme des »Bilderverbots« zeigt sich das Potenzial des Judentums, das Horkheimer nach »Auschwitz« zu retten versucht, indem er seine Paradigmen mit den universalistischen Postulaten des Idealismus und der Aufklärung zu begründen versucht. Diese Symbiose – obgleich sie historisch prekär war und bleibt – postuliert er in seiner Notiz »Judentum und westliche Philosophie«:

> Die höchsten Begriffe des Judentums sind Heimweh und Versöhnung – wie bei Hegel. Gerechtigkeit ist sein oberster Wert – wie bei Plato. Die Verpflichtung, das Gesetz zu verwirklichen, wird abgeleitet aus dem Willen, zum Volk zu gehören, das eben durch die Einhaltung der Gesetze konstituiert wird.[16]

Der »Wille«, zum Volk zu gehören, ist eine Reminiszenz an Schopenhauer, dessen »Interesse« durch das »Gesetz« reguliert werde und sich als bindende, vergesellschaftende Stärke erweise. Anders als Hegel besteht Horkheimer darauf, dass sich das Besondere nicht gänzlich im Allgemeinen und das »Wort« als »Geste« nicht im Begriff und im »Bild« aufhebe, sondern in der Praxis des sittlichen Handelns und in der Orientierung an dem »Anderen«, das der Immanenz, gelte. Damit aber knüpft er an die »Jüdische Philosophie«, die eine Beziehung zwischen Judentum und Philosophie postuliert, und die jüdische Religionsphilosophie an: Er schreibt sich in die Tradition der

15 Ebd.
16 Horkheimer, Judentum und westliche Philosophie, in: GS 14, S. 222.

Übersetzung des Judentums in die deutsche Philosophie ein und schreibt diese auch fort. Die Spannungen zwischen »Judentum« und »Philosophie« stellen sich auch bei ihm als wiederkehrende Spannungen zwischen »dem Gott des Aristoteles und dem Gott Abrahams«,[17] zwischen »Vernunft und Offenbarung«,[18] »Immanenz und Transzendenz«,[19] »Sein und Werden«,[20] zwischen »Auge und Ohr«[21] wie »Ethik und Metaphysik« dar.[22]

Das »Bilderverbot«, auf dem Horkheimer auch als anthropologische Komponente insistiert, steht dem Hören näher. Dort, »wo die Symbolik der Religion anzeigen will, dass die Kluft zwischen Gott und Welt überwunden werden soll, verlässt sie markant die Metaphorik des Hörens und greift auf die des Sehens zurück.«[23] Darin besteht das erkenntnis-

17 Vgl. Daniel Krochmalnik: »So ergeben sich drei Modelle des Nebeneinanders von Judentum und Philosophie: das Gegeneinander, im Gegensatz von Athen und Jerusalem (1), das Miteinander, im Zusammenwirken von Schem und Japhet (2) und das Ineinander, in der Gleichsetzung von Tora und Chochma (3)« (Krochmalnik, Was ist Jüdische Philosophie? 2008/09, online unter: https://dkrochmalnik.files.wordpress.com/2008/09/was_ist_juedische_philosophie1.pdf [9. Juni 2022]).

18 Brumlik, Vernunft und Offenbarung, S. 7.

19 Steven Schwarzschild, The Lure of Immanence – The Crisis in Contemporary Religious Thought, in: Menachem Kellner (Hg.), The Pursiut of the Ideal. Jewish Writings of Steven Schwarzschild, New York 1990, S. 61-81, zit. n. Krochmalnik, Was ist Jüdische Philosophie?, S. 1.

20 Thorleif Boman, Das hebräische Denken im Vergleich mit dem griechischen, 7. Aufl., Göttingen 1983, S. 18f., zit. n. Krochmalnik, Was ist Jüdische Philosophie?, S. 1.

21 Yaakov Shavit, Athens in Jerusalem. Classical Antiquity and Hellenism in the Making of the Modern Secular Jew, London 1997, S. 200, zit. n. Krochmalnik, Was ist Jüdische Philosophie?, S. 1. Im Judentum ist das »Hören« religiös bedeutsamer als das »Sehen«. »Ist die Philosophie weitgehend eine optische Veranstaltung, kommt in der Religion, der Offenbarungsreligion zumal, dem Ohr die Schlüsselrolle zu. […] Gott, […], spricht zu den Menschen, redet sie an, mehr oder weniger direkt. […] Was ich höre, bleibt somit immer Teil der fremden Welt. Was ich sehe, ist dagegen immer Teil meiner Welt […]. Daraus erhellt die radikale Verschiedenheit der beiden in den Deutungen durch die Religion und die Philosophie: In letzterer und den Wissenschaften im allgemeinen geht es um Erkenntnis und damit um die Einordnung des Fremden in mein Weltbild, in meine Kategorien; es geht um Aneignung. Der ›Gegenstand‹ soll ›erfasst‹ werden, eingebunden in die Perspektive des Forschers. […] Genau dem entzieht sich der Gott der Offenbarungsreligionen: […] Dieser Gott wird nicht Teil der Welt menschlicher Subjekte und das Bilderverbot mag eine Begründung hierin haben. […] die Transzendenz bleibt im Hören bewahrt, während das Sehen auf ihre Aufhebung drängt« (Peter Kunzmann, Einsichten und taube Ohren. Hören und Sehen in Philosophie und Religion, in: Tá katoptrizómena (2004), 29, online unter: https://www.theomag.de/29/pk1.htm [9. Juni 2022]).

22 Steven Schwarzschild, Modern Jewish Philosophy, in: Arthur A. Cohen u. Paul Mendes-Flohr (Hg.), Contemporary Jewish Religious Thought, New York 1987, S. 629-634, hier S. 629, zit. n. Krochmalnik, Was ist Jüdische Philosophie?, S. 1.

23 Kunzmann, Einsichten und taube Ohren.

theoretische Dilemma: im Übergang von der Ethik zur Ästhetik, die sich historisch affirmativ der Repräsentation zuwendet und die kognitive »Grenze« des »Bilderverbots« aufhebt und dem Sehen – in falscher Erkenntnis – glaubt. Mit der »Grenze« jedoch, d. h. mit der Idee des »Anderen«, ist die Haltung der Kritik auch in der ästhetischen Erfahrung und damit die Hinwendung zur »Sittlichkeit« im Sinne Cohens abgesichert, in der Gerechtigkeit begründet.

In seiner Kritik verwirft Horkheimer nicht nur die Identität von Wirklichkeit und Bild. Er verweigert sich auch der totalen Identität von Wirklichkeit und Begriff. Indem er auch auf der Differenz von »Erscheinung« und »Begriff« besteht, verweist er auf ein »Anderes«, das es zu geben habe und das zu denken sei. Dieses entziehe sich nicht nur dem »Bild«, sondern auch dem Begriff. Dieses Denken verweist jedoch auf das Diesseits und dessen Veränderung. Horkheimer insistierte darauf, dass die Erscheinungen veränderlich seien: Die Wirklichkeit ist wandelbar und damit geschichtlich. Anstatt zu resignieren, ist das Bemühen, die Wirklichkeit durch begriffliches Denken zu erfassen – Horkheimers favorisierte vermittelnde Form –, insofern zumindest aporetisch, wenn nicht sogar idolatrisch, weil es auch identifizierend ist. Denn das, was zum Ausdruck gebracht und benannt werden möchte, muss sich vermittelnd entäußern können und sich damit dem Objektiven hingeben. Auf dieses Dilemma weist Horkheimer im und mit seinem eigenen begrifflichen Denken hin: Es müsse sich dem Positiven entziehen, um sein Potenzial nicht preiszugeben.[24] Damit aber bezieht er sich in seinem philosophischen Gestus auf die jüdische Vorgabe: »Der fromme Jude zögert zum Beispiel, wenn er das Wort ›Gott‹ schreiben soll. Er macht dafür einen Apostroph, weil für ihn Gott das ›Unnennbare‹ ist, weil sich ›Gott‹ nicht einmal in einem Wort darstellen läßt.«[25]

Horkheimers Denken selbst ist dem »Bilderverbot« verpflichtet, von dem er annimmt, dass es darin nicht um Gott gehe, sondern darum, »wie der Mensch ist.«[26] Das ist die philosophische und zugleich existentielle Hinwendung zum Subjekt. Darin ist seine edukative und aufklärerische Intention formuliert. Sein Denken gilt dem ›Dasein‹ und dem Menschen, den er sich als frei und mündig Handelnden wünscht. Um sich am »Bild« bewusst, am Objekt frei, d. h. kritisch verhalten zu können, müsse der Mensch jene Bindung lösen, die die selbsterzeugte Projektion als Illusion begehrt. Diese Aufgabe gilt bis in die Gegenwart.

24 Vgl. Horkheimers Begriff der Philosophie im Allgemeinen in ders.: Zum Begriff des Menschen, S. 79.

25 Horkheimer, Die Sehnsucht nach dem ganz Anderen, S. 387.

26 Ebd.

Bibliografie

1. Werke und Quellen

1.1 Max Horkheimer

Die vorliegende Arbeit bezieht sich zum größten Teil auf die veröffentlichten Schriften Max Horkheimers, die in den von Alfred Schmidt und Gunzelin Schmid Noerr in 19 Bänden herausgegebenen *Gesammelten Schriften* (Frankfurt am Main 1985-1996) vorliegen.

Die bibliografischen Nachweise nennen jeweils die Titelabbreviatur (GS), den Band und die Seitenangaben.

GS 1 = Gesammelte Schriften, Bd. 1: »Aus der Pubertät. Novellen und Tagebuchblätter« 1914-1918, hg. v. Alfred Schmidt, Frankfurt am Main 1988.

GS 2 = Gesammelte Schriften, Bd. 2: Philosophische Frühschriften 1922-1932, hg. v. Gunzelin Schmid Noerr, Frankfurt am Main 1987.

GS 3 = Gesammelte Schriften, Bd. 3: Schriften 1931-1936, hg. v. Alfred Schmidt, Frankfurt am Main 1988.

GS 4 = Gesammelte Schriften, Bd. 4: Schriften 1936-1941, hg. v. Alfred Schmidt, Frankfurt am Main 1988.

GS 5 = Gesammelte Schriften, Bd. 5: »Dialektik der Aufklärung« und Schriften 1940-1950, hg. v. Gunzelin Schmid Noerr, Frankfurt am Main 1987.

GS 6 = Gesammelte Schriften, Bd. 6: »Zur Kritik der instrumentellen Vernunft« und »Notizen 1949-1969«, hg. v. Alfred Schmidt, Frankfurt am Main 1991.

GS 7 = Gesammelte Schriften, Bd. 7: Vorträge und Aufzeichnungen 1949-1973, hg. v. Gunzelin Schmid Noerr, Frankfurt am Main 1985.

GS 8 = Gesammelte Schriften, Bd. 8: Vorträge und Aufzeichnungen 1949-1973, hg. v. Gunzelin Schmid Noerr, Frankfurt am Main 1985.

GS 12 = Gesammelte Schriften, Bd. 12: Nachgelassene Schriften 1931-1949, hg. v. Gunzelin Schmid Noerr, Frankfurt am Main 1985.

GS 14 = Gesammelte Schriften, Bd. 14: Nachgelassene Schriften 1949-1972, hg. v. Gunzelin Schmid Noerr, Frankfurt am Main 1988.

GS 17 = Gesammelte Schriften, Bd. 17: Briefwechsel 1941-1948, hg. v. Gunzelin Schmid Noerr, Frankfurt am Main 1996.

GS 18 = Gesammelte Schriften, Bd. 18: Briefwechsel 1949-1973, hg. v. Gunzelin Schmid Noerr, Frankfurt am Main 1996.

Einzelschriften und Aufsätze

Max Horkheimer, Materialismus und Metaphysik, in: Zeitschrift für Sozialforschung 2 (1933), S. 1-33.

– Zu Theodor Haecker: Der Christ und die Geschichte, in: Zeitschrift für Sozialforschung 5 (1936), S. 372-383.

– Kritische Theorie, hg. v. Alfred Schmidt, Bd. 1, Frankfurt am Main 1968.

– u. Theodor W. Adorno, Dialektik der Aufklärung, Frankfurt am Main 1969.

– u. Theodor W. Adorno, Zur Neuausgabe (1969), in: dies., Dialektik der Aufklärung, Frankfurt am Main 1998, S. 9-10.

– »Porträt eines Aufklärers« (1969), Besuch in Castagnola: Portrait & Gespräch mit Hellmuth Karasek u. Kurt Zimmermann, online unter: https://www.youtube.com/watch?v=npDU_Plntc4 (9. Juni 2022).

– u. Der Spiegel, »Himmel, Ewigkeit und Schönheit«, in: Der Spiegel vom 10. August 1969, online unter: http://www.spiegel.de/spiegel/print/d-45562757.html (6. Juni 2022).

– »Was wir ›Sinn‹ nennen, wird verschwinden«, in: GS 7, S. 345-357 [urspr. in: Der Spiegel vom 5. Januar 1970, online unter: http://www.spiegel.de/spiegel/print/d-45226214.html (9. Juni 2022)].

– Marx heute, in: ders., Gesellschaft im Übergang. Aufsätze, Reden und Vorträge 1942-1970, Frankfurt am Main 1972, S. 152-161.

– Zum Gottesbegriff (New Yorker Notizen, 1945), online unter: http://sammlungen.ub.uni-frankfurt.de/horkheimer/content/titleinfo/6608137, (9. Juni 2022) [Na 1 Nachlass Max Horkheimer, 805 – Verschiedene Essays, Manuskripte, Entwürfe und Notizen u. a. aus dem Umkreis und bzgl. ›Dialektik der Aufklärung‹ (p. XI 6a–XI 16.1-17) 1942-1943, 1-4].

Einige wenige Schriften, auf die sich diese Arbeit bezieht, sind als Digitalisate im Horkheimer-Archiv einsehbar.

1.2 Theodor W. Adorno

Theodor, W. Adorno, Gesammelte Schriften in 20 Bänden, hg. v. Rolf Tiedemann, Frankfurt am Main 1997.

Die bibliografischen Nachweise nennen jeweils die Titelabbreviatur (AGS), den Band und die Seitenangaben.

AGS 4 = Gesammelte Schriften, Bd. 4: Minima Moralia. Reflexionen aus dem beschädigten Leben, hg. v. Rolf Tiedemann, Frankfurt am Main 1997.

AGS 6 = Gesammelte Schriften, Bd. 6: Negative Dialektik. Jargon der Eigentlichkeit, hg. v. Rolf Tiedemann, Frankfurt am Main 1997.

AGS 7 = Gesammelte Schriften, Bd. 7: Ästhetische Theorie, hg. v. Gretel Adorno u. Rolf Tiedemann, Frankfurt am Main 1997.

AGS 8 = Gesammelte Schriften, Bd. 8: Soziologische Schriften I, hg. v. Rolf Tiedemann, Frankfurt am Main 1997.
AGS 9 = Gesammelte Schriften, Bd. 9: Soziologische Schriften II/2, hg. v. Rolf Tiedemann, Frankfurt am Main 1997.
AGS 10/1 = Gesammelte Schriften, Bd. 10/1: Kulturkritik und Gesellschaft I, hg. v. Rolf Tiedemann, Frankfurt am Main 1997.
AGS 10/2 = Gesammelte Schriften, Bd. 10/2: Kulturkritik und Gesellschaft II, hg. v. Rolf Tiedemann, Frankfurt am Main 1997.
AGS 11 = Gesammelte Schriften, Bd. 11: Noten zur Literatur, hg. v. Rolf Tiedemann, Frankfurt am Main 1997.
AGS 16 = Gesammelte Schriften, Bd. 16: Musikalische Schriften I-III, hg. v. Rolf Tiedemann, Frankfurt am Main 1997.
AGS 20/1 = Gesammelte Schriften, Bd. 20/1: Vermischte Schriften I, hg. v. Rolf Tiedemann, Frankfurt am Main 1997.

Einzelschriften und Aufsätze

Theodor W. Adorno, Offener Brief an Max Horkheimer, in: Die Zeit vom 12. Februar 1965.
– Negative Dialektik, Frankfurt am Main 1966.
– Marginalien zu Theorie und Praxis, in: ders., Stichworte. Kritische Modelle 2, Frankfurt am Main 1969, S. 169-191.
– Studien zum autoritären Charakter, Frankfurt am Main 1973.
– Metaphysik. Begriff und Probleme (1965), hg. v. Rolf Tiedemann, Frankfurt am Main 2006.
– u. Max Horkheimer, Briefwechsel 1927-1969, Bd. 1: 1929-1937, hg. v. Christoph Gödde u. Henri Lonitz, Frankfurt am Main 2003.

1.3 Weitere Quellen und Werke

Jean Améry, Über Zwang und Unmöglichkeit, Jude zu sein, in: ders., Jenseits von Schuld und Sühne, München 1966, S. 131-154.
– Der ehrbare Antisemitismus. Die Barrikade vereint mit dem Spießer-Stammtisch gegen den Staat der Juden, in: Die Zeit vom 25. Juli 1969, online unter: http://www.zeit.de/1969/30/der-ehrbare-antisemitismus (9. Juni 2022).
Hannah Arendt, Rahel Varnhagen. Lebensgeschichte einer deutschen Jüdin aus der Romantik (1933 u. 1958), München 1959.
– Die verborgene Tradition. Acht Essays Taschenbuch, Frankfurt am Main 1976.
– Eichmann in Jerusalem. Ein Bericht von der Banalität des Bösen, Hamburg 1978.
Leo Baeck, Werke, Bd. 2: Dieses Volk – Jüdische Existenz, hg. v. Albert H. Friedländer u. Berthold Klappert, Gütersloh 1996.
Walter Benjamin, Das Kunstwerk im Zeitalter seiner technischen Reproduzier-

barkeit, in: ders., Gesammelte Schriften, Bd. 7,1, hg. v. Rolf Tiedemann u. Hermann Schweppenhäuser, Frankfurt am Main 1989, S. 350-384.
– Über den Begriff der Geschichte, These VII, in: ders., Gesammelte Schriften, Bd. 1,2, hg. v. Rolf Tiedemann u. Hermann Schweppenhäuser, Frankfurt am Main 1991, S. 693-703.
– Die Aufgabe des Übersetzers, in: ders., Gesammelte Schriften, Band 4,1, hg. v. Tillman Rexroth, Frankfurt am Main 1991, S. 9-21.
– Goethes Wahlverwandtschaften, in: Gesammelte Schriften 1,11, hg. v. Rolf Tiedemann u. Hermann Schweppenhäuser, Frankfurt am Main 1991, S. 123-202.
Martin Buber, Die Götter der Völker und Gott, in: ders., Werke, Bd. 2, München 1964, S. 1069-1083.
Hermann Cohen, Das Prinzip der Infinitesimal-Methode und seine Geschichte. Ein Kapitel zur Grundlegung der Erkenntniskritik, Berlin 1883.
– Kants Theorie der Erfahrung, Berlin 1885.
– Religion und Zionismus. Ein Wort an meine Kommilitonen jüdischen Glaubens, Krefeld 1916.
– Religion der Vernunft aus den Quellen des Judentums (1919), nach dem Manuskript des Verfassers neu durchgearbeitet und mit einem Nachwort versehen von Bruno Strauß, Berlin 1928.
Norbert Elias, Studien über die Deutschen. Machtkämpfe und Habitusentwicklung im 19. und 20. Jahrhundert, Frankfurt am Main 1989.
– Über den Prozeß der Zivilisation. Soziogenetische und psychogenetische Untersuchungen, Frankfurt am Main 1976.
Sigmund Freud, Studienausgabe, Bd. 9: Fragen der Gesellschaft. Ursprünge der Religion, hg. v. Alexander Mitscherlich et al., Frankfurt am Main 1994.
– Der Witz und seine Beziehung zum Unbewussten, in: ders., Gesammelte Werke, Bd. 6 (1940), hg. v. Anna Freud u. M. v. Marie Bonaparte et al., Frankfurt am Main 1999, S. 5-285.
– Totem und Tabu. Einige Übereinstimmungen im Seelenleben der Wilden und der Neurotiker (1912-1913), in: ders., Studienausgabe, Bd. 9: Fragen der Gesellschaft. Ursprünge der Religion, hg. v. Alexander Mitscherlich et al., Frankfurt am Main 1994, S. 287-444.
– Das Unheimliche (1919), in: ders., Gesammelte Werke, Bd. 12: Werke aus den Jahren 1917-1920, hg. v. Anna Freud et al. u. M. v. Marie Bonaparte, London u. Frankfurt am Main 1999, S. 227-268.
– Massenpsychologie und Ich-Analyse (1921), in: ders., Studienausgabe, Bd. 9: Fragen der Gesellschaft. Ursprünge der Religion, hg. v. Alexander Mitscherlich et al., Frankfurt am Main 1994, S. 61-134.
– Die Zukunft einer Illusion (1927), in: ders., Studienausgabe, Bd. 9: Fragen der Gesellschaft. Ursprünge der Religion, hg. v. Alexander Mitscherlich et al., Frankfurt am Main 1994, S. 135-190.
– Das Unbehagen in der Kultur (1930), in: ders., Studienausgabe, Bd. 9: Fragen der Gesellschaft. Ursprünge der Religion, hg. v. Alexander Mitscherlich et al., Frankfurt am Main 1994, S. 191-270.
– Der Mann Moses und die monotheistische Religion (1939), in: ders., Stu-

dienausgabe, Bd. 9: Fragen der Gesellschaft. Ursprünge der Religion, hg. v. Alexander Mitscherlich et al., Frankfurt am Main 1994, S. 455-567.
Erich Fromm, Ihr werdet sein wie Gott, Hamburg 1980.
– Charakter und Gesellschaftsprozeß, in: ders., Gesamtausgabe, Bd. 1: Analytische Sozialpsychologie, München 1999, S. 379-392.
– Über Methode und Aufgabe einer analytischen Sozialpsychologie. Bemerkungen über Psychoanalyse und historischen Materialismus, in: ders., Gesamtausgabe, Bd. 1: Analytische Sozialpsychologie, München 1999, S. 37-58.
– Die Determiniertheit der psychischen Struktur durch die Gesellschaft (1937), in: Rainer Funk (Hg.), Die Gesellschaft als Gegenstand der Psychoanalyse. Frühe Schriften zur Analytischen Sozialpsychologie, Frankfurt am Main 1993, S. 159-219.
Lion Feuchtwanger, Jud Süß, Berlin 1925.
Julius Guttmann, Die Philosophie des Judentums, Berlin 2000.
Georg Wilhelm Friedrich Hegel, Phänomenologie des Geistes, Stuttgart 1987.
Heinrich Heine, Die Romantische Schule, in: ders., Historisch-kritische Gesamtausgabe der Werke, Bd. 8,1, hg. v. Manfred Windfuhr, Hamburg 1979, S. 121-252.
– Deutschland. Ein Wintermärchen, in: ders., Historisch-kritische Gesamtausgabe der Werke, Bd. 4, hg. v. Manfred Windfuhr, Hamburg 1985, S. 89-159.
– Geständnisse, in: ders., Historisch-kritische Gesamtausgabe der Werke, Bd. 15, hg. v. Manfred Windfuhr, Hamburg 1982, S. 9-58.
Moses Hess, Die letzten Philosophen, Darmstadt 1845.
Aldous Huxley, Brave New World, New York 1932.
Immanuel Kant, Gesammelte Schriften, Bd. 3: Kritik der reinen Vernunft, hg. v. d. Preußischen Akademie der Wissenschaften, Nachdr., Berlin 1962.
– Gesammelte Schriften, Bd. 5: Kritik der Urtheilskraft, hg. v. d. Preußischen Akademie der Wissenschaften, Nachdr., Berlin 1963.
– Gesammelte Schriften, Bd. 6: Metaphysik der Sitten, hg. v. d. Preußischen Akademie der Wissenschaften, Nachdr., Berlin 1961.
– Gesammelte Schriften, Bd. 7: Der Streit der Fakultäten, hg. v. d. Preußischen Akademie der Wissenschaften, Nachdr., Berlin 1968.
– Gesammelte Schriften, Bd. 9: Logik – Physische Geographie – Pädagogik, hg. v. d. Preußischen Akademie der Wissenschaften, Nachdr., Berlin 1962.
Siegfried Kracauer, Das Ornament der Masse. Essays, Frankfurt am Main 1977.
Leo Löwenthal, »Mitmachen wollte ich nie. Ein autobiographisches Gespräch mit Helmut Dubiel«, in: ders., Schriften, Bd. 4: Judaica, Vorträge, Briefe, hg. v. Helmut Dubiel, Frankfurt am Main 1984, S. 271-298.
– »Wir haben nie im Leben diesen Ruhm erwartet« – Gespräch mit Mathias Greffrath, in: ders., Schriften, Bd. 4: Judaica, Vorträge, Briefe, hg. v. Helmut Dubiel, Frankfurt am Main 1984, S. 299-325.
– Hermann Cohen, in: ders., Schriften, Bd. 4: Judaica, Vorträge, Briefe, hg. v. Helmut Dubiel, Frankfurt am Main 1984, S. 44-52.
Herbert Marcuse, Triebstruktur und Gesellschaft. Ein philosophischer Beitrag zu Sigmund Freud, Frankfurt am Main 1965.

– Der eindimensionale Mensch. Studien zur fortgeschrittenen Industriegesellschaft, übers. v. Alfred Schmidt, Neuwied 1967.
– Das Veralten der Psychoanalyse, in: ders., Kultur und Gesellschaft, Bd. 2, Frankfurt am Main 1970, S. 85-106.
Karl Marx, Zur Judenfrage (1843), in: ders. u. Friedrich Engels, Werke, Bd. 1, hg. v. Institut für Marxismus-Leninismus beim ZK der SED, 2. Aufl., Berlin (Ost) 1976, S. 347-377.
– Zur Kritik der Hegelschen Rechtsphilosophie. Einleitung (Paris 1844), in: ders. u. Friedrich Engels, Werke, Bd. 1, hg. v. Institut für Marxismus-Leninismus beim ZK der SED, 2. Aufl., Berlin (Ost) 1976, S. 378-391.
– Der Fetischcharakter der Ware und sein Geheimnis, in: ders. u. Friedrich Engels, Werke, Bd. 23, hg. v. Institut für Marxismus-Leninismus beim ZK der SED, 2. Aufl., Berlin (Ost) 1968, S. 85-98.
– u. Friedrich Engels, Die deutsche Ideologie, in: dies., Werke, Bd. 3, hg. v. Institut für Marxismus-Leninismus beim ZK der SED, 2. Aufl., Berlin (Ost) 1969, S. 5-530.
Friedrich Nietzsche, Also sprach Zarathustra. Kritische Studienausgabe, Bd. 4, hg. v. Giorgio Colli u. Mazzino Montinari, München 1988.
[o. A.], Zur Groß-Chemie, in: Der Spiegel vom 29. November 1970, online unter: https://www.spiegel.de/kultur/zur-gross-chemie-a-e11250ac-0002-0001-0000-000043822680 (6. Juni 2022).
[o. A.], Der Unversehrte, in: Der Spiegel vom 4. Februar 1968, online unter: https://www.spiegel.de/kultur/der-unversehrte-a-31b9458a-0002-0001-0000-000046135584 (6. Juni 2022).
Platon, Gorgias, übers. u. komm. v. Joachim Dalfen, Göttingen 2004.
Helmuth Plessner, Adornos Negative Dialektik. Ihr Thema in Variationen, in: Kant-Studien 61 (1970), 4, S. 507-519.
Theodor Reik, Der eigene und der fremde Gott, Wien 1923.
– Dogma und Zwangsidee. Eine psychoanalytische Studie zur Entwicklung der Religion (1927), Stuttgart 1973.
– Myth and Guilt. The Crime and the Punishment of Mankind, New York 1957.
Gershom Scholem, Von Berlin nach Jerusalem (1977), Frankfurt am Main 1994.
– Juden und Deutsche, in: Christoph Schulte (Hg.), Deutschtum und Judentum. Ein Disput unter Juden aus Deutschland, Leipzig 1993, S. 177-201.
– Briefe, Bd. 2: 1948-1070, hg. v. Thomas Sparr, München 1995.
– Zwischen den Disziplinen, hg. v. Peter Schäfer u. Gary Smith, Frankfurt am Main 1995.
Franz Rosenzweig, »Deutschtum und Judentum«, in: Christoph Schulte (Hg.), Deutschtum und Judentum. Ein Disput unter Juden aus Deutschland, Leipzig 1993, S. 70-78.
Manès Sperber, Mein Judesein, in: Joachim Schlör (Hg.), Wenn ich dein vergesse, Jerusalem. Bilder jüdischen Stadtlebens, Leipzig 1995, S. 8-19.
Jacob Taubes, 1948-1978: Dreissig Jahre Verweigerung, in: ders., Ad Carl Schmitt. Gegenstrebige Fügung, Berlin 1987, S. 65-78.
Paul Tillich, Angst und Erlösung im Protestantismus, in: ders. u. Heinz West-

mann, Gestaltung der Erlösungsidee im Judentum und im Protestantismus, Freiburg im Breisgau 1986, S. 9-32.

Leopold Zunz (Übers.), Die vierundzwanzig Bücher der Heiligen Schrift nach dem masoretischen Text, Berlin 1938 [Reprint Tel Aviv 2008].

2. Sekundärliteratur

Muharrem Açikgöz, Die Permanenz der Kritischen Theorie. Die zweite Generation als zerstrittene Interpretationsgemeinschaft, Münster 2014, online unter: https://ubt.opus.hbz-nrw.de/opus45-ubtr/frontdoor/deliver/index/docId/556/file/Muharrem_AcikgAz._Die_Permanenz_der_Kritischen_Theorie_2012.pdf (9. Juni 2022).

Clemens Albrecht, Die intellektuelle Gründung der Bundesrepublik. Eine Wirkungsgeschichte der Frankfurter Schule, Frankfurt am Main 1999.

Jendris Alwast, Die Anstrengung des Begriffs: Zur programmatischen Humanitäts-Offensive im Diskurshandeln Hegels, in: Hegel-Jahrbuch 1 (2001), S. 20-26.

Götz Aly, Unser Kampf 1968 – ein irritierter Blick zurück, Frankfurt am Main 2008.

Zarin Aschrafi, Der Nahe Osten im Frankfurter Westend. Politische Akteure im Deutungskonflikt (1967-1972), in: Zeithistorische Forschungen 16 (2019), S. 467-494.

Jan Assmann, Monotheismus und Gewalt. Eine Auseinandersetzung mit Rolf Schieders Kritik an »Moses, der Ägypter«, in: Rolf Schieder (Hg.). Die Gewalt des einen Gottes. Die Monotheismus-Debatte zwischen Jan Assmann, Micha Brumlik, Rolf Schieder, Peter Sloterdijk und anderen, Berlin 2014, S. 36-55.

– »Was ist so schlimm an den Bildern?«, in: Hans Joas (Hg.), Die zehn Gebote – ein widersprüchliches Erbe?, Köln 2006, S. 17-32.

– Die Mosaische Unterscheidung in Arnold Schönbergs Oper Moses und Aron, in: Musik & Ästhetik 9 (2005), 33, S. 5-29

Fritz Bamberger, Julius Guttmann – Philosoph des Judentums. Biographische Einführung, in: Julius Guttmann, Die Philosophie des Judentums, Neuaufl., Berlin 2000, S. 7-40.

Ulrich Barth, Die religiöse Selbstdeutung der praktischen Vernunft, in: ders., Gott als Projekt der Vernunft, Tübingen 2005, S. 233-307.

Georges Bataille, Die psychologische Struktur des Faschismus. Die Souveränität, München 1978.

Martin Baumann, Diaspora: Genealogies of Semantics and Transcultural Comparison, in: Numen 47 (2000), 3, S. 313-337.

Hans Belting, Das echte Bild. Bildfragen als Glaubensfragen, 2. Aufl., München 2006.

Schalom Ben-Chorin, Die Problematik jüdischer Theologie, in: ders. u. Verena

Lenzen (Hg.), Lust an der Erkenntnis. Jüdische Theologie im 20. Jahrhundert, München 1988, S. 9-17.

Asher Ben-Natan, Die Chuzpe zu leben. Stationen meines Lebens, Düsseldorf 2003.

Jens Benicke, Von Adorno zu Mao. Über die schlechte Aufhebung der antiautoritären Bewegung, Freiburg im Breisgau 2010.

Nicholas Berg, Relativitätstheorie, in: Dan Diner (Hg.), Enzyklopädie jüdischer Geschichte und Kultur, Bd. 5, Stuttgart u. Weimar 2014, S. 162-168.

Werner Bergmann u. Rainer Erb, Kommunikationslatenz, Moral und öffentliche Meinung. Theoretische Überlegungen zum Antisemitismus in der Bundesrepublik Deutschland, in: Kölner Zeitschrift für Soziologie und Sozialpsychologie, 38 (1986), Heft 2, S. 223-246.

David Biale, Traditionen der Säkularisierung. Jüdisches Denken von den Anfängen bis in die Moderne, Göttingen 2015.

Inka Bertz, Die bildenden Künste, in: Christina von Braun u. Micha Brumlik (Hg.), Handbuch Jüdische Studien, Wien 2018, S. 399-427.

Hartmut Böhme, Fetischismus und Kultur. Eine andere Theorie der Moderne, Hamburg 2006.

Monika Boll, Max Horkheimers zweite Karriere, in: dies. u. Raphael Gross (Hg.), »Ich staune, dass Sie in dieser Luft atmen können«. Jüdische Intellektuelle in Deutschland nach 1945, Frankfurt am Main 2013, S. 345-374.

– u. Raphael Gross, Einleitung, in: dies. (Hg.), »Ich staune, dass Sie in dieser Luft atmen können«. Jüdische Intellektuelle in Deutschland nach 1945, Frankfurt am Main 2013, S. 9-20.

Thorleif Boman, Das hebräische Denken im Vergleich mit dem griechischen, 7. Aufl., Göttingen 1983.

François Boespflug, Wort und Bild, in: Reinhard Hoeps (Hg.), Handbuch der Bildtheologie. Zwischen Zeichen und Präsenz, Bd. 3, Paderborn 2014, S. 263-284.

Daniel Boyarin, Gab es in der griechisch-römischen Epoche ein »Judentum«?, in: Christina von Braun u. Micha Brumlik (Hg.), Handbuch Jüdische Studien, Wien 2018, S. 59-79.

Johannes Brachtendorf, Das Judentum und die Geheimnisse der Vernunft, in: Otfried Höffe (Hg.), Immanuel Kant, Die Religion innerhalb der Grenzen der bloßen Vernunft, Berlin 2011, S. 151-172.

Werner Brede, Nachwort des Herausgebers [zur Erstveröffentlichung der Notizen], in: Max Horkheimer, Gesammelte Schriften, Bd. 6: »Zur Kritik der instrumentellen Vernunft« und »Notizen 1949-1969«, hg. v. Alfred Schmidt, Frankfurt am Main 1991, S. 429-433.

Michael Brenner, Nach dem Holocaust. Juden in Deutschland 1945-1950, München 1995.

– Jüdische Geschichte lesen. Texte der jüdischen Geschichtsschreibung im 19. und 20. Jahrhundert, München 2003.

Stefan Breuer, Horkheimer und Adorno. Differenzen im Paradigmenkern der kritischen Theorie, in: Leviathan 13 (1985), 3, S. 257-375.

– Aspekte totaler Vergesellschaftung, Freiburg im Breisgau 1985.
– Kritische Theorie. Schlüsselbegriffe, Kontroversen, Grenzen, Tübingen 2016.
Henryk M. Broder, Ein glaubensloser Jude. Aus Anlaß des 15. Todestags des Kritikers und Essayisten Jean Améry, in: taz vom 16. Oktober 1993, online unter: http://www.taz.de/!1595836/ (9. Juni 2022).
Micha Brumlik, Jüdische Philosophie – Jüdische Denker oder Denker des Judentums?, Vortrag im Audimax der Universität München am 3. Februar 1993.
– Schrift, Wort und Ikone. Wege aus dem Bilderverbot, Frankfurt am Main 1994.
– Individuelle Erinnerung – kollektive Erinnerung. Psychosoziale Konstitutionsbedingungen des erinnernden Subjekts, in: Hanno Loewy u. Bernhard Moltmann (Hg.), Erlebnis – Gedächtnis – Sinn. Authentische und konstruierte Erinnerung, Frankfurt am Main 1996, S. 31-45.
– Vernunft und Offenbarung. Religionsphilosophische Versuche, Berlin 2001.
– Deutscher Geist und Judenhaß, München 2002.
– Die Welt der Schrift und die Schrift der Welt, in: Daniel Tyradellis u. Michal S. Friedlander (Hg.), 10 + 5 = Gott. Die Macht der Zeichen, Berlin 2004, S. 103-121.
– Kritik des Zionismus, Hamburg 2007.
– Bilderverbot, in: Dan Diner (Hg.), Enzyklopädie jüdischer Geschichte und Kultur, Bd. 1, Stuttgart u. Weimar 2011, S. 338-342.
– Kant und die Tora, in: Reinhard Hiltscher u. Stefan Klingner (Hg.), Kant und die Religion – Religionen und Kant, Hildesheim 2012, S. 105-117.
– Messianisches Licht und Menschenwürde. Politische Theorie aus Quellen jüdischer Tradition, Baden-Baden 2013.
– Respektabel, aber falsch. Peter Sloterdijks Verschärfung von Jan Assmanns »mosaischer Unterscheidung«, in: Rolf Schieder (Hg.), Die Gewalt des einen Gottes. Die Monotheismus-Debatte zwischen Jan Assmann, Micha Brumlik, Rolf Schieder, Peter Sloterdijk und anderen, Berlin 2014, S. 196-217.
– Marxisten und Religionstiroler, in: Jüdische Allgemeine Zeitung vom 5. Juli 2016, online unter: https://www.juedische-allgemeine.de/kultur/marxisten-und-religionstiroler (09. Juni 2022).
– Zionismus/ Antizionismus/Postzionionsmus, in: Christina von Braun u. Micha Brumlik (Hg.), Handbuch Jüdische Studien, Wien 2018, S. 371-384.
Hauke Brunkhorst, Paradigmakern und Theoriedynamik der Kritischen Theorie der Gesellschaft, in: Soziale Welt 3 (1983), S. 22-56.
– Dialektischer Positivismus des Glücks. Max Horkheimers materialistische Dekonstruktion der Philosophie, in: Zeitschrift für philosophische Forschung 39 (1985), 3, S. 353-381.
– Ästhetik als Gesellschaftskritik. Vier Fragen zu Adorno, in: Widerspruch (2004), 41, S. 12-16.
– Die Dialektik der Aufklärung nach siebzig Jahre, in: Gunnar Hindrichs (Hg.), Max Horkheimer/Theodor W. Adorno: Dialektik der Aufklärung, Berlin 2017, S. 179-197.
Rüdiger Bubner, Kann Theorie ästhetisch werden? Zum Hauptmotiv der Philo-

sophie Adornos, in: Burkhardt Lindner u. W. Martin Lüdke (Hg), Materialien zur Ästhetischen Theorie. Theodor W. Adornos Konstruktion der Moderne, Königstein 1984, S. 108-137.

René Buchholz, Zwischen Mythos und Bilderverbot. Die Philosophie Adornos als Anstoß zu einer kritischen Fundamentaltheologie im Kontext der späten Moderne, Frankfurt am Main 1991.

– Messianismus und Inkarnation. Probleme der Christologie, aktual. Fassung, Bonn 2020, online unter: https://www.academia.edu/27236673/Messianismus_und_Inkarnation_Probleme_der_Christologie_Lecture_summer_term_2016_Bonn_University_updated_June2020 (6. Juni 2022).

Susan Buck-Morss, The Origins of Negative Dialectics. Th. W. Adorno, W. Benjamin, and the Frankfurt Institute, New York 1977.

Manfred Buhr, Vernünftige Geschichte. Zum Denken über Geschichte in der klassischen deutschen Philosophie, Berlin 1986.

Herbert Burda u. Christa Maar, Die neue Macht der Bilder, Köln 2004.

Hotimir Burger, Anthropologie als Anhaltspunkt der Kritischen Theorie, in: Axel Honneth u. Albrecht Wellmer (Hg.), Die Frankfurter Schule und die Folgen, Berlin 1986, S. 179-192.

Detlev Claussen, Grenzen der Aufklärung. Zur gesellschaftlichen Geschichte des modernen Antisemitismus, Frankfurt am Main 1987.

– Adorno. Ein letztes Genie, Frankfurt am Main 2003.

– Grenzen der Aufklärung. Die gesellschaftliche Genese des modernen Antisemitismus, erw. Neuausg., Frankfurt am Main 2005.

– Das Veralten der Kritischen Theorie. Vortrag in Madrid am 5. November 2010, online unter: http://www.setcrit.net/wp-content/uploads/2010/11/DClaussen-Das-Veralten-der-KT3.pdf (9. Juni 2022).

– Im lebensgeschichtlichen Gestrüpp. Rolf Wiggershaus charakterisiert Leben und Werk Max Horkheimers – und verpasst das Wesentliche, in: Süddeutsche Zeitung vom 28. Dezember 2013.

Robin Cohen, Global Diasporas. An Introduction, Seattle 1997.

Michael Conradt, Der Schlüssel der Metaphysik. Zum Begriff rationaler Hoffnung in Kants kritischer Moral, Tübingen 1999.

Faustina Oncina Coves, Begriffsgeschichte als Ideologie – Kritik bei Reinhart Koselleck, in: Forum interdisziplinäre Begriffsgeschichte 5 (2016), 2, S. 42-53.

Helmut Dahmer, Pseudonatur und Kritik. Freud, Marx und die Gegenwart, Frankfurt am Main 1994.

Hans-Joachim Dahms, Positivismusstreit. Die Auseinandersetzungen der Frankfurter Schule mit dem logischen Positivismus, dem amerikanischen Pragmatismus und dem Kritischen Rationalismus, Frankfurt am Main 1994.

Christian Danz u. Werner Schüßler, Paul Tillich im Exil, Berlin 2017.

Adrian Daub, Neukantianismus, in: Dan Diner (Hg.), Enzyklopädie jüdischer Geschichte und Kultur, Bd. 4, Stuttgart u. Weimar 2013, S. 346-350.

Georg Denzler u. Volker Fabricius, Christen und Nationalsozialisten. Darstellung und Dokumente, Frankfurt am Main 1993.

Alex Demirović, Der nonkonformistische Intellektuelle. Die Entwicklung der Kritischen Theorie zur Frankfurter Schule, Frankfurt am Main 1999.

Michael Deneken, Theophanie, Christophanie und Epiphanie des Gekreuzigten – Elemente theologischer Reflexion, in: Reinhard Hoeps (Hg.), Handbuch der Bildtheologie, Bd. 3, Paderborn 2014, S. 80-100.

Astrid Deuber-Mankowsky, Der frühe Walter Benjamin und Hermann Cohen: Jüdische Werte, Kritische Philosophie und vergängliche Erfahrung, Berlin 2000.

– Repräsentationskritik und Bilderverbot, in: Textual Reasoning (2000), [Mai], online unter: http://www.bu.edu/mzank/tr-deutsch/archiv/Bilderverbot.html (6. Juni 2022).

Georges Didi-Huberman, Was wir sehen blickt uns an. Zur Metapsychologie des Bildes, München 1999.

– Bilder trotz allem, München 2007.

Dan Diner, Von Universellem und Partikularem: Max Horkheimer, in: Rainer Erd et al. (Hg.), Kritische Theorie der Kultur, Frankfurt am Main 1987, S. 270-280.

– Aporie der Vernunft. Horkheimers Überlegungen zu Antisemitismus und Massenvernichtung, in: ders. (Hg.), Zivilisationsbruch. Denken nach Auschwitz, Frankfurt am Main 1988, S. 30-53.

– Feindbild Amerika. Über die Beständigkeit eines Ressentiments, München 2002.

– Die versiegelte Zeit. Über den Stillstand in der islamischen Welt, Berlin 2010.

– Vorwort, in: Doron Mendels u. Arye Edrei, Zweierlei Diaspora. Zur Spaltung der antiken jüdischen Welt, Göttingen 2010, S. 7 f.

– Einleitung, in: ders. (Hg.), Enzyklopädie jüdischer Geschichte und Kultur, Bd. 1, Stuttgart u. Weimar 2011, S. 6-18.

Christoph Dohmen, Das Bilderverbot. Seine Entstehung und seine Entwicklung im Alten Testament, Bonn 1985.

Pascal Eitler, »Gott ist tot – Gott ist rot«. Max Horkheimer und die Politisierung der Religion um 1968, Frankfurt am Main 2009.

Ulrich Enderwitz, Was ist Ideologie? Zur Ökonomie bürgerlichen Denkens, Münster 2005.

Ulrich Erckenbrecht, Das Geheimnis des Fetischismus. Grundmotive der Marxschen Erkenntniskritik, Frankfurt am Main 1976.

Hans Erler, Statt eines Nachwortes: »Dieses Volk«. Die Erwählung Israels und die zentrale Paradoxie des Judentums, in: Hans Erler (Hg.), Erinnern und Verzeihen. Der Völkermord an den Juden im politischen Gedächtnis der Deutschen, Frankfurt am Main 2003, S. 329-340.

Emil Ludwig Fackenheim, God's Presence in History, New York 1970.

Liliana Ruth Feierstein, Diaspora, in: Christina von Braun u. Micha Brumlik (Hg.), Handbuch Jüdische Studien, Wien 2018, S. 99-109.

Tobias Freimüller, Frankfurt und die Juden. Neuanfänge und Fremdheitserfahrungen 1945-1960, Göttingen 2020.

Joseph Früchtl, Mimesis. Konstellation eines Zentralbegriffs bei Adorno, Würzburg 1986.

Gunter Gebauer u. Christoph Wulf, Mimesis. Kultur – Kunst – Gesellschaft, 2. Aufl., Hamburg 1998.

Eike Geisel, Die Wiedergutwerdung der Deutschen. Essays und Polemiken, hg. v. Klaus Bittermann, Berlin 2015.

Carl-Friedrich Geyer, Kritische Theorie. Max Horkheimer und Theodor W. Adorno, München 1982.

Ingrid Gilcher-Holtey, Krach in der Familie. Die Proteste von 1967/68 lösten Streit unter ihren eigenen Vordenkern aus, in: Die Zeit vom 20. Juni 1997, online unter: https://www.zeit.de/1997/26/Krach_in_der_Familie (9. Juni 2022).

Christoph Glimpel, Braucht der Gottesgedanke die Moral? Überlegungen zur Eigenständigkeit des Gottesgedankens in kritischer Auseinandersetzung mit Kants Verhältnisbestimmung von Moral und Gottesgedanke, in: Reinhard Hiltscher u. Stefan Klingner (Hg.), Kant und die Religion – Religionen und Kant, Hildesheim 2012, S. 41-58.

Andreas Gotzmann, Dina de-malkhuta dina, in: Dan Diner (Hg.), Enzyklopädie jüdischer Geschichte und Kultur, Bd. 2, Stuttgart u. Weimar 2012, S. 138-143.

Walter Grab, Der deutsche Weg der Judenemanzipation 1789-1938, München 1991.

Walter Grab u. Uwe Friesel, Noch ist Deutschland nicht verloren. Eine historisch-politische Analyse unterdrückter Lyrik von der Französischen Revolution bis zur Reichsgründung, München 1970.

Claudia Graband, Habitus, in: Marcus Willaschek, Jürgen Stolzenberg, Georg Mohr, Stefano Bacin (Hg.), Kant-Lexikon, Berlin 2021, S. 987.

Karl Erich Grözinger, Jüdisches Denken. Theologie, Philosophie, Mystik, Bd. 1, Frankfurt am Main 2004.

– Jüdisches Denken. Theologie, Philosophie, Mystik, Bd. 5, Frankfurt am Main 2019.

Béla Grunberger u. Pierre Dessuant, Narzissmus, Christentum, Antisemitismus. Eine psychoanalytische Studie, Stuttgart 2000.

Joachim Güntner, Wie tief sitzt der linke Antisemitismus?, in: Neue Zürcher Zeitung vom 26. Oktober 2005, online unter: https://www.nzz.ch/article-D8IKF-1.179471 (9. Juni 2022).

Oliver Guez, Heimkehr der Unerwünschten. Eine Geschichte der Juden in Deutschland nach 1945, München 2011.

Helmut Gumnior u. Rolf Ringguth, Max Horkheimer mit Selbstzeugnissen und Bilddokumenten, Hamburg 1988.

Jürgen Habermas, Der deutsche Idealismus der jüdischen Philosophen, in: Thilo Koch (Hg.), Porträts zur deutsch-jüdischen Geistesgeschichte, Köln 1961, S. 107-137.

– Der philosophische Diskurs der Moderne. Zwölf Vorlesungen, 4. Aufl., Frankfurt am Main 1993.

– Die Verschlingung von Mythos und Aufklärung: Horkheimer und Adorno, in: ders., Der philosophische Diskurs der Moderne. Zwölf Vorlesungen, 4. Aufl., Frankfurt am Main 1993, S. 130-157

– Drei Thesen zur Wirkungsgeschichte der Frankfurter Schule, in: Axel Honneth u. Albrecht Wellmer (Hg.), Die Frankfurter Schule und ihre Folgen, Berlin 1986, S. 8-12.
– Bemerkungen zur Entwicklungsgeschichte des Horkheimerschen Werkes, in: Alfred Schmidt u. Norbert Altwicker (Hg.), Max Horkheimer heute: Werk und Wirkung, Frankfurt am Main 1986, S. 163-177.
– Nachmetaphysisches Denken. Philosophische Aufsätze, Frankfurt am Main 1992.
– Max Horkheimer: Zur Entwicklungsgeschichte seines Werkes, in: ders., Texte und Kontexte, Frankfurt am Main 1992, S. 91-109.
– Was bedeutet »Aufarbeitung der Vergangenheit heute?«, in: Die Zeit vom 3. April 1992, online unter: https://www.zeit.de/1992/15/bemerkungen-zu-einer-verworrenen-diskussion/komplettansicht (9. Juni 2022).
– Dialektik der Rationalisierung, in: ders., Die neue Unübersichtlichkeit, Frankfurt am Main 1996, S. 167-208.
– Glauben und Wissen, Frankfurt am Main 2001.
– Die Zeit hatte einen doppelten Boden. Der Philosoph Theodor W. Adorno in den fünfziger Jahren, in: Die Zeit vom 4. September 2003, online unter: https://www.zeit.de/2003/37/Habermas_2fAdorno (9. Juni 2022).
– Freiheit und Determinismus, in: Deutsche Zeitschrift für Philosophie 52 (2004), 6, S. 871-890.
– Die Grenze zwischen Glauben und Wissen. Zur Wirkungsgeschichte und aktuellen Bedeutung von Kants Religionsphilosophie, in: ders., Zwischen Naturalismus und Religion. Philosophische Aufsätze, Frankfurt am Main 2005, S. 216-257.
– Zwischen Naturalismus und Religion. Philosophische Aufsätze, Frankfurt am Main 2005.
Jens Hacke, Philosophie der Bürgerlichkeit. Die liberalkonservative Begründung der Bundesrepublik, Göttingen 2006.
Martin Hailer, Religionsphilosophie, Göttingen 2014.
Alois Halbmayr, Lob der Vielheit. Zur Kritik Odo Marquards am Monotheismus, Salzburg 2000.
Maurice Halbwachs, Das kollektive Gedächtnis, Frankfurt am Main 1985.
Andreas Hansert, Schopenhauer im 20. Jahrhundert. Geschichte der Schopenhauer-Gesellschaft, Wien 2010.
Bernd Heidenreich, Sönke Neitzel (Hg.), Medien im Nationalsozialismus, Paderborn 2010.
Michel Henry, Inkarnation. Eine Philosophie des Fleisches, München 2014.
William Hiscott, Saul Ascher. Berliner Aufklärer, hg. v. Christoph Schulte u. Marie Ch. Behrendt, Hannover 2017.
Wolfram Hogrebe, Sehnsucht und Erkenntnis, Antrittsvorlesung an der Friedrich-Schiller-Universität Jena am 11. November 1993, Erlangen u. Jena 1994.
Otfried Höffe, Einführung in Kants Religionsschrift, in: ders. (Hg.), Immanuel Kant, Die Religion innerhalb der Grenzen der bloßen Vernunft, Berlin 2011, S. 1-28.

Erich Hofacker, Volkscharakter und Märchendeutung, in: Monatshefte für Deutschen Unterricht 22 (1930), 3, S. 72-75.

Reinhard Hoeps (Hg.), Handbuch der Bildtheologie, 4 Bde., Paderborn 2007-2021.

– Einleitung, in: ders. (Hg.), Handbuch der Bildtheologie, Bd. 1, Paderborn 2007, S. 7-23.

Axel Honneth, Kritik der Macht. Reflexionsstufen einer kritischen Gesellschaftstheorie, Frankfurt am Main 1989.

Detlev Horster, Die Aporie individuelle vs. allgemeine Interessen oder Bedürfnisse und ihre Behandlung bei Aristoteles, in: Alfred Schöpf (Hg.), Bedürfnis, Wunsch, Begehren. Probleme einer philosophischen Sozialanthropologie, Würzburg 1987, S. 83-98.

Rolf-Peter Horstmann, Hegel über Unendlichkeit, Substanz, Subjekt. Eine Fallstudie zur Rolle der Logik in Hegels System, in: Internationales Jahrbuch des Deutschen Idealismus 1 (2003), S. 183-200, online unter: https://www.philosophie.hu-berlin.de/de/lehrbereiche/idealismus/mitarbeiter1/horstmann/texte/hegelunendlichkeit.pdf (9. Juni 2022).

Peter Imbusch, Moderne und Gewalt. Zivilisationstheoretische Perspektiven auf das 20. Jahrhundert, Wiesbaden 2005.

Edmond Jabès, Der vorbestimmte Weg, Berlin 1993.

Jack Jacobs, The Frankfurt School, Jewish Lives and Antisemitism, New York 2015.

Lorenz Jäger, Walter Benjamin. Das Leben eines Unvollendeten, Berlin 2017.

Martin Jay, Dialektische Phantasie. Die Geschichte der Frankfurter Schule und des Instituts für Sozialforschung 1923-1950, Frankfurt am Main 1976.

Martin Jay u. Ute Frevert, Frankfurter Schule und das Judentum. Die Antisemitismusanalyse der Kritischen Theorie, in: Geschichte und Gesellschaft 5 (1979), 4, S. 439-454.

Grit Jilek, Nation ohne Territorium. Über die Organisierung der jüdischen Diaspora bei Simon Dubnow, Baden-Baden 2013.

Jun-Ho Won, Hegels Begriff der politischen Gesinnung. Zutrauen, Patriotismus und Vertrauen, Würzburg 2002.

Daniel Keller, Der Begriff des höchsten Guts bei Immanuel Kant. Theologische Deutungen, Paderborn 2008.

Hans-Klaus Keul, Kritik der emanzipatorischen Vernunft. Zum Aufklärungsbegriff der Kritischen Theorie, Frankfurt am Main 1997.

Christine Kirchhoff, Anpassung und Unvernunft. Die Bedeutung der Lebensnot bei Freud und Adorno, in: Christine Kirchhoff u. Falko Schmieder (Hg.), Freud und Adorno. Zur Urgeschichte der Moderne, Berlin 2014, S. 51-62.

Christine Kirchhoff u. Falko Schmieder (Hg.), Freud und Adorno. Zur Urgeschichte der Moderne, Berlin 2014.

Heiner F. Klemme, Immanuel Kant, Frankfurt am Main 2004.

Martin Kloke, Israel und die deutsche Linke. Zur Geschichte eines schwierigen Verhältnisses, Frankfurt am Main 1990.

Gertrud Koch, Bilderpolitik im Ausgang des monotheistischen Bilderverbots und die Begründung einer politischen Ästhetik, in: Babylon (2010), 23, S. 44-54.

Harald Köhl, Kants Gesinnungsethik, Berlin 1990.

Helmut König, Elemente des Antisemitismus. Kommentare und Interpretationen zu einem Kapitel der Dialektik der Aufklärung von Max Horkheimer und Theodor W. Adorno, Weilerswist 2016.

Karl Korn, Sprache in der verwalteten Welt, München 1962.

Reinhart Koselleck, Vergangene Zukunft. Zur Semantik geschichtlicher Zeiten, Frankfurt am Main 1979.

Hans-Jürgen Krahl, Konstitution und Klassenkampf. Schriften und Reden 1966-1970, 4. Aufl., Frankfurt am Main 1985.

Peter Krause, Der Eichmann-Prozeß in der deutschen Presse, Frankfurt am Main 2002.

Wolfgang Kraushaar (Hg.), Frankfurter Schule und Studentenbewegung. Von der Flaschenpost zum Molotowcocktail 1946-1995, 3 Bde., Hamburg 2003.

– Die Bombe im jüdischen Gemeindehaus, Hamburg 2005.

Klaus Kremer, Metaphysik und Theologie zur Einleitung, in: ders. (Hg.), Metaphysik und Theologie, Leiden 1980, S. 1-11.

Matthias Krings, Diaspora: historische Erfahrung oder wissenschaftliches Konzept? Zur Konjunktur eines Begriffs in den Sozialwissenschaften, in: Paideuma 49 (2003), S. 137-156.

Daniel Krochmalnik, Amalek. Gedenken und Vernichtung in der jüdischen Tradition, in: Hanno Loewy, Bernhard Moltmann (Hg.), Erlebnis – Gedächtnis – Sinn. Authentische und konstruierte Erinnerung, Wissenschaftliche Reihe des Fritz Bauer Instituts, Band 3, Frankfurt am Main 1996, S. 121-136.

– Was ist Jüdische Philosophie?, 2008/09, online unter: https://dkrochmalnik.files.wordpress.com/2008/09/was_ist_juedische_philosophie1.pdf (9. Juni 2022).

Peter Krumme, Zur Konzeption der dialektischen Bilder, in: Text + Kritik (1971), Walter Benjamin, 31/32, S. 72-80.

Joseph A. Kruse, Bernd Witte u. Karin Füllner (Hg.), Aufklärung und Skepsis. Internationaler Heine-Kongreß 1997 zum 200. Geburtstag, Stuttgart 1997.

Wolfgang Kruse, Das deutsche Kaiserreich, Bonn 2012, online unter: http://www.bpb.de/geschichte/deutsche-geschichte/kaiserreich/138915/nation-und-nationalismus (9. Juni 2022).

Markus Küppers, Heinrich Heines Arbeit am Mythos, Münster 1994.

Cilly Kugelmann, Die Auslegung ist das Ziel. Überlegungen zum Konzept der Vermischung, in: Michal Friedlander u. Cilly Kugelmann (Hg.), Kosher & Co. Über Essen und Religion, Berlin 2009, S. 34-41.

Peter Kunzmann, Einsichten und taube Ohren. Hören und Sehen in Philosophie und Religion, in: Tá katoptrizómena (2004), 29, online unter: https://www.theomag.de/29/pk1.htm (9. Juni 2022).

Yael Kupferberg, Dimensionen des Witzes um Heinrich Heine. Zur Säkularisation der poetischen Sprache, Würzburg 2011.

– Moses und Aron – Gedanke und Wort in der musikalischen Rezeption Arnold Schönbergs, in: Ulrike Schneider, Helga Völkening u. Daniel Vorpahl (Hg.),

Zwischen Ideal und Ambivalenz. Geschwisterbeziehungen in ihren soziokulturellen Kontexten, Frankfurt am Main 2015, S. 239-252.
– »Jetzt aber sollten die Menschen begreifen« – Max Horkheimer und der Erste Weltkrieg, in: Hans Richard Brittacher u. Irmela von der Lühe (Hg.), Kriegstaumel und Pazifismus. Jüdische Intellektuelle im Ersten Weltkrieg, Frankfurt am Main 2016, S. 223-236.
– »Zum Naturverständnis des Judentums«, hg. v. Grünberlin GmbH, Berlin 2018 (Handreichung für einen Gestaltungswettbewerb zum »Jüdischen Garten in den Gärten der Welt Berlin Marzahn-Hellersdorf«), online unter: https://www.gaertenderwelt.de/fileadmin/images/PDFs_Veranstaltungen/Kupferberg_Naturverstaendnis_des_Judentums.pdf (9. Juni 2022).
– Reflexionen zum Begriff der Identität, in: Dokumentation [epd] (2019), 12, S. 16-19, online unter: https://www.eaberlin.de/nachlese/dokumentationen/2019-12-epd-identitaet/2019-12-epd-identitaet.pdf (9. Juni 2022).
– Antisemitismus in Deutschland – Kontinuität oder Zeitenwende? in: Zentralrat der Juden in Deutschland (Hg.), »Du Jude« – Antisemitismus-Studien und ihre Konsequenzen, Leipzig 2020, S. 35-46.
– Bild, Bilderverbot und Idolatrie, in: Andree Michaelis-König u. Kerstin Schoor (Hg.), Kulturelle Standorte jüdischer Existenz, Berlin 2021, S. 87-101.
– Erinnern und Eingedenken als jüdische Praxis, in: Christian Wiese, Gury Schneider-Ludorff u. Doron Kiesel (Hg.): Die Zukunft der Erinnerung, Berlin 2021, S. 119-132.
– Erfahrungen am Bild. Essayistische Überlegungen zur bildhaften Aneignung im sakralen Raum, in: Evangelische Akademie zu Berlin, Christian Staffa (Hg.), Bilderverbot? Zum Umgang mit antisemitischen Bildern an und in Kirchen, epd-Dokumentation, Nr. 27-28, Frankfurt am Main 2022, S. 49-51.
Marita Krauss, Heimkehr in ein fremdes Land. Geschichte der Remigration nach 1945, München 2021.
Georges Labicia, Gérard Bensussan u. Wolfgang Fritz Haug (Hg.), Kritisches Wörterbuch des Marxismus, Bd. 6, Berlin (West) 1985.
Karl Lehmann, »Er wurde für uns gekreuzigt.« Eine Skizze zur Neubesinnung in der Soteriologie, in: Theologische Quartalschrift 162 (1982), 4, S. 298-317.
Andreas Lehr, Kleine Formen. Konstellation/Konfiguration, Montage und Essay bei Theodor W. Adorno und Walter Benjamin und anderen, Norderstedt 2003.
Philipp Lenhard, Friedrich Pollock. Die graue Eminenz der Frankfurter Schule, Berlin 2019.
Rochus Leonhardt, Skeptizismus und Protestantismus. Der philosophische Ansatz Odo Marquards als Herausforderung an die evangelische Theologie, Tübingen 2003.
Ulf Liedke, Naturgeschichte und Religion. Eine theologische Studie zum Religionsbegriff in der Philosophie Theodor W. Adornos, Berlin 1997.
Gesche Linde, Allem Wirklichen liegt das Mögliche voraus. Über Religion und Theologie nach der Aufklärung, in: Forschung Frankfurt 24, (2006), 4, S. 39-44, online unter: http://publikationen.ub.uni-frankfurt.de/files/6388/39_44_Allem_Wirklichen_liegt_das_Moegliche_voraus.pdf (9. Juni 2022).

Hanno Loewy u. Bernhard Moltmann (Hg.), Erlebnis – Gedächtnis – Sinn. Authentische und konstruierte Erinnerung, Frankfurt am Main 1996.

Michael Löwy, Erlösung und Utopie, Jüdischer Messianismus und libertäres Denken, Berlin 1997.

Konrad Lotter, Judentum und Philosophie. Stichpunkte und Grenzziehungen, in: Widerspruch (2001), 37, S. 9-25, online unter: https://docplayer.org/107916372-Widerspruch-juedisches-denken-juedische-philosophie.html (9. Juni 2022).

Hermann Lübbe, Säkularisierung. Geschichte eines ideenpolitischen Begriffs, Freiburg im Breisgau 2003.

Irmela von der Lühe, Axel Schildt u. Stefanie Schüler-Springorum (Hg.), »Auch in Deutschland waren wir nicht wirklich zu Hause«. Jüdische Remigration nach 1945, Göttingen 2008.

Kurt Lüthi, Moderne Malerei, in: ders., Kurt Marti u. Kurt von Fischer (Hg.), Moderne Literatur, Malerei und Musik. Drei Entwürfe zu einer Begegnung zwischen Glaube und Kunst, Zürich 1963, S. 169-332.

Matthias Lutz-Bachmann, Humanität und Religion. Zu Max Horkheimers Deutung des Christentums, in: Alfred Schmidt u. Norbert Altwicker (Hg.), Max Horkheimer heute. Werk und Wirkung, Frankfurt am Main 1986, S. 108-128.

Niklaas Machunsky, Dialektik der Resistenzkraft. Über die Ungleichzeitigkeit der Utopie, in: Prodomo (2014), 18, S. 33-39.

Joseph Maier, Jüdisches Erbe aus deutschem Geist, in: Alfred Schmidt u. Norbert Altwicker (Hg.), Max Horkheimer heute. Werk und Wirkung, Frankfurt am Main 1986, S. 146-162.

Maimon Maòr, Max Horkheimer, Berlin 1981.

Avishai Margalit, Ethik der Erinnerung, Frankfurt am Main 2000.

Odo Marquard, Transzendentaler Idealismus – Romantische Naturphilosophie – Psychoanalyse, Köln 1987.

Paul Mendes-Flohr, Philosophie, in: Dan Diner (Hg.), Enzyklopädie jüdischer Geschichte und Kultur, Bd. 4, Stuttgart u. Weimar 2013, S. 532-542.

Peter Mennicken, Für ein ABC des Menschlichen. Menschenbild und Universalethos bei Thomas Mann, Mainz 2002.

Andreas Mertin, Zeitgenössische Kunst und Bilderverbot. Das Beispiel der documenta, in: Bernd Schröder, Harry Harun Behr u. Daniel Krochmalnik (Hg.), »Du sollst dir kein Bildnis machen …« Bildverbot und Bilddidaktik im jüdischen, christlichen und islamischen Religionsunterricht, Berlin 2013, S. 151-163.

– Idolatrie, in: Tá katoptrizómena (2010), 63, online unter: https://www.theomag.de/63/am306.htm (9. Juni 2022).

Michael A. Meyer, Antwort auf die Moderne. Geschichte der Reformbewegung im Judentum, Wien 2000.

Christoph Miething, Hermann Cohen. Kantische Vernunft und Jüdisches Selbstbewusstsein, in: Hans Otto Horch u. Charlotte Wardi (Hg.), Jüdische Selbstwahrnehmung, Tübingen 1997, S. 217-229.

Stéphane Mosès, Eros und Gesetz. Zehn Lektüren der Bibel, München 2004.
George L. Mosse, Jüdische Intellektuelle in Deutschland. Zwischen Religion und Nationalismus, Frankfurt am Main 1992.
Carsten Müller, Gesten des Erinnerns. Die sprachtheoretischen Motive Adornos, Frankfurt am Main 2004, online unter: https://d-nb.info/972555463/34 (9. Juni 2022).
Stefan Müller-Dohm, Der Essay als Form, in: Axel Honneth (Hg.), Schlüsseltexte der Kritischen Theorie, Wiesbaden 2006, S. 43-45.
Walther Müller-Jentsch, Zum Kunstverständnis der Kritischen Theorie, w/k – Zwischen Wissenschaft & Kunst, 2019, online unter: https://wissenschaft-kunst.de/zum-kunstverstaendnis-der-kritischen-theorie/ (1. Juni 2022).
Christoph Münz, Erinnerung im jüdischen Kontext. Der Welt ein Gedächtnis geben, in: Hanno Loewy u. Bernhard Moltmann (Hg.), Erlebnis – Gedächtnis – Sinn. Authentische und konstruierte Erinnerung, Frankfurt am Main 1996, S. 137-163.
Frederek Musall, Herausgeforderte Identität. Kontextwandel am Beispiel von Moses Maimonides und Hasdai Crescas, Heidelberg 2008.
– Philosophie und Religion – ein spannungsreiches Verhältnis?, in: Zentralrat der Juden in Deutschland (Hg.), Perspektiven jüdischer Bildung. Diskurse – Erkenntnisse – Positionen, Berlin 2017, S. 47-53.
Shlomo Na'aman, Moses Heß, in: Edmund Jacoby (Hg.), Lexikon linker Leitfiguren, Frankfurt am Main 1989, S. 174-176.
Clemens Nachtmann, Freiheitsbewegung und autoritärer Staat. Die Rezeption der Kritischen Theorie in der deutschen Studentenbewegung, in: Stefan Grigat (Hg.), Feindaufklärung und Reeducation. Kritische Theorie gegen Postnazismus und Islamismus, Freiburg im Breisgau 2006, S. 33-54.
Herta Nagl-Docekal, Nach einer erneuten Lektüre: Max Horkheimer, Die Sehnsucht nach dem ganz Anderen, in: Deutsche Zeitschrift für Philosophie 68 (2020), 5, S. 659-688, online unter: https://doi.org/10.1515/dzph-2020-0046 (9. Juni 2022).
David Nirenberg, Anti-Judaismus. Eine andere Geschichte des westlichen Denkens, München 2015.
[o. A.], Was die 1968ger lasen. 15 Bücher, in: Widerspruch 27 (2008), 48, S. 24-29.
Alessandro Pinzani, Jürgen Habermas, München 2007.
Amos Oz u. Fania Oz-Salzberger, Juden und Worte, 2. Aufl., Berlin 2013.
Detlef Pollack, Säkularisierung – ein moderner Mythos? Studien zum religiösen Wandel in Deutschland, Tübingen 2003.
Werner Probst, Kritische Theorie, München 1971.
Anson Rabinbach, Israel, die Diaspora und das Bilderverbot in der Kritischen Theorie, in: Monika Boll u. Raphael Gross (Hg.), Die Frankfurter Schule und Frankfurt. Eine Rückkehr nach Deutschland, Göttingen 2009, S. 252-263.
– Why Were the Jews Sacrificed? The Place of Anti-Semitism in Dialectic of Enlightenment, in: New German Critique, 81, (2000), S. 49-64.
Alfons Reckermann, Die ›Schuld‹ der Form und Möglichkeiten zu ihrer Kom-

pensation. Überlegungen zur Kritik der Rationalität bei Horkheimer und Adorno, in: Zeitschrift für philosophische Forschung 42 (1988), 3, S. 417-432.

Ursula Reitemeyer, Das Verhältnis der Kritischen Theorie zur Philosophie Kants, in: Ľubomír Belás u. Eugen Andreanský (Hg.), Acta facultatis philosophicae universitatis Prešoviensis. 9. kantovský vedecký zborník, Prešov 2012, S. 145-157, online unter: https://www.uni-muenster.de/imperia/md/content/ew/forschung/feuerbach/das_verh__ltnis_der_kritischen_theorie_zur_philosophie_kants.pdf (9. Juni 2022).

Lars Rensmann, Kritische Theorie über den Antisemitismus: Studien zu Struktur, Erklärungspotential und Aktualität, Berlin 1998.

Wiebrecht Ries, »Die Rettung des Hoffnungslosen«. Zur »theologia occulta« in der Spätphilosophie Horkheimers und Adornos, in: Zeitschrift für philosophische Forschung 30 (1976), 1, S. 69-81.

Joachim Ritter, Karlfried Gründer u. Gottfried Gabriel (Hg.), Historisches Wörterbuch der Philosophie, Bd. 9, Basel 1995.

Wolfgang Röd, Dialektische Philosophie der Neuzeit, München 1986.

Zvi Rosen, Max Horkheimer, München 1995.

– Max Horkheimer. Über die gesellschaftliche Rolle des Judaismus, in: Mitteilungen des Instituts für Sozialforschung 8 (1997), S. 89-116.

Davide Ruggieri, Ein unveröffentlichter Brief von Max Horkheimer an Sigmund Freud, in: Soziologie 41 (2012), 3, S. 289-292.

Ulrich Ruschig, Der intelligible Charakter bei Kant und die Moral der Wissenschaft, in: Ralph Schumacher, Rolf-Peter Horstmann u. Volker Gerhardt (Hg.), Kant und die Berliner Aufklärung. Akten des IX. Internationalen Kant-Kongresses, Bd. 3, Berlin u. New York 2001, S. 315-326, online unter: https://www.uni-oldenburg.de/fileadmin/user_upload/philosophie/download/IntellChar.pdf (9. Juni 2022).

– Kant und Marx. Vortrag auf dem 2. Bremer-Oldenburger-Symposion »Der kritische Weg ist allein offen«, 2004, online unter: https://uol.de/f/4/inst/philosophie/personen/ulrich.ruschig/Kant+MarxII.pdf (6. Juni 2022).

Samuel Salzborn, Zur Politischen Psychologie des Antisemitismus, in: Journal für Psychologie 18 (2010), 1, S. 1-21, online unter: https://journal-fuer-psychologie.de/article/view/169/167 (9. Juni 2022).

Norbert M. Samuelson, Moderne jüdische Philosophie. Eine Einführung, Hamburg 1995.

Juan José Sanchez, Wider die Logik der Geschichte. Religionskritik und die Frage nach Gott im Werk Max Horkheimers, Zürich 1980.

Shlomo Sand, Die Erfindung des Landes Israel. Mythos und Wahrheit, Berlin 2012.

Birgit Sandkaulen, Begriff der Aufklärung, in: Gunnar Hindrichs (Hg.), Max Horkheimer/Theodor W. Adorno: Dialektik der Aufklärung, Berlin 2017, S. 5-22.

Daniel Sanin, Identität im maximalen Kontext: Horkheimer und Adornos Dialektik der Aufklärung, in: Psychologie und Gesellschaftskritik 27 (2003), 1, S. 83-106, online unter: https://www.ssoar.info/ssoar/bitstream/handle/document/1949/ssoar-psychges-2003-1-sanin-identitat_im_maximalen_kontext.pdf?sequence=1 (9. Juni 2022).

Andrea De Santis, Götterbilder und Theorie des Bildes in der Antike, in: Reinhard Hoeps (Hg.), Handbuch der Bildtheologie, Bd. 1, Paderborn 2007, S. 53-80.

Dieter Sattler, Max Horkheimer als Moralphilosoph. Studie zur Kritischen Theorie, Frankfurt am Main 1996.

Peter Schäfer, Kurze Geschichte des Antisemitismus, Bonn 2021.

Harriet Scharnberg, Die »Judenfrage« im Bild. Der Antisemitismus in nationalsozialistischen Fotoreportagen, Hamburg 2018.

Rolf Schieder (Hg.), Die Gewalt des einen Gottes. Die Monotheismus-Debatte zwischen Jan Assmann, Micha Brumlik, Rolf Schieder, Peter Sloterdijk und anderen, Berlin 2014.

Hans-Ernst Schiller, Freud-Kritik von links. Bloch, Fromm, Adorno, Horkheimer, Marcuse, Springe 2017.

Alfred Schmidt, Der Begriff der Natur in der Lehre von Marx, Frankfurt am Main 1962.

– Max Horkheimer, Traditionelle und kritische Theorie [1937], in: ders., Kritische Theorie, Bd. 2, Frankfurt am Main 1968, S. 137-191.

– Die Solidarität endlicher Wesen. Zum Tode des Sozialphilosophen Max Horkheimer, in: ders., Zur Idee der Kritischen Theorie. Elemente der Philosophie Max Horkheimers, München 1974, S. 137-142.

Amos Schmidt, Materialismus zwischen Metaphysik und Positivismus. Max Horkheimers Frühwerk – Darstellung und Kritik, Opladen 1993.

Gunzelin Schmid Noerr, Die Stellung der ›Dialektik der Aufklärung‹ in der Entwicklung der Kritischen Theorie. Bemerkungen zu Autorschaft, Entstehung, einigen theoretischen Implikationen und späterer Einschätzung durch die Autoren in: Max Horkheimer, Gesammelte Schriften, Bd. 5: ›Dialektik der Aufklärung‹ und Schriften 1940-1950, hg. v. Alfred Schmidt u. Gunzelin Schmid Noerr, Frankfurt am Main 1987, S. 423-452.

– Nachwort des Herausgebers. Die philosophischen Frühschriften, in: GS 2, S. 455-468.

– Wahrheit, Macht und die Sprache der Philosophie. Zu Horkheimers sprachphilosophischen Reflexionen in seinen nachgelassenen Schriften 1939 bis 1946, in: Max Horkheimer heute: Werk und Wirkung, hg. v. Alfred Schmidt und Norbert Altwicker, Frankfurt am Main 1986, S. 349-370.

– Nachwort des Herausgebers. Die Geste der Skepsis – Horkheimers späte Notizen, in: Max Horkheimer, Gesammelte Schriften, Bd. 14: Nachgelassene Schriften 1949-1972, hg. v. Alfred Schmidt u. Gunzelin Schmid Noerr, Frankfurt am Main 1988, S. 551-553.

– Max Horkheimer, in: Edmund Jacoby (Hg.), Lexikon linker Leitfiguren, Frankfurt am Main 1989, S. 185f.

– Unterirdische Geschichte und Gegenwart in der Dialektik der Aufklärung, in: H. Kunneman u. H. de Vries (Hg.), Die Aktualität der Dialektik der Aufklärung, Frankfurt am Main 1991, S. 67-87.

– Gesten aus Begriffen. Konstellationen der Kritischen Theorie, Frankfurt am Main 1997.
Christoph Schmitt-Maass u. Daniel Fulda (Hg.), Vertriebene Vernunft? Aufklärung und Exil nach 1933, Paderborn 2017.
Herbert Schnädelbach, Was ist Ideologie? Versuch einer Begriffsklärung, in: Das Argument 50 (1969), 2, S. 71-92, online unter: http://www.rote-ruhr-uni.com/cms/IMG/pdf/Schnadelbach_Ideologie.pdf (9. Juni 2022).
Hans-Joachim Schoeps, Kritischer Idealismus und Jüdische Theologie, in: Monatsschrift für Geschichte und Wissenschaft des Judentums 82 (1938), 2, S. 73-85.
Gerhard Schreiber u. Heiko Schulz (Hg.), Kritische Theologie. Paul Tillich in Frankfurt (1929-1933), Berlin 2015.
Christoph Schulte (Hg.), Deutschtum und Judentum. Ein Disput unter Juden aus Deutschland, Leipzig 1993.
– Zimzum, Berlin 2014.
– Jüdische Philosophie, in: Christina von Braun u. Micha Brumlik (Hg.), Handbuch Jüdische Studien, Wien 2018, S. 317-334.
Michael Schwandt, Kritische Theorie. Eine Einführung, Stuttgart 2010.
Steven Schwarzschild, Modern Jewish Philosophy, in: Arthur A. Cohen u. Paul Mendes-Flohr (Hg.), Contemporary Jewish Religious Thought, New York 1987, S. 629-634.
– The Lure of Immanence – The Crisis in Contemporary Religious Thought, in: Menachem Kellner (Hg.), The Pursiut of the Ideal. Jewish Writings of Steven Schwarzschild, New York 1990, S. 61-81.
Esther Seidel, Julius Guttmanns Philosophie des Judentums – eine Standortbestimmung, in: Julius Guttmann, Die Philosophie des Judentums, Berlin 2000, S. 397-446.
Michael Shashar (Hg.), Jeshajahu Leibowitz. Gespräche über Gott und die Welt, Frankfurt am Main 1990.
Yaakov Shavit, Athens in Jerusalem. Classical Antiquity and Hellenism in the Making of the Modern Secular Jew, London 1997.
Gary Smith, Annonce auf ein Lebenswerk, in: Gershom Scholem, Zwischen den Disziplinen, hg. v. Peter Schäfer u. Gary Smith, Frankfurt am Main 1995, S. 277-286.
Yorick Spiegel u. Joachim Scharfenberg, Einführung der Herausgeber, in: Theodor Reik, Dogma und Zwangsidee. Eine psychoanalytische Studie zur Entwicklung der Religion, hg. v. Yorick Spiegel u. Joachim Scharfenberg, Stuttgart 1973, S. 6-14.
Wolfgang Stender, Identitätszwang und Judenhass: zur Gegenwart des Antisemitismus, in: Psychologie und Gesellschaftskritik, 36/37 (4/1), S. 85-99, online unter: https://www.ssoar.info/ssoar/bitstream/handle/document/56574/ssoar-psychges-2013-4/1-stender-Identitatszwang_und_Judenhass_zur_Gegenwart.pdf?sequence=1&isAllowed=y&lnkname=ssoar-psychges-2013-4/1-stender-Identitatszwang_und_Judenhass_zur_Gegenwart.pdf (1. Juni 2022).
Kristina Stoeckl, Welche politische Philosophie für die postsäkulare Gesell-

schaft? Bestandsaufnahme eines practice turn, in: Tr@nsit Online (2010), online unter: https://www.iwm.at/transit-online/welche-politische-philosophie-fur-die-postsakulare-gesellschaft (9. Juni 2022).

Bernhard Sutor, Politische Bildung im Streit um die »intellektuelle Gründung« der Bundesrepublik Deutschland. Die Kontroversen der siebziger und achtziger Jahre, in: Aus Politik und Zeitgeschichte (2002), B45, S. 17-28, hier S. 17, online unter: https://www.bpb.de/shop/zeitschriften/apuz/26627/politische-bildung-im-streit-um-die-intellektuelle-gruendung-der-bundesrepublik-deutschland (9. Juni 2022).

Shemaryahu Talmon, Exil und Rückkehr, in: Franz J. Bautz (Hg.), Geschichte der Juden. Von der biblischen Zeit bis zur Gegenwart, München 1983, S. 27-53.

Helmut Thielen, Eingedenken und Erlösung. Walter Benjamin, Würzburg 2005.

Rolf Tiedemann, Nachbemerkung, in: Theodor W. Adorno, Metaphysik. Begriff und Probleme, hg. v. Rolf Tiedemann, Frankfurt am Main 2006, S. 295-303.

Friedrich Tomberg, Von der »Kritischen Theorie« zur wissenschaftlichen Weltanschauung. Zur Problemlage bei A. Schmidt und W.F. Haug (I), in: Das Argument 18 (1976), 97, S. 395-448.

Andreas Trampota, Sehnsucht, in: Marcus Willaschek, Jürgen Stolzenberg, Georg Mohr, Stefano Bacin, Kant-Lexikon, Berlin 2015, S. 2054.

Peter Ullrich, Deutsche, Linke und der Nahostkonflikt. Politik im Antisemitismus- und Erinnerungsdiskurs, Göttingen 2013.

Julian Voloj, »Mit dem Gesicht nach vorne gewandt.« Judentum und Schoah im Denken der jüdischen Studenten Europas, in: Hans Erler (Hg.), Erinnern und Verzeihen. Der Völkermord an den Juden im politischen Gedächtnis der Deutschen, Frankfurt am Main 2003, S. 145-154.

Peter Walkenhorst, Nation – Volk – Rasse. Radikaler Nationalismus im Deutschen Kaiserreich 1890-1914, Göttingen 2011.

Lu de Vos, Aufheben, in: Paul Cobben et al. (Hg.), Hegel-Lexikon, Darmstadt 2006, S. 142-144.

Arno Waschkuhn, Kritische Theorie. Politikbegriffe und Grundprinzipien der Frankfurter Schule, München 2000.

Marc Weber, Christusbild. Grundfragen einer Christologie im Horizont des Iconic Turn in Auseinandersetzung mit der Christologie Hans Urs von Balthasars, Berlin 2016.

Albrecht Wellmer, Kritische Gesellschaftstheorie und Positivismus, Frankfurt am Main 1969.

– Die Bedeutung der Frankfurter Schule heute, in: Axel Honneth u. Albrecht Wellmer (Hg.), Die Frankfurter Schule und die Folgen, Berlin 1986, S. 25-34.

Harald Welzer, Sabine Moller u. Karoline Tschuggnall, »Opa war kein Nazi«. Nationalsozialismus und Holocaust im Familiengedächtnis, Frankfurt am Main 2002.

Knut Wenzel, Die Wucht des Undarstellbaren. Bildkulturen des Christentums, Freiburg im Breisgau 2019.

Heinz Westmann, Die Erlösungsidee im Judentum, in: Paul Tillich u. Heinz Westmann, Gestaltung der Erlösungsidee im Judentum und im Protestantismus, Freiburg im Breisgau 1986, S. 33-106.

Rolf Wiggershaus, Die Frankfurter Schule. Geschichte, theoretische Entwicklung, politische Bedeutung, München 1988.

– Max Horkheimer, Hamburg 1998.

– Max Horkheimer. Unternehmer in Sachen »Kritische Theorie«, Frankfurt am Main 2013.

Willi Winkler, Neues zur Gründungslegende der Bundesrepublik: Horkheimer gegen Habermas, dazwischen Adorno, in: Die Zeit vom 20. September 1996, online unter: https://www.zeit.de/1996/39/horkh.txt.19960920.xml/seite-3 (9. Juni 2022).

Kurt Wyss, Obdachlosigkeit und Asyl ganz anders gelesen. Zu einer Überlegung von Theodor W. Adorno aus dem Jahr 1944, Zürich 2017, online unter: http://www.wyss-sozialforschung.ch/kommentare/kkkkommentare/k0150/k0150_adorno_asyl.html (9. Juni 2022).

Yosef Hayim Yerushalmi, Zachor: Erinnere Dich! Jüdische Geschichte und jüdisches Gedächtnis, Berlin 1988.

Erich Zenger, Mose und die Entstehung des Monotheismus, in: Stefan Stiegler (Hg.), Der Monotheismus als theologisches und politisches Problem, Leipzig 2006, S. 15-38.

Zentralrat der Juden in Deutschland u. Schweizerischer Israelitischer Gemeindebund (Hg.), »Lehre mich, Ewiger, Deinen Weg« – Ethik im Judentum, Berlin 2015.

Eva-Maria Ziege, Elemente des Antisemitismus, in: Gunnar Hindrichs (Hg.), Max Horkheimer/Theodor W. Adorno: Dialektik der Aufklärung, Berlin 2017, S. 81-96.

Jörg Zirfas u. Benjamin Jörissen, Phänomenologien der Identität. Human-, sozial- und kulturwissenschaftliche Analysen, Wiesbaden 2007.

Robert Zwarg, Die Kritische Theorie in Amerika. Das Nachleben einer Tradition, Göttingen 2017.

Dank

Insbesondere bei Stefanie Schüler-Springorum, Irmela von der Lühe und Christian Wiese möchte ich mich nicht nur für die wissenschaftliche und intellektuelle Begleitung bedanken, sondern auch für die emphatische Anteilnahme, die meine Freude an der akademischen Arbeit insgesamt bestärkt. Mein Dank gilt ebenso Micha Brumlik und Dan Diner, die mich intellektuell geprägt und begleitet haben.

Ich freue mich, dass ich die Studie im Wallstein Verlag in der Reihe »Studien zu Ressentiments in Geschichte und Gegenwart« des Zentrums für Antisemitismusforschung (TU Berlin) verlegen lassen kann. Den Reihenherausgebern danke ich dafür ebenso wie dem Verlagslektor Hajo Gevers. Für das umsichtige Lektorat danke ich Daniel Ristau.

Bibliografischer Hinweis

Die vorliegende Studie ist die überarbeitete Fassung meiner Habilitationsschrift, die ich an der Fakultät I – Geistes- und Bildungswissenschaften der TU Berlin vorgelegt habe. Der Abschluss des Habilitationsverfahrens erfolgte im Februar 2021.